Grenzen des Menschseins

Viktoria Bachmann · Raul Heimann
(Hrsg.)

Grenzen des Menschseins

Sterblichkeit und Unsterblichkeit im frühgriechischen Denken

 Springer VS

Hrsg.
Viktoria Bachmann
Christian-Albrechts-Universität zu Kiel
Kiel, Deutschland

Raul Heimann
Freie Universität Berlin
Berlin, Deutschland

ISBN 978-3-658-27165-7   ISBN 978-3-658-27166-4   (eBook)
https://doi.org/10.1007/978-3-658-27166-4

Die Deutsche Nationalbibliothek verzeichnet diese Publikation in der Deutschen National-
bibliografie; detaillierte bibliografische Daten sind im Internet über http://dnb.d-nb.de abrufbar.

Springer VS
© Springer Fachmedien Wiesbaden GmbH, ein Teil von Springer Nature 2019

Springer VS ist ein Imprint der eingetragenen Gesellschaft Springer Fachmedien Wiesbaden
GmbH und ist ein Teil von Springer Nature.
Die Anschrift der Gesellschaft ist: Abraham-Lincoln-Str. 46, 65189 Wiesbaden, Germany

Inhaltsverzeichnis

Autorenverzeichnis

Dr. Viktoria Bachmann ist wissenschaftliche Mitarbeiterin am Lehrstuhl für Praktische Philosophie des Philosophischen Seminars der Christian-Albrechts-Universität zu Kiel. Ihre Arbeitsschwerpunkte sind Ethik, philosophische Anthropologie und Geschichte der Philosophie, insbesondere antike Philosophie (Vorsokratiker, Sophisten, Sokrates/Platon). Kontakt: Philosophisches Seminar, Christian-Albrechts-Universität zu Kiel, Leibnizstr. 4, 24118 Kiel, bachmann@philsem.uni-kiel.de

Dr. Wolf Dieter Enkelmann ist Direktor des Instituts für Wirtschaftsgestaltung Berlin, das sich der wirtschaftsphilosophischen Forschung widmet. Dozent für philosophische Ökonomik an wechselnden Universitäten wie z.b. 2014/15 als Gastprofessor für Philosophie und Ästhetik an der HfG Karlsruhe mit praktischen Erfahrungen in Kunstprojekten (z.B. Burgtheater Wien) sowie als Unternehmensberater und Coach. Mitherausgeber der „Reihe Wirtschaftsphilosophie" im Marburger Metropolis-Verlag. Kontakt: wd.enkelmann@ifw01.de

PD Dr. Bettina Fröhlich ist Privatdozentin am Institut für Philosophie der Humboldt-Universität zu Berlin. Ihre Forschungsschwerpunkte sind Antike Philosophie, Religionsphilosophie, Anthropologie, Ethik, philosophische Psychologie und Philosophie des Alters. Kontakt: Bettina.Froehlich@Philosophie.hu-berlin.de

Dr. Raul Heimann ist seit 2014 Lehrbeauftragter am Institut für Philosophie der Freien Universität Berlin, später auch an den Universitäten Passau und Vechta. Er forscht zur Frage der Selbsttranszendenz, schwerpunktmäßig in der Antiken Philosophie und Religion. Kontakt: Raul.Heimann@fu-berlin.de

Prof. Dr. Gottfried Heinemann studierte Mathematik, Physik und Philosophie in Marburg und Frankfurt; Habilitation in Philosophie 1981, seit 1990 außerplanmäßiger Professor für Philosophie an der Universität Kassel. Forschungsschwerpunkte: antike Philosophie, Naturphilosophie, Metaphysik. Veröffentlichungen u.a.: Natura desiderata. Das Abstrakte am ‚Gebrauchswert‘ und die Antinomien der Mathematik, Freiburg-München 1988 (überarbeitete Fassung der Habilitationsschrift); Studien zum griechischen Naturbegriff, Teil I: Philosophische Grundlegung: Der Naturbegriff und die „Natur", Trier 2001.

Prof. Dr. Wolfgang Janke (†), Emeritus, Ehrenpräsident der Internationalen Fichte-Gesellschaft, ist hervorgetreten als Fichte- und Idealismusforscher („Fichte. Sein und Reflexion", 1970; „Die dreifache Vollendung des Deutschen Idealismus", 2009), hat eine ‚restitutive Ontologie' entwickelt (abschließend mit „Die Seinsfrage", 2018) und Studien zu Homer und Pindar, Hölderlin und Rilke vorgelegt („Archaischer Gesang", 2005).

PD Dr. Lars Leeten war u.a. Fellow am Forschungsinstitut für Philosophie Hannover und Gastforscher an der Universität Oslo (2015–2017). 2016 wurde er an der Universität Hildesheim habilitiert; seit 2017 ist er Mitarbeiter am dortigen Institut für Philosophie. Zu seinen Themenschwerpunkten gehören die antike und moderne Ethik, das Verhältnis von Philosophie und Rhetorik sowie die Ethik diskursiver Praktiken. Kontakt: Institut für Philosophie, Universität Hildesheim, Universitätsplatz 1, 31134 Hildesheim

Einleitung

Zur Bedeutung der Sterblichkeit im frühgriechischen Denken

Raul Heimann und Viktoria Bachmann

Das frühgriechische Denken charakterisiert den Menschen als ein in vielerlei Hinsichten begrenztes Wesen. Seine physischen Vermögen sind im Vergleich zu denen der Tiere für die Überlebenssicherung unzureichend. Gegenüber den unsterblichen Göttern ist seine physische Existenz begrenzt, mehr noch seine Erkenntnisfähigkeit. Zuletzt sind seine praktischen Mittel, mit diesen Begrenzungen umzugehen, selbst begrenzt, da er entweder das für ihn Gute nicht kennt oder den Verlust der erworbenen Güter nicht vermeiden kann. Die antike Reflexion dieser Begrenztheit vollzieht sich über die heute üblichen Disziplingrenzen hinweg: in der Dichtung, in der vorsokratischen Naturphilosophie, in der Sophistik und in der klassischen Philosophie Sokrates' und Platons. Die Vielfalt der Ansätze lässt die Frage aufwerfen, ob die verschiedenen Grenzen des Menschseins nur in den unterschiedlichen Perspektiven zu erfassen sind, oder ob ein innerer sachlicher Zusammenhang zwischen ihnen besteht[1].

Die *Dichtung* der archaischen (bspw. bei Homer und Hesiod), aber auch der klassischen Zeit (bspw. bei Pindar und Sophokles) hat als zentralen Topos die Begrenztheit des Menschen im Vergleich zu den Göttern (vgl. Buchheim 2010). In diesem Zusammenhang sind sowohl die physische Sterblichkeit gemeint als auch die eingeschränkte Reichweite des menschlichen Erkenntnisvermögens (vgl. Fröhlich 2017, S. 208–216). Die anthropomorph gezeichneten Götter unter-

---

1   Der vorliegende Band ist aus einem Workshop zum Thema „Sterblichkeit und Unsterblichkeit" des Arbeitskreises „Philosophische Anthropologie in der Antike" innerhalb der Gesellschaft für Antike Philosophie e.V. hervorgegangen. Weitere Informationen finden sich unter: https://ganph.de/arbeitsgemeinschaften/philosophische-anthropologie-in-der-antike

© Springer Fachmedien Wiesbaden GmbH, ein Teil von Springer Nature 2019
V. Bachmann und R. Heimann (Hrsg.), *Grenzen des Menschseins*,
https://doi.org/10.1007/978-3-658-27166-4_1

scheiden sich insgesamt nicht qualitativ vom Menschen, sondern durch die maximal quantitative Steigerung von dessen Vermögen. Die Dichter betrachten die Menschen und die Götter vor allem vergleichend, was in der Forschung vielfältig reflektiert und analysiert wird (vgl. Pleger 2013, S. 17–34). Man kann davon sprechen, dass die Lage des Menschen in der mythisch-religiösen Sicht von drei Elementen geprägt ist: Erstens ist der Mensch nicht gottgleich, d.h. seinen Fähigkeiten sind grundsätzliche Grenzen gesetzt, wie Sterblichkeit und Unkenntnis der Zukunft. Zweitens ist der Mensch gottähnlich, insofern er trotz skizzierter Begrenztheit grundsätzlich über die gleichen Vermögen verfügt. Diese Ähnlichkeit birgt in sich die ethische Gefahr einer Selbstüberschätzung des Menschen, die klassisch als Hybris gekennzeichnet und kritisiert wird (vgl. Fisher 1992). Diese Gefahr und die Begrenzungen des Menschen erfordern einen bedachten Einsatz seiner Fähigkeiten. Als drittes, zwischen Menschen und Göttern vermittelndes Element gilt den Dichtern mithin das „göttliche Gesetz" als Maß und Richtschnur eines verantwortungsvollen Umgangs mit sich und anderen (vgl. Dalfen 1974). Die zunächst negativ erscheinende Begrenztheit kann dem Menschen im Verlauf der Selbstreflexion eine positive Möglichkeit eines im richtigen Selbstverhältnis begründeten, guten Lebens eröffnen.

Der Fokus des *naturphilosophischen Denkens* (bspw. bei Heraklit und Parmenides) liegt bekanntlich auf der Erforschung der Ursache alles Seienden, der Arché (vgl. Hirschberger 1980, S. 17–51). Trotzdem haben die Naturphilosophen auch über die Stellung des Menschen im Kosmos nachgedacht, die Erkenntnisfähigkeit des Menschen problematisiert und über die richtige Lebensführung reflektiert (vgl. Buchheim 1994). Die naturphilosophische Denktradition lässt sich deshalb sowohl als eine Ergänzung als auch als ein Gegenentwurf zu einer mythisch-religiösen Weltdeutung auffassen (vgl. Bremer 2013, S. 61–96). In ihr ist der Mensch, in Abgrenzung zum Göttlichen und Ewigen, wesentlich ein Teil der Natur. Für das Verständnis des Menschen aus naturphilosophischer Sicht ist die Fragestellung zentral, wie angesichts ewiger Seinsprinzipien etwas Vergängliches und Begrenztes zu denken sei[2]. Im Zentrum steht somit nicht mehr der spezifische Unterschied zwischen Menschen und Göttern, sondern vielmehr die Umformung der ewigen Arché in ihre verschiedenen vergänglichen Erscheinungsweisen: Mensch und Natur sind verschiedene Erscheinungen ein und derselben unbegrenzten, unvergänglichen Arché. Innerhalb des naturphilosophischen Denkens lässt sich der Mensch auf eine doppelte Weise verstehen. Erstens entsteht und vergeht er durch Transformationen der Arché. Dies erklärt

---

2   Buchheim bezeichnet diese Fragestellung als „das anthropologische Grundproblem der vorsokratischen Philosophie" (Buchheim 2010, S. 33).

sowohl die Sterblichkeit des Menschen als auch die Begrenztheit und Aspekt-haftigkeit seines Erkenntnisvermögens. Da alles Seiende eine Transformation der Urprinzipien darstellt, sind auch Körper und Geist im Menschen nur deren Erscheinungsweisen. Die begrenzte sinnliche und geistige Dimension des Menschen erscheinen als eng verflochten, da sein eigentliches, ungeteiltes Sein die ewige Arché ist. Der Mensch wird zweitens als ein Wesen verstanden, das die Gesetzmäßigkeiten des ewigen Seins in sich erleben und reflektieren kann. Dieses Vermögen ist die spezifische Differenz des Menschen im Vergleich zu anderen Formen des Seienden. Da der Mensch sich des Seinsprinzips bewusst werden kann, ist es ihm möglich, sich zu diesem zu verhalten und dadurch die eigenen, natürlichen Grenzen in gewissem Maß zu überschreiten.

Im *sophistischen Denken* nimmt die Reflexion der menschlichen Begrenztheit eine neue Wendung (insbes. bei Protagoras und Gorgias, vgl. Sinclair 1976). Die Neuerung besteht darin, dass die Sophistik anstatt von Göttern oder der Arché explizit vom Menschen ausgeht. Ausdruck dieser Wendung ist die von Protagoras formulierte Leitthese: Der Mensch ist das Maß aller Dinge. Die Grundthemen sophistischen Nachdenkens betreffen die Fragen des menschlichen Zusammen-lebens (vgl. Kerferd/Flashar 1998, S. 11–27; Meister 2010), insbesondere die Herkunft und Begründung der Gesetze (Nomos-Physis-Kontroverse, vgl. Hei-nimann 1965) und die Frage nach Inhalt, Funktion und Methode von Bildung (Areté-Téchne-Kontroverse, vgl. Kube 1969). Ähnlich wie die moderne philo-sophische Anthropologie nutzt schon die antike Sophistik den Vergleich mit den Tieren, um die Besonderheit des Lebewesens ‚Mensch' aufzuklären (vgl. Die-rauer 1977). In drei wesentlichen Momenten unterscheidet sich der Mensch von den Tieren. Erstens mangelt es dem Menschen an physischem Vermögen, sein individuelles Überleben in einer unwirtlichen und feindlichen Umwelt zu sichern. Als Kompensation dieses Mangels besitzt der Mensch zweitens ein höheres Maß an geistigen Gaben, mit denen er Wissenschaft und Technik hervorzubringen vermag. Da diese Fertigkeiten jedoch zum Nutzen oder zum Schaden gebraucht werden können, stellt sich die Frage nach ihrem richtigen Gebrauch. Drittens ist also eine politisch-moralische Praxis nötig, die das individuelle und kollektive Überleben des Menschen auch im Umgang mit anderen Menschen sichert. Die bisher thematisierten physischen und epistemischen Dimensionen der Endlichkeit des Menschen werden um eine sozial-praktische ergänzt. Als sophistische Ant-wort auf das Endlichkeitsproblem zeigt sich die Technik, sowohl im handwerk-lich-wissenschaftlichen (δημιουργικὴ τέχνη) als auch im politischen-moralischen (πολιτικὴ τέχνη) Sinn (vgl. Buchheim 1986, S. 108–123).

Die klassische, *sokratisch-platonische Philosophie*[3] wendet sich von der sophistischen Reflexion des Menschen zu den vom ihm vorausgesetzten moralischen Maßstäben. Im Zentrum des platonischen Werkes steht somit nicht die Frage nach den Grenzen des faktischen Menschseins, sondern die nach der Erkenntnis des Guten (vgl. Zehnpfennig 2001). Als einschlägig für die Sterblichkeitsthematik gelten die Dialoge „Apologie" und „Phaidon" (vgl. Rehn 1991; Choron 1967, S. 49–53). Dabei fällt auf den ersten Blick eine gewisse Widersprüchlichkeit zwischen der philosophischen Bejahung des Todes im „Phaidon" und der agnostischen Haltung in der „Apologie" auf, die gleichwohl vom sokratisch-platonischen Verständnis des Lebens her auflösbar sein könnte. Zum Verständnis der Sterblichkeit selbst und ihren Auswirkungen auf die menschliche Lebensführung scheint das „Symposion" reichhaltiger zu sein (vgl. Scherer 1988, S. 92–103). Die existentielle Grunderfahrung der Liebe (Eros), des Strebens nach Erfüllung, zeigt sich als der natürliche Ausdruck des menschlichen Strebens über sich hinaus. Abhängig davon, welchen Mangel der Mensch als den grundlegenden ansieht, zielt seine Liebe auf die individuelle Unsterblichkeit (vgl. Frede 2012) oder auf die Erkenntnis des Guten (vgl. Zehnpfennig 2000). Ausgehend von der Einsicht, die Erkenntnis des Guten nicht schon immer zu besitzen, sondern ihrer noch zu bedürfen, kann die Liebe ihr Ziel in einem Erkenntnisaufstieg erreichen. Die Stufen dieses Aufstieges verknüpfen die verschiedenen Dimensionen der Endlichkeit (physisch, sozial-praktisch, epistemisch) miteinander und setzen sie ins Verhältnis zu ihrer Ursache. Im Zuge des Aufstiegs erfährt das Individuum eine umfassende Umbildung in all seinen Dimensionen (vgl. Erler 2007, S. 506–510; Zehnpfennig 2010, S. 127–129), so dass erst der aufgestiegene Mensch ein lebenswertes Leben führen und die Unsterblichkeit, soweit möglich, erreichen könnte (vgl. Fleischer 1976, S. 9–20).

Überblickt man die Vielfalt der Ansätze frühgriechischen Nachdenkens über die Sterblichkeit des Menschen aus anthropologischer Perspektive[4], lässt sich eine

---

3 Diese etwas umständliche Formulierung wird hier aufgrund der schwierigen Forschungslage zum Unterschied von Sokrates und Platon gewählt (vgl. Kuhn 1959, S. 179–187). Da unsere Quellen über den historischen Sokrates nur wenig sicheres Wissen ermöglichen (vgl. Döring 1989, S. 143ff) und Platon nichts über seine eigene Philosophie im Unterschied zu seinem Lehrer schreibt, soll hier von Sokrates, wie ihn uns das platonische Werk zeichnet, und von Platon als dem Autor dieses Werks gesprochen werden. Zur Verflechtung von historischer Wirklichkeit und platonischer Ausgestaltung: vgl. Erler 2006, S. 50.

4 Da sich die philosophische Anthropologie als eigene Disziplin erst im 20. Jahrhundert etabliert (vgl. Fischer 2008) und auch die Begriffe „Anthropologie" (16. Jahrhundert; Marquard 1971) ebenso wie „Menschenbild" (8. Jahrhundert; Zichy 2014) vergleichs-

Stufenfolge eines sich vertiefenden Bewusstseins des Menschen über seine eigene Sterblichkeit und damit über sich selbst erkennen. Die archaische und klassische Dichtung versteht die Sterblichkeit des Menschen in einer Art Differenzanthropologie im Gegensatz zur Unsterblichkeit der – gleichwohl anthropomorphen – Götter. Die Naturphilosophie ersetzt das mythologische Denken durch die ontologische Frage nach dem Ursprung alles Seienden. Von dieser unsterblichen Arché her versteht sie den Menschen in einer Art Anthropogonie als deren sterbliche Erscheinungsweise. Die Sophistik wendet sich von den Göttern oder der Arché als dem unsterblichen Anderen des Menschen zum Menschen selbst, da er jenes letztlich nach eigenem Maß versteht. Die Gleichzeitigkeit der geistigen Fülle dieses Maßes und des physischen Mangels des Menschen führt zu einer impliziten Ambivalenzanthropologie. Die klassische, sokratisch-platonische Philosophie schließlich geht nicht allein vom faktisch ambivalenten Menschen aus, sondern fragt nach der bisher unterstellten, aber tatsächlich ermangelten, geistigen Wirklichkeit. Das auf den Aufstieg hin angelegte Verständnis des Menschen lässt sich als Transzendenzanthropologie bezeichnen (vgl. Bachmann 2017).

Der skizzierte Zusammenhang legt nahe, dass sich das anthropologische Nachdenken in der Antike erst vor dem Hintergrund der verschiedenen Ansätze angemessen erfassen lässt. Hierzu möchte der vorliegende Band beitragen durch eine Exploration der Dimensionen menschlicher Begrenztheiten im frühgriechischen Denken. Es versteht sich von selbst, dass die Thematik im gegebenen Rahmen nur ansatzweise behandelt werden kann. Denn trotz der Bemühung aller Autoren, die Breite und Vielschichtigkeit der Zugänge zur menschlichen Sterblichkeit im frühgriechischen Denken sichtbar zu machen, bleiben historische wie systematische Lücken bestehen. Regen die Beiträge zum Weiterdenken und Weiterfragen an, hat der Band sein Ziel erreicht.

Gottfried Heinemann eröffnet das Gespräch mit einer Querschnittsstudie zur Verwendungsweise und zum Bedeutungsgehalt der Formel „sterbliche und unsterbliche Natur" in Dichtung, Naturphilosophie und klassischer Philosophie.

---

weise jung sind, könnte deren Verwendung in Bezug auf antikes Denken als anachronistisch angesehen werden. Aber wenn man sich „von der Sache des Denkens leiten lässt" (Hartung 2008, S. 9), dann wird man feststellen, dass unsere antiken Quellen von einem „intensiven Nachdenken über den Menschen" (Jansen/ Jedan 2010, S. 3) zeugen. In diesem Sinne kann man durchaus von anthropologischem Denken in der Antike sprechen. Das antike Nachdenken über den Menschen wird außerdem in allgemeinen Übersichten, Handbüchern und Einführungen in die Geschichte der philosophischen Anthropologie wiederholt, aber mit unterschiedlicher Intensität und Schwerpunktsetzung behandelt (bspw. Landmann 1962; Hügli 1980; Hartung 2008; Pleger 2013).

Dabei zeigt er auf, dass die Thematik menschlicher Sterblichkeit das griechische Denken in seinen verschiedenen Facetten durchzieht. Entscheidend für die je spezifische Auffassung von „sterblicher und unsterblicher Natur" ist die Frage, ob dem Menschen eine Annäherung an Gott möglich ist.

Wolfgang Janke spürt dem Verständnis des Menschen bei Homer und Pindar nach. Dazu geht er einen Schritt hinter die platonische Kritik an der Dichtung mit deren vermeintlich maßlosen und untugendhaften Darstellungen von Menschen und Göttern zurück. Das kritisierte Streben nach Überlegenheit durch Stärke und Raffinesse zeigt sich dem genaueren Blick als eine Umgangsweise mit der ephemeren Unbestimmtheit und Wechselhaftigkeit der menschlichen Existenz. Ewiger Ruhm soll mit der unentrinnbaren Sterblichkeit versöhnen.

Bettina Fröhlich erweitert die Analyse der Dichtung, indem sie die Verschiebungen im Verständnis des Menschen von Homer zu Pindar und Sophokles herausarbeitet. Im Vergleich mit den Göttern wird menschliche Sterblichkeit zunehmend als eine dreifache Begrenztheit sichtbar: die zeitliche Beschränktheit des Daseins, die Unbeständigkeit der Fähigkeiten und Güter sowie der geringe Umfang der physisch-geistigen Kräfte. Zugleich finden sich, insbesondere bei Pindar, erste Spuren der Vorstellung einer unsterblichen Seele als das unvergängliche Selbst des Menschen.

Wolf Dieter Enkelmann folgt der Spur zur Naturphilosophie exemplarisch an dem Lehrgedicht des Parmenides. Seine Analyse stellt die ekstatische Auffahrt zur Göttin ins Zentrum und erkundet die hierin liegende Möglichkeit der Sterblichen zur Selbstüberschreitung. Entgegen verbreiteter Deutungen zeigt sich Parmenides als ein leidenschaftlicher Denker, der die Einheit von Sein und Denken in der Vergegenwärtigung lehrt und damit Ontologie und Anthropologie in einer Transzendenzwissenschaft verknüpft.

Lars Leeten führt den Gesprächsfaden geradezu als Kontrapunkt zu Parmenides auf das Gebiet der Sophistik. Er betont die tiefe Verwurzelung der Sophisten in der zeitgenössischen Sicht auf den Menschen als Mangelwesen und fragt vor diesem Hintergrund nach dem Umgang mit menschlicher Begrenztheit in der sophistischen Bildungskultur. Die für Protagoras und Gorgias charakteristische Beschränkung auf die menschlichen Angelegenheiten führt er dabei auf die konsequente Anerkennung der epistemischen Grenzen des Menschen zurück. Ihre Redelehren erweisen sich als eine situationsbezogene Umgangsweise mit diesen unüberwindbaren Schwächen der Sterblichen.

Raul Heimann verfolgt eine Spur frühgriechischen Denkens, die die epistemischen Grenzen durch einen Aufstieg vom sterblichen zum unsterblichen Schönen zu überwinden versucht. Die von Platons Sokrates übernommene Eroslehre der Mysterienpriesterin Diotima bewegt sich an der Grenze von Philosophie und Religion. Hier begründet die menschliche Mängelnatur das erotische Streben nach dem Schönen und seiner Unsterblichkeit als lebensgestaltendes Motiv. Der Vergleich verschiedener Vollzugsformen dieses Strebens zeigt, dass erst der Aufstieg zum Schönen die Sterblichkeit zu überwinden verspricht.

Viktoria Bachmann schließt den Band mit der Frage nach dem spezifisch sokratischen Umgang mit der menschlichen Sterblichkeit. Dazu spürt sie den vorsokratischen Quellen der bekannten Unsterblichkeitsbeweise des „Phaidon" nach, um im Vergleich der Positionen von Heraklit, Empedokles und Sokrates die verschiedenen Verständnisse menschlicher Sterblichkeit herauszustellen. Aus sokratisch-platonischer Sicht ist nicht der physische Tod die eigentliche Gefährdung der menschlichen Existenz, sondern der Tod des je eigenen Logos'. In der beständigen philosophischen Selbstprüfung kann der Mensch seinen Logos am Leben halten und so an dessen Unsterblichkeit teilhaben.

Literatur

Bachmann, Viktoria. 2017. Der Mensch als ein Wesen im Übergang. Ansätze zu einer platonischen Anthropologie. In *Lernen, Mensch zu sein. Women Philosophers at Work. A Series of SWIP Austria, Bd. 2.* Hrsg. Brigitte Buchhammer, 21–50. Berlin/ Münster/ Wien/ Zürich: Lit.

Bremer, Dieter. 2013. Der Ursprung der Philosophie bei den Griechen. In *Frühgriechische Philosophie. Grundriss der Geschichte der Philosophie. Die Philosophie der Antike, Band 1/1.* Hrsg. Hellmut Flashar, Dieter Bremer, Georg Rechenauer, 61–96. Basel: Schwabe.

Buchheim, Thomas. 1986. *Sophistik als Avantgarde normalen Lebens.* Hamburg: Meiner.

Buchheim, Thomas. 1994. *Die Vorsokratiker. Ein philosophisches Porträt.* München: Beck.

Buchheim, Thomas. 2010. Sterbliche Unsterbliche. Über die Lage des Menschen in der vorsokratischen Philosophie. In *Philosophische Anthropologie in der Antike.* Hrsg. Ludger Jansen, Christoph Jedan, 31–68. Frankfurt/Lancaster: Ontos.

Choron, Jacques. 1967. *Der Tod im abendländischen Denken.* Stuttgart: Klett.

Dalfen, Joachim. 1974. Zeus, die Hoffnung und Klugheit des Menschen. Deutungen der menschlichen Existenz in frühgriechischer Dichtung. In *Parmenides – Protagoras – Platon – Marc Aurel. Kleine Schriften zur griechischen Philosophie, Politik, Religion und Wissenschaft.* Hrsg. Joachim Dalfen, 27–48. Stuttgart 2012: Franz Steiner.

Diels, Hermann, Walther Kranz. 2004–2016. *Fragmente der Vorsokratiker, Band I-III.* Zürich: Weidmann.

Dierauer, Urs. 1977. *Tier und Mensch im Denken der Antike. Studien zur Tierpsychologie, Anthropologie und Ethik.* Amsterdam: Grüner.

Döring, Klaus. 1998. Sokrates. In *Sophistik. Sokrates. Sokratik. Mathematik. Medizin. Grundriss der Geschichte der Philosophie. Die Philosophie der Antike, Band 2/1.* Hrsg. Hellmut Flashar, 141–178. Basel: Schwabe.

Erler, Michael. 2006. *Platon.* München: Beck.

Erler, Michael. 2007. *Platon. Grundriss der Geschichte der Philosophie. Philosophie der Antike. Band 2/2.* Basel: Schwabe.

Fischer, Joachim. 2008. *Philosophische Anthropologie: eine Denkrichtung des 20. Jahrhunderts.* Freiburg/ München: Alber.

Fisher, Nicolas R.E. 1992. *Hybris. A Study in the Values of Honour and Shame in Ancient Greece.* Warminster: Aris & Phillips.

Fleischer, Margot. 1976. *Hermeneutische Anthropologie. Platon, Aristoteles.* Berlin/ New York: de Gruyter.

Frede, Dorothea. 2012. Die Rede des Sokrates. Eros als Verlangen nach Unsterblichkeit. In *Platon: Symposion,* Hrsg. Christoph Horn, 141–158. Berlin: Akad.-Verl.

Fröhlich, Bettina. 2017. *Selbsterkenntnis und Lebenspraxis. Zur apollinischen und platonischen Ethik.* Göttingen: Vandenhoeck & Ruprecht.

Hartung, Gerald. 2008. *Philosophische Anthropologie.* Stuttgart: Reclam.

Heinimann, Felix. 1965. *Nomos und Physis. Herkunft und Bedeutung der Antithese im griechischen Denken des 5. Jahrhunderts.* Darmstadt: WBG.

Hirschberger, Johannes. 1980. *Die Geschichte der Philosophie.* Freiburg im Breisgau: Herder.

Hügli, Anton. 1980. Mensch. In *Historisches Wörterbuch der Philosophie, Band 5*. Hrsg. J. Ritter, K. Gründer, 1060–1092. Basel: Schwabe.

Jansen, Ludger, Christoph Jedan. 2010. Philosophische Anthropologie in der Antike. Zur Einleitung. In *Philosophische Anthropologie in der Antike*. Hrsg. Dies. Frankfurt/ Lancaster: Ontos.

Kerferd, George B., Hellmut Flashar. 1998. Die Sophistik. In *Sophistik. Sokrates. Sokratik. Mathematik. Medizin. Grundriss der Geschichte der Philosophie. Die Philosophie der Antike, Band 2/1*. Hrsg. Hellmut Flashar, 1–137. Basel: Schwabe.

Kube, Jörg. 1969. *Τέχνη und ἀρετή. Sophistisches und platonisches Tugendwissen*. Berlin: de Gruyter.

Kuhn, Helmut. 1959. *Sokrates. Versuch über den Ursprung der Metaphysik*. München: Kösel.

Landmann, Michael. 1962. *De Homine. Der Mensch im Spiegel seines Gedankens*. Freiburg/ München: Alber.

Marquard, Odo. 1971. Anthropologie. In *Historisches Wörterbuch der Philosophie, Band 1*. Hrsg. Joachim Ritter, 362–374. Basel/ Stuttgart: Schwabe.

Meister, Klaus. 2010. *„Aller Dinge Maß ist der Mensch". Die Lehren der Sophisten*. München: Wilhelm Fink.

Platon 2005. *Werke in acht Bänden*, gr.-dt., hrsg. v. G. Eigler, bearb. v. H. Hofmann, übers. v. F. Schleiermacher. Darmstadt: WBG.

Pleger, Wolfgang. 2013. *Handbuch der Anthropologie. Die wichtigsten Konzepte von Homer bis Sartre*. Darmstadt: WBG.

Rehn, Rudolf. 1991. Tod und Unsterblichkeit in der platonischen Philosophie. In *Tod und Jenseits im Altertum*. Hrsg. Gerhardt Binder, Bernd Effe. 103–121. Trier: WVT.

Ricken, Friedo. 1989. Gerechtigkeit Eros Freiheit – Platon über das Verhältnis des Menschen zum Tod. In *Der Tod in Dichtung, Philosophie und Kunst*. Hrsg. Hans Helmut Jansen, 27–34. Darmstadt: Steinkopff.

Scherer, Georg. 1988. *Das Problem des Todes in der Philosophie*. Darmstadt: WBG.

Sinclair, Thomas A. 1976. Protagoras and Others. Socrates and his Opponents. In *Sophistik*. Hrsg. Carl Joachim Classen, 67–126. Darmstadt: WBG.

Zehnpfennig, Barbara. 2000. Einführung. In *Platon. Symposion*, gr.-dt., übers. und hrsg. von Dies., VII-XL. Hamburg: Meiner.

Zehnpfennig, Barbara. 2001. *Platon zur Einführung*. Hamburg: Meiner.

Zehnpfennig, Barbara. 2010. Demokratie und (Un-)Bildung: Platon, Humboldt und der Bologna-Prozess. *Synthesis Philosophica* 49, 25/1: 121–130.

Zichy, Michael. 2014. Menschenbild. Begriffsgeschichtliche Anmerkungen. *Archiv für Begriffsgeschichte, Band 56*: 7–30.

Teil I
Perspektiven frühgriechischen Denkens

Sterbliche und unsterbliche Natur

Kontexte eines vielzitierten Euripides-Fragments

Gottfried Heinemann

1 Einleitung. Stichwörter zu den Kontexten des Fragments

Das in der Überschrift erwähnte Euripides-Fragment (910 N. / DK 59 A 30); (vermutlich aus der *Antiope*,[1] ca. 412–408) ist das einzige Vorkommnis der Wendung „unsterbliche Natur" (*athanatos physis*) in der erhaltenen älteren griechischen Literatur.[2] Es lautet in der Übersetzung von G.A. Seeck (dort fr. 227+1):[3]

---

1 So die Zuordnung bei Seeck (1981, S. 94–97); vgl. die Literaturangaben bei Kannicht (*TrGF* V 917) und Egli (2003, 287n1).

2 Vor der Zeitenwende datierbar ist nur ein weiteres Vorkommnis bei Diodor (1. Jh. v. Chr.); nach der Zeitenwende dann häufiger bei Philon und Späteren, vor allem in theologischen Kontexten. Diodor (III 57,5) beschreibt die Vergöttlichung von Helios und Selene als deren Umgestaltung „in unsterbliche Naturen" (... εἰς ἀθανάτους φύσεις). Nach Philon (*De opificio mundi* 135) steht der Mensch „zwischen sterblicher und unsterblicher Natur" (... θνητῆς καὶ ἀθανάτου φύσεως εἶναι μεθόριον), da er an beiden teilhat und sterblich (bzgl. des Leibes) und unsterblich (bzgl. der Seele) ist; ein guter Mann wird „allezeit nicht alternd durch seine unsterbliche Natur leben" (*De Josepho* 264: ζήσεται τὸν ἀεὶ χρόνον ἀγήρως ἀθανάτῳ φύσει).

3 Wenn nicht anders angegeben, zitiere ich Tragödienfragmente nach *TrGF* und Vorsokratikerfragmente nach DK, nur Empedokles primär nach P = Primavesi 2011 (ergänzend KRS = Kirk et al. 1983, GM = Gemelli Marciano 2007 ff., MP = Mansfeld/ Primavesi 2011). – Ansonsten zitiere ich griechische Texte nach den üblichen Ausgaben, meist unter Verwendung der Textdokumentation im *TLG* (CD ROM #D, Irvine, CA 1992); Titelabkürzungen im Anhang. Übersetzungen sind, wenn nicht anders angegeben, von mir.

© Springer Fachmedien Wiesbaden GmbH, ein Teil von Springer Nature 2019
V. Bachmann und R. Heimann (Hrsg.), *Grenzen des Menschseins*,
https://doi.org/10.1007/978-3-658-27166-4_2

13

„Glückselig ist, wer aus Forschung Wissen gewonnen hat und nicht darauf aus ist, den Bürgern Leid zuzufügen und Unrecht zu tun, sondern auf die ewige Ordnung der unsterblichen Natur blickt und fragt, wie sie entstanden ist und woraus und wodurch. Er wird sich niemals schändlichem Tun hingeben."

Die Übersetzung ist in einigen Punkten fragwürdig. Zwei Korrekturen sind unverzichtbar: (i) Statt „aus Forschung Wissen" muss es heißen: „der Forschung Kenntnis" (*tês historias mathesis*); die „Forschung" (*historia*) ist demnach eine Tätigkeit, die erst durch eigens erworbene Kenntnisse ausübbar wird. (ii) Die betrachtete „Ordnung" (*kosmos*) wird in dem Fragment nicht als „ewig", sondern als „nichtalternd" (*agêrôs*) charakterisiert; die homerische Formel „nichtalternd und unsterblich" (*Il.* II 447 u.ö.) ist hier gleichsam auf *kosmos* und *physis* verteilt. Ich übersetze demgemäß

T1 „Glücklich, wer der Forschung (*historia*) | Kenntnis erworben hat, | nicht zur Schädigung der Mitbürger | oder unrechten Handlungen drängend, | sondern betrachtend der unsterblichen Natur (*physis*) | nichtalternde Ordnung (*kosmos*), wie sie zusammentrat | und warum und wieso. | Solchen wird niemals schändlicher | Taten Sorge anhaften."[4]

Ich sollte ergänzen, dass die übliche Wiedergabe von *athanatos* durch „unsterblich" irreführend sein kann. Die Bildung aus *thanatos* mit α privativum ergibt die Bedeutung „todlos" – wie bei *atimos* („ehrlos"), *apais* („kinderlos") usf.[5] Unaufhörlich zu leben und insofern „unsterblich" zu sein, ist zwar vielleicht die nächstliegende, aber keineswegs die einzigmögliche Weise, vom Tod unbetroffen und

---

4   Euripides, fr. 910: ὄλβιος ὅστις τῆς ἱστορίας | ἔσχε μάθησιν, | μήτε πολιτῶν ἐπὶ πημοσύνην | μήτ' εἰς ἀδίκους πράξεις ὁρμῶν, | ἀλλ' ἀθανάτου καθορῶν φύσεως | κόσμον ἀγήρων, πῇ τε συνέστη | καὶ ὅπη καὶ ὅπως. | τοῖς δὲ τοιούτοις οὐδέποτ' αἰσχρῶν | ἔργων μελέδημα προσίζει. (Übersetzung unter weitgehender Wahrung der Wortfolge.) – Die Fragepartikel in Vers 6–7 (πῇ, ὅπη, ὅπως) („wie, warum, wieso") sind ungefähr gleichbedeutend. Ich verzichte auf jeden ernsthaften Differenzierungsversuch. Klar ist aber, dass hier an eine wissenschaftliche Erklärung der betrachteten Ordnung gedacht ist. Das muss keine genetische Erklärung sein: Die durch συνέστη (v. 6) angezeigte „Zusammensetzung" ist die Weise, in der der Himmel ein gelungenes Ganzes aus unterschiedlichen, zueinander passenden Teilen ist – und das heißt eben: ein κόσμος (zur Bedeutung von κόσμος Kahn 1960, 219 ff.).

5   Vgl. Kühner/Blass 1890–92, II 323. Dort auch die o.g. Beispiele; ἀθάνατος bleibt unerwähnt.

insofern „todlos" zu sein.[6] Ich folge hier zunächst der Übersetzungstradition, aber ich werde von ihr abweichen müssen.

Das Fragment ist reich an Stichwörtern, die auf entferntere Kontexte und unterschiedliche Themen verweisen: Zunächst vor allem

* *physis* („Natur"),

und zwar einerseits in Verbindung mit *historia* (Forschung), andererseits in Verbindung mit dem durch *athanatos* angedeuteten Gegensatz von Sterblichkeit und Unsterblichkeit. Dabei zitiert

* *athanatos* in Verbindung mit *agêrôs*

die Formel Homers und Hesiods für das, was die Menschen nicht sind: „nichtalternd und unsterblich". Mit diesem Gegensatz ist ein zusätzliches, in T1 nur indirekt erschließbares Stichwort gewonnen:

* „sterbliche Natur" (*thênê physis*) im Unterschied zur „unsterblichen".

Thema des Fragments ist nicht die „unsterbliche Natur", sondern die sterbliche Natur „als Betrachter" (*kathorôn*) der „unsterblichen Natur", sowie die Destruktivität (*adikoi praxeis* etc.), die sie auf diese Weise vermeidet.

Ich werde diese Zusammenhänge hier zunächst summarisch skizzieren (s.u. Abschnitte 2–4) und dann in einigen Punkten näher erläutern (s.u. Abschnitt 5).

---

6 Locus classicus für die Unverzichtbarkeit dieser Unterscheidung ist der letzte Unsterblichkeitsbeweis in Platons *Phaidon*, wo der Schluss von „todlos" (106d3: ἀθάνατον) auf „ewig" (ebd.: ἀίδιον) und somit „unzerstörbar" (ebd. d1: ἀνώλεθρος, vgl. d3–4: εἰ … φθορὰν δέξεται) ein schlichtes non sequitur ist; vgl. Ebert 2004, S. 397 ff., bes. S. 401 f. – Von den unzähligen Rettungsversuchen erwähne ich hier nur denjenigen von Sedley (2009), wonach hier gar nichts zu zeigen ist; dass „for a soul to perish is the same thing as for it to admit death" (ebd. S. 147) ist nach Sedley „trivially true" (ebd. S. 149). Ich halte das für abwegig: Der Schluss ist nicht trivial, sondern es wird ein Kebes vorgeführt, der ihn als trivial darstellt und somit das Beweisziel des *Phaidon* (vgl. 70a2–3: μή … διαφθείρηταί τε καὶ ἀπολλύηται) einfach nur schenkt.

2   „Natur" und „Forschung" (*historia* + *physis* = *historia* *peri physeôs* ?)

Der Ausdruck „die unsterbliche Natur" (*athanatos physis*) ist erklärungsbedürftig. Nach einer weithin geteilten Auffassung ist *physis* hier die Bezeichnung einer „Allnatur" oder „Allphysis".[7] Diese wäre demnach der Gegenstand der eingangs genannten „Forschung" (*historia*); ihre Personifizierung und Vergöttlichung würde durch die Prädikate „nichtalternd" und „unsterblich" angezeigt.[8] Eine solche Interpretation liegt nahe, wenn man die Wendung *peri physeôs historia* („Naturforschung") in Platons *Phaidon* (96d8) nach demselben Schema interpretiert:[9] In dieser Formel stünde demnach *physis* („Natur") für den Gegenstand der durch *peri* angezeigten Befassung; *peri physeôs historia* wäre die mit diesem Gegenstand befasste „Forschung". Die eingangs des Euripides-Fragments erwähnte *historia* würde demgemäß durch *physis* als *peri physeôs historia* spezifiziert. Und dabei könnte *physis*, wie im *Phaidon* ohne spezifizierenden Zusatz, eben nur die Bezeichnung einer „Allphysis" sein.[10]

Diese Deutung versteht sich aber keinesfalls von selbst. Anders als manchmal angenommen, unterstellt sie eine begriffsgeschichtliche Innovation.[11] Das

---

7   Vgl. Heinimann 1945, S. 105 f.; Schmalzriedt 1970, S. 117 (vgl. S. 92 ff.); Bremer 1989, S. 250; Egli 2003, S. 286. Im selben Sinne Burkert 1962, 233n64: „Gesamtheit der ἐόντα" (d.h. dessen, was es gibt). – Nach Burnet (1930, S. 10–12) bezeichnet φύσις hier keine Allnatur, sondern den in den vorsokratischen Kosmologien angenommenen, unvergänglichen Urstoff; dazu Heinemann [im Ersch.].

8   So z.B. Hager 1984, S. 425 (Text zu Anm. 78) mit Verweis auf Jaeger 1953, S. 28 ff. (wo das Euripides-Fragment aber, soweit ich sehe, unerwähnt bleibt). Ähnlich Heinimann 1945, S. 105 f.

9   Vgl. Burnet 1930, S. 10 f.; Schmalzriedt 1970, S. 89; Naddaf 2005, S. 20.

10   Demgemäß unterstellt Schmalzriedt (1970, S. 89) an den einschlägigen Stellen bei Platon eine Verwendung der Formel περὶ φύσεως in einem „absoluten, d.h. attributiv nicht näher erklärten Sinn". Ich halte das nicht für überzeugend. Die Spezifizierung des Gegenstandes erfolgt an den von Schmalzriedt diskutierten Stellen teils durch parataktische Zusätze (*Prot.* 315c5: περὶ φύσεώς τε καὶ τῶν μετεώρων ἀστρονομικὰ ἄττα; *Lysis* 214b5 περὶ φύσεώς τε καὶ τοῦ ὅλου) teils durch anschließende Erläuterungen: In der Wendung περὶ φύσεως ἱστορία (*Phd.* 96a8) erlaubt die Formulierung gar keinen spezifizierenden Zusatz. Stattdessen wird der Gegenstand in den anschließenden Erläuterungen (a9–10) summarisch durch ἕκαστον angezeigt; bei περὶ φύσεως wäre demnach sinngemäß ein Zusatz wie τῶν ἁπάντων („von allem") zu interpolieren. Ohne solchen Zusatz ist diese Formel nicht im „absoluten … Sinn" verwendet, sondern elliptisch.

11   Gegenstand der frühen griechischen Philosophie ist buchstäblich „alles" (πάντα); vgl. Long 1999, Laks 2002 (ebenso Heinemann 2000, S. 20 f.). Aber durch den

lässt sich zwar nicht ausschließen. Aber der fragliche Ausdruck „die unsterbliche Natur" (*athanatos physis*) ist auch aus dem etablierten Sprachgebrauch erklärbar. Die Annahme einer Innovation wäre daher begründungsbedürftig. Im Sprachgebrauch des 5. und 4. Jahrhunderts (und zuvor bei Homer) ist fast durchgängig (i) „Natur" (*physis*) die Natur von etwas,[12] und (ii) die Bedeutung von „Natur" (*physis*) anhand der adverbiellen Verwendung – „in seiner Natur" (*physin*) oder „aufgrund seiner Natur" (*physei*) – sowie der entsprechenden Verwendung von *pephyka* als *Kopula* zu erklären. In Anlehnung an diese Grundregel sind insbesondere auch umschreibende Verwendungen erklärbar: „Solche Naturen" (*hai toiautai physeis*) sind Menschen mit solcher „Natur" (d.h. beispielsweise mit solchem Charakter oder solcher körperlicher Konstitution);[13] der Ausdruck „die sterbliche Natur" (*thnêtê physis*) ist eine generische Bezeichnung dessen, was in seiner Natur sterblich ist,[14] usf.

Dementsprechend interpretiere ich in T1 den Ausdruck „die unsterbliche Natur" (*athanatos physis*) als generische Bezeichnung dessen, was in seiner Natur

---

Naturbegriff der frühen griechischen Philosophie wird nicht deren Gegenstand – Guthries „sum-total of reality" (1965, 351) oder Graesers „Inbegriff von Realität" (1989, S. 13) – angezeigt, sondern die Weise seiner Betrachtung (vgl. Heinemann [im Ersch.]).

Die Behauptung Jaegers (1953, S. 234), „für vorsokratisches Denken" sei eine „kühne Gleichsetzung von τὸ θεῖον und ἡ φύσις charakteristisch", ist nicht durch einschlägige Verwendungsfälle belegt. Zu der von Jaeger (ebd. S. 36 ff.) in diesem Sinne interpretierten Stelle bei Aristoteles (*Phys.* III 4, 203b6–15) s.u. Abschnitt 5.1. In dem (ebd. 234) zusätzlich herangezogenen *Sisyphos*-Fragment (Kritias fr. 25 DK = fr. 19 Snell) bedeutet φύσιν θείαν φορῶν (v. 19) nicht „die göttliche Natur … bewegend" (Jaeger), sondern „göttliches Aussehen tragend" (mit φύσις = δέμας, vgl. Euripides *Hel.* 619).

12 So auch an den Stellen bei Heraklit, an denen φύσις ohne limitierenden Genitiv steht: κατὰ φύσιν διαιρέων ἕκαστον (fr. 1): „die Dinge gemäß ihrer jeweiligen Natur unterscheidend"; κατὰ φύσιν ἐπαΐοντας (fr. 112): „indem man auf die Natur achtet" (nämlich auf die Natur derjenigen Dinge, mit denen man jeweils zu tun hat); φύσις κρύπτεσθαι φιλεῖ (fr. 126): „Natur [d.h. die jeweilige Natur der Dinge] pflegt sich zu verbergen".

13 Sophokles *OT* 674; [Hippokrates] *Aer.* 4 u.ö., *VM* 12, *Vict.* 32 u.ö., etc. – Die attributive Stellung des Merkmals bei φύσις ist unschwer aufzulösen nach der Regel hat eine soundso Natur = ist in seiner Natur (φύσιν) soundso.

14 Sophokles fr. 590, Demokrit fr. 297, Platon *Symp.* 207d1 und *Tht.* 176a7; *Epinomis* 985d3 und 986c7; anders Sophokles *OT* 869 und Platon *Lg.* 875b7, wo jeweils von jemandes „sterblicher Natur" die Rede ist (bei [Demosthenes] 61,14 dann von jemandes Überlegenheit über eine „sterbliche Natur"). Vgl. zu diesen Stellen (außer der letztgenannten) Abschnitt 3.

unsterblich ist,[15] und somit als Gegenbegriff zu dem gebräuchlicheren Ausdruck „sterbliche Natur" (*thnêtê physis*). Die Annahme einer durch *physis* bezeichneten Allnatur ist hier also unnötig;[16] Gegenstand der „Forschung" (*historia*) und der „Betrachtung" (vgl. v. 5: *kathorôn*) ist keine Allnatur, sondern „die nicht alternde Ordnung dessen, was in seiner Natur unsterblich ist".

---

15 Burnets unentstandener und unvergänglicher Urstoff ist ein Spezialfall. Zu denken ist aber vor allem an die Gestirne (s.u. zu T2).

16 Die seit Platon (*Men.* 81c9) sicher nachweisbare, aber seltene Verwendung von φύσις als Bezeichnung einer Allnatur ist erklärungsbedürftig. Ich muss mich hier auf wenige Hinweise beschränken.

(i) Nach Patzer (1939/93, S. 276) bezeichnet φύσις bei Philolaos (fr. 1) „die Gesamtheit all dessen ... was als Gewordenes ... da ist". Demnach wäre φύσις im absoluten Gebrauch eine generische Bezeichnung der φυόμενα oder πεφυκότα überhaupt, d.h. alles dessen, was überhaupt aus irgendeinem Ursprung hervorgeht bzw. hervorgegangen ist, wie (vgl. ebd. S. 277 und S. 236n14) χθονός φύσις bei Aischylos (*Ag.* 633) und πόντου φύσις bei Sophokles (*Ant.* 345) generische Bezeichnungen der χθονός φυόμενα bzw. der πόντου φυόμενα sind, d.h. dessen, was die Erde bzw. das Meer hervorbringt. Das mag auf Philolaos passen; freilich halte ich mit Huffman (1993, S. 96 f.) die Annahme eines absoluten Gebrauchs von φύσις bei Philolaos nicht für zwingend. Aber Patzers Erklärung liefert keine Allnatur, da diese stets auch Ungewordenes umfasst – z.B. die Elemente, Atome etc. der nachparmenideischen Kosmologien, oder auch Platons sog. Ideen.

(ii) In Anlehnung an die obige Interpretation der Ausdrücke θνητή φύσις und ἀθάνατος φύσις ließe sich φύσις im absoluten Gebrauch (und somit ohne Spezifizierung eines Merkmals) als generische Bezeichnung dessen, was überhaupt eine φύσις hat, interpretieren. Das passt besser als Patzers Erklärung zu der erwähnten Stelle in Platons Menon, wo „die ganze Natur" (81c9-d1: ἡ φύσις ἅπασα) dem Umfang nach dasselbe wie: „was hier ist, was in der Unterwelt ist, und überhaupt alle Dinge" (c6–7). – Aber beide Erklärungen sind doch nur Plausibilitätsüberlegungen und kaum überprüfbar.

(iii) Ausnahmen von der Regel, dass φύσις stets die Natur von etwas ist, sind seit dem späten 5. Jahrhundert nachweisbar. Sie ergeben sich zunächst nicht durch Bezugnahme auf eine „Allnatur", sondern im adverbiellen Gebrauch, wenn beispielsweise bei Euripides (DK 59 = fr. 757) „naturgemäß" (κατὰ φύσιν) dasselbe wie „zwangsläufig" (ἀναγκαίως) bedeutet, ohne dass sich überhaupt die Frage stellte, von wessen Natur die Rede ist; in diesem Sinne dann auch Thukydides V 105,2: „infolge einer zwangsläufigen Natur" (ὑπὸ φύσεως ἀναγκαίας). Der somit unterstellte „Zwang der Natur" (ἀνάγκη φύσεος) wird vom Wirken der obersten Gottheit ununterscheidbar (Euripides, *Tro.* 886). Vgl. insgesamt Heinemann 2005a, S. 34 f. – Durch φύσις als generische Bezeichnung dessen, was eine überhaupt eine Natur hat, würde eine gegenständliche Grundlage dieser Zwangsläufigkeit angezeigt.

Dass es sich dabei um die Gestirne und Himmelsbewegungen handelt,[17] wird durch den Vergleich mit einem Ausspruch des Anaxagoras nahegelegt, den das Euripides-Fragment nach allgemeiner Auffassung variiert:[18] Nach Aristoteles

> **T2** „soll Anaxagoras auf jemandes ... Frage, worum willen man es vorziehen würde, geboren anstatt nicht geboren zu werden, geantwortet haben: ‚um den Himmel als Zuschauer zu betrachten (*theôrêsai*) und die Regularität (*taxis*) in der ganzen Weltordnung (*peri ton holon kosmon*)'"[19]

Ich komme auf diesen Ausspruch und den zitierten Kontext zurück (s.u. T7). An dieser Stelle genügt es festzuhalten, dass sich das Wort *kosmos* schon in T2 auf die Ordnung der Himmelsbewegungen bezieht. Das ist auch in T1 anzunehmen: Wie Anaxagoras, und wie Thales in der bekannten Anekdote bei Platon (*Tht.* 174a4–8), ist der in der Forschung Beschlagene bei Euripides ein Betrachter des Himmels.

3 „Sterbliche Natur" (*thnêtê physis*)

Bei Sophokles ist die „sterbliche Natur der Männer" (*OT* 869: *thnata physis anerôn*) deren – im Vergleich zu den Himmlischen – beschränktes Leistungsvermögen. Deshalb, so ein Fragment aus dem sophokleischen *Tereus*,

---

17 Die Charakterisierung der Gestirne als „unsterblich" schließt ihr Entstehen und Vergehen in größeren Zyklen nicht aus – wie bei Empedokles, der die Elemente in den Vollendungszuständen des kosmischen Zyklus als „unsterblich", in den Übergangsphasen hingegen als „sterblich" beschreibt (fr. 69.14 P / 35.14 DK, s.u. T9). Eben deshalb empfiehlt es sich allerdings, ἀθάνατος bei Empedokles gerade nicht durch „unsterblich", sondern durch „todlos" wiederzugeben; und dasselbe ist für T1 zu erwägen (wobei freilich alle relevanten Kontexte zu berücksichtigen sind).

18 Euripides mag, wie DK 59 A 30 („Danach EUR. fr. 910") unterstellt, von Anaxagoras abhängig sein. Jedenfalls handelt es sich um Varianten derselben Selbstbeschreibung; vgl. Egli 2003, S. 297n1 mit weiteren Literaturangaben.

19 Aristoteles *EE* I 5, 1216a11–14 (DK 59 A 30): τὸν μὲν οὖν Ἀναξαγόραν φασὶν ἀποκρίνασθαι πρός τινα ...|... διερωτῶντα τίνος ἕνεκ' ἄν τις | ἕλοιτο γενέσθαι μᾶλλον ἢ μὴ γενέσθαι „τοῦ" φάναι „θεωρῆσαι τὸν οὐρανὸν καὶ τὴν περὶ τὸν ὅλον κόσμον τάξιν. Zu der Parallele in der Überlieferung über Pythagoras (Aristoteles *Protr.* fr. B 18 Düring = Aristoteles fr. 73,57 Gigon = Iamblichos *Protr.* p. 51.7 ff. Pistelli) vgl. einerseits Burkert 1960, 168 f. (zustimmend Riedweg 2004, 157n55); andererseits Zhmud 1997, 134, der eine Verwendung von altem pythagoreischen „Traditionsgut" für „denkbar" hält (ähnlich ders. 2012, 429 f.).

T3 „muss die sterbliche Natur Sterbliches im Sinn haben".[20]

Ebenso betont die pseudoplatonische *Epinomis* (985d3 und 986c7) das begrenzte –
hier ausdrücklich kognitive – Leistungsvermögen der „sterblichen Natur".

Bei Demokrit ist die „sterbliche Natur" (*thnêtê physis*) ein Aggregat von Ato-
men; der Mensch ist ein solches Aggregat, sein Tod ist dessen Auflösung und
insofern seine Vernichtung,[21] was den Menschen von allen posthumen Wider-
fahrnissen und Strafen befreit:

> **T4** „Manche Menschen, die nichts von der Auflösung der sterblichen Natur wissen,
> sich aber der Verfehlungen in ihrem Leben bewusst sind, mühen sich ihr Leben
> lang mit Beunruhigungen und Ängsten ab und fabrizieren Lügengeschichten über
> die Zeit nach dem Tode."[22]

Aber um sich dabei zu beruhigen, müsste die „sterbliche Natur" sich selbst genug
sein. Sie müsste dem zitierten Ordnungsruf folgen und „Sterbliches im Sinn
haben" (s.o. T3). In Platons *Symposion* hat sie das nicht. Vielmehr

---

20   Sophokles, fr. 590.1: θνητὴν δὲ φύσιν χρὴ θνητὰ φρονεῖν .

21   In dieser Schlussfolgerung trifft sich Demokrit mit Aristoteles: „Das Lebendigsein ist
     für die Lebewesen das Sein" (*Anim.* II 4, 415b13: τὸ … ζῆν τοῖς ζῶσι τὸ εἶναί ἐστιν),
     daher ist der Tod ihre Vernichtung. Ein totes Lebewesen ist ein hölzernes Eisen. Ähn-
     lich auch bei Platon das Ergebnis des letzten Beweisgangs im *Phaidon*: Seele ist,
     was den Leib mit dem eigenen Lebendigsein ansteckt. Deshalb kann keine Seele tot
     sein; der Tod des Leibes ist entweder ihre Entfernung oder ihre Vernichtung. – Ich
     unterstelle hier eine Übertragung des Ansteckungsmodells der Kausalität (zu diesem
     Scaltsas 1989, S. 68 ff.) von den Ideen (*Phd.* 100c-d) auf die Seele (*Phd.* 105c-e). Durch
     diese Überbrückung der von Ebert (2004, S. 395 f.) aufgezeigten Argumentations-
     lücke wird die Seele von der „Idee des Lebens" (*Phd.* 106d5–6: αὐτὸ τὸ τῆς ζωῆς
     εἶδος) ununterscheidbar (und hinsichtlich des Fortbestands einer individuellen Seele
     ist nichts gezeigt).

22   Demokrit DK 68 = fr. 297: ἔνιοι θνητῆς φύσεως διάλυσιν οὐκ εἰδότες ἄνθρωποι,
     συνειδήσει δὲ τῆς ἐν τῶι βίωι κακοπραγμοσύνης, τὸν τῆς βιοτῆς χρόνον ἐν ταραχαῖς
     καὶ φόβοις ταλαιπωρέουσι, ψεύδεα περὶ τοῦ μετὰ τὴν τελευτὴν μυθοπλαστέοντες
     χρόνου. Ähnlich Aristoteles in seiner Diskussion des Solonschen Paradoxons (*EN*
     I 11, dazu auch Heinemann 2007): Die Toten sind von nichts in solcher Weise be-
     troffen, dass ihr Glück (d.h. ihr vorheriges Glück als Lebende, vgl. 1100a13) beein-
     trächtigt wäre (vgl. 1100a27–30 und bes. 1101b3–9). Überdeutlich dann bekanntlich
     Epikur (*Men.* 125 = LS 24 A (5)): Der Tod ist „nichts für uns (οὐθὲν πρὸς ἡμᾶς), denn
     wenn wir sind, ist der Tod abwesend, und wenn der Tod anwesend ist, dann sind wir
     nicht."

T5 „sucht die sterbliche Natur soweit möglich immer zu sein und unsterblich,"[23]

was ihr aber nur durch Fortpflanzung und somit in Form einer „Unsterblichkeit durch Stellvertreter" (Sedley) gelingt.[24] Die „sterbliche Natur" eines Machthabers ist bei Platon (*Lg.* 875b7: *hê thnêtê physis*) seine Unfähigkeit, der Aussicht auf Lust und Schmerz zu widerstehen und der besseren Einsicht zu folgen; ihr entspringt ein unwiderstehlicher, nur durch äußere Sanktionen kontrollierbarer Hang zum Nichtgenugkriegenkönnen (ebd. b6: *pleonexia*). In Platons *Theaitetos* (176a7–8)

T6 „umschwärmen die Übel die sterbliche Natur und den hiesigen Ort mit Notwendigkeit";[25]

der als „Angleichung (*homoiôsis*) an Gott nach Möglichkeit" (*Tht.* 176b1–2) beschriebene Ausweg kommt einfach darauf hinaus, die genannten Übel „nach Möglichkeit" zu meiden. Denn „Angleichung" ist hier gar nichts anderes als, „mit Einsicht (*phronêsis*) gerecht und heilig (*hosios*) zu werden" (ebd. b2–3). Sie ist eine ganz und gar diesseitige Angelegenheit.[26] – Dass unter den genannten Übeln auch die in den *Gesetzen* (*Lg.* 875a-c, s.o.) beschriebenen sind, kann vorausgesetzt werden.

Die politische Destruktivität, der das Euripides-Fragment (T1) die Himmelsbetrachtung entgegensetzt, ist an den zitierten Stellen in Platons *Theaitetos* und *Gesetzen* der „sterblichen Natur" zugewiesen. Nach Thukydides ist sie – als unter ungünstigen Umständen unvermeidlicher „Umschlag ins Bösartige" (III 83,1: *ka-*

---

23 Platon, *Symp.* 207d1–2: ἡ θνητὴ φύσις ζητεῖ κατὰ τὸ δυνατὸν | ἀεί τε εἶναι καὶ ἀθάνατος.

24 Ähnlich *Lg.* 721b-c; Aristoteles *Anim.* II 4, 415a26-b2; *GC* II 10, 336b27–337a7; *GA* II 1, 731b20–732a9. Vgl. insgesamt Kahn 1985, Abschnitt II; oben zitiert ist Sedley 2007, S. 170: „immortality by proxy".

25 Platon, *Tht.* 176a7–8: (τὰ κακά, a5) τὴν δὲ θνητὴν φύσιν καὶ τόνδε τὸν | τόπον περιπολεῖ ἐξ ἀνάγκης.

26 Vgl. Sedley 1999, S. 310. – Beachte übrigens: Die zitierte Gleichsetzung (ὁμοίωσις δὲ δίκαιον καὶ ὅσιον μετὰ φρονήσεως γενέσθαι) (*Tht.* 176b2–3) ist nicht weiter qualifiziert; die Klausel „nach Möglichkeit" (κατὰ τὸ δυνατόν, b1–2) bezieht sich also auf beides, die „Angleichung an Gott" und das „gerecht und heilig Werden". Das ist nur konsequent, da Gut und Schlecht nach a5–9 auf zwei Weltregionen aufgeteilt sind: „bei den Göttern" (ἐν θεοῖς, a6–7), und am „hiesigen Ort". „Gerecht und heilig zu werden", hieße demnach, den „hiesigen Ort" zu verlassen und in die Region „bei den Göttern" einzutreten. Nicht nur Letzteres, sondern deshalb auch Ersteres gelingt nur „nach Möglichkeit".

kotropia) – in der „Natur der Menschen" (ebd. 82,2: *physis anthrôpon*) angelegt. In T1 ist diese Destruktivität eine Neigung, der man folgen oder widerstehen kann. Die Zuweisung solcher Neigungen an die menschliche „Natur" ist aus der Komödie bezeugt;[27] und wie wir bei Sophokles und Demokrit sahen, ist die menschliche „Natur" in der Sprache des späten 5. Jahrhunderts auch die „sterbliche". Das legt die Vermutung nahe, dass in T1 die ungewöhnliche Rede von einer „unsterblichen Natur" zugleich auch auf die „sterbliche Natur" anspielen soll. Die „unsterbliche Natur" ist in die eine Seite des Kontrasts von Himmelsbetrachtung und politischer Destruktivität eingespannt. Die „sterbliche Natur" lässt sich sinngemäß auf der anderen Seite ergänzen.

In Platons *Gorgias* zitiert Sokrates eine Lehre ungenannter „Weiser" (*Grg* 507e6: *sophoi*), wonach Himmel und Erde, Götter und Menschen durch regelmäßige Proportionen zu einem „Ganzen" (508a3: *holon*) verbunden und als *kosmos* (ebd.) ausgezeichnet sind: Dies sei ein Beleg dafür, was die „geometrischen Gleichheit" (a6) ausrichten kann, und dass das „Nichtgenugkriegenkönnen" (a7: *pleonexia*) nicht lohnt. Das Euripides-Fragment (T1) gibt keinen Hinweis auf solche Lehren; Platons spätere „Theorie der Natur … unter dem Primat der praktischen Vernunft" (Schäfer 1993, S. 57) wird zwar im *Gorgias*, aber nicht in T1 (und soweit ich sehe auch an keiner anderen Stelle bei Euripides) antizipiert. Anders als im *Gorgias* gefordert, gewinnt der Himmelsforscher keine zur Hebung der politischen Moral geeigneten Erkenntnisse. Er lebt einfach ein anderes Leben als der politisch Tätige.

In der Sprache des *Gorgias*, die sich aber weit ins 5. Jahrhundert zurückverfolgen lässt, ist dieser Himmelsforscher ein „Philosophierender" (*philosophôn*), im Unterschied zum erfolgsorientierten, vor allem politischen Praktiker, wie Kallikles einer sein will.[28] Ob er überhaupt eine eigene Sicht auf dessen An-

---

27   Vgl. beispielsweise Aristophanes *Nub.* 1078: χρῶ τῇ φύσει, … νόμιζε μηδὲν αἰσχρόν („Halte dich an die Natur, … halte nichts für schändlich"). Dass es zu den „Naturnotwendigkeiten" (ebd. 1075: τῆς φύσεως ἀνάγκαι) gehören soll, der Frau des Nachbarn nachzusteigen, ist wohl eine – direkte oder indirekte, aber jedenfalls sinnverdrehende – Anspielung auf τὰ … τῆς φύσεως ἀναγκαῖα bei Antiphon (DK 87 B 44, fr. A col. 25–27: „die Erfordernisse der Natur sind zwingend"; in den neueren Ausgaben: fr. B, vgl. Schirren/Zinsmaier 2003, S. 194).

28   Vgl. einerseits *Grg.* 484c5, 485a4 und passim: φιλοσοφία; 484c9, 485a5 und passim: φιλοσοφέω; andererseits 473e6, wo Sokrates ausdrücklich bestreitet, einer der πολιτικοί zu sein. Seine eigenen Ambitionen als πολιτικός muss Kallikles nicht eigens bekunden, vgl. aber z.B. seine Ausführungen über den Mann, „der gut, tüchtig und angesehen sein will" (484d1–2: τὸν μέλλοντα καλὸν κἀγαθὸν καὶ εὐδόκιμον ἔσεσθαι ἄνδρα, Übers. Dalfen). – Dabei bleibt das Echo der *Antiope* im *Gorgias* zu beachten; vgl. Trivigno 2009. Kallikles beschreibt *Grg.* 485a–486a den Amphion der

gelegenheiten hat, ist ohne Belang. Denn anders als Sokrates, der sich sogar für den einzigen Zeitgenossen hält, der die *politika* sachgemäß und sachverständig betreibt (*Grg.* 521d6–8), wendet sich der Betrachter des Himmels von ihnen ab. Das Euripides-Fragment beschreibt diese Abwendung, aber es vollzieht sie nicht selbst. Sein Thema ist, wie gesagt, nicht die „unsterbliche Natur", sondern die sterbliche als Betrachter der unsterblichen: Die sterbliche Natur rettet sich vor der eigenen Destruktivität in die Zuschauerschaft (*theôria*) und somit in die Philosophie.[29]

4   „Nichtalternd und todlos". Was Menschen nicht sind

Die Destruktivität der sterblichen Natur ist in dem Euripides-Fragment und bei Platon politisch konnotiert. Anders im Kontext des Ausspruchs von Anaxagoras, den das Fragment variiert (DK 59 A 30, s.o. T2): Nach Aristoteles beantwortet Anaxagoras die Frage, „worum willen man es vorziehen würde, geboren anstatt nicht geboren zu werden",[30] mit dem Hinweis auf die Himmelsbetrachtung. Die Frage zitiert ein altes, im 5. Jahrhundert vielfach abgewandeltes Distichon:

Antiope zwar nicht ausdrücklich als „philosophierend", aber er vergleicht seine eigene Kritik am Philosophieren des Sokrates mit der Kritik des Zethos an Amphion. Sokrates nimmt dies auf, indem er seine Verteidigung des Philosophierens als Antwort Amphions an Zethos darstellt (*Grg.* 506b). Eine Rückprojektion dieser Wortwahl auf die *Antiope* (und das ihr vermutlich entnommene Fragment) ist in der Sache nicht abwegig und verbietet sich auch nicht aus chronologischen Gründen; vgl. z.B. Thukydides II 40,1; *Dissoi Logoi* (DK 90) c. 1 sowie die folgende Anm.

29   Zur Selbstbeschreibung der Philosophie als „Zuschauerschaft" (θεωρία) Nightingale 2004 sowie Heinemann 2005b. Der locus classicus ist die – ziemlich sinnfreie und offenbar schon konventionelle – Engführung von φιλοσοφέων und θεωρίης εἵνεκεν bei Herodot (I 30,2). An diese Tradition knüpft Herakleides Pontikos an, wenn er, wie bei Cicero (*Tusc.* V 9) überliefert, den *philosophus*, der „die Natur der Dinge betrachtet", mit den vornehmsten Besuchern der Olympischen Spiele vergleicht, die „des Zuschauens wegen" (*visendi causa* = θεωρίας ἕνεκα) gekommen sind. Riedweg (2002, S. 127) hat die klassische Darstellung von Burkert (1960) in diesem Punkt zu Recht korrigiert. Die chronologischen Einwände gegen die Charakterisierung des φιλόσοφος ἀνήρ als ἵστωρ („Forscher") bei Heraklit (DK 22 = fr. 35) verlieren an Überzeugungskraft. Freilich bleibt unklar, ob sich diese Tradition, wie bei Herakleides, auf Pythagoras zurückführen lässt.

30   *EE* I 5, 1216a12–13: τίνος ἕνεκ' ἄν τις | ἕλοιτο γενέσθαι μᾶλλον ἢ μὴ γενέσθαι. Beachte die stillschweigende Ersetzung des altertümlichen φῦναι (s.u. T7) durch γενέσθαι.

T7 „Gar nicht erst geboren zu werden ist für die Erdbewohner das Beste, | ist man aber geboren, schleunigst die Tore des Hades zu durchschreiten."[31]

Ich interpretiere T7 vor dem Hintergrund der suizidalen Logik, in die sich in Homers *Ilias* (XII 310–328) Sarpedon, Sohn des Zeus und Verbündeter der Troer, im Gespräch mit seinem Standesgenossen Glaukos verstrickt: Als Sterbliche können beide den ländlichen Wohlstand, den sie sich mit ihren kriegerischen Leistungen sichern, nicht dauernd genießen; ihn entwertet der unvermeidlich bevorstehende Tod. Wenn sie, „diesem Krieg entronnen",[32] damit rechnen könnten,

T8 „für immer nichtalternd (*agêrô*) und todlos (*athanatô*) zu sein",[33]

dann würden Sarpedon und Glaukos jetzt nicht in die Schlacht ziehen. Aber tatsächlich „stehen" vor ihnen, auch wenn sie den gegenwärtigen Krieg überleben, „die Göttinnen des Todes, Zehntausende, denen kein Sterblicher entfliehen kann oder entrinnen" (v. 326–7, Übers. Schadewaldt). Deshalb zieht es Sarpedon vor, den Kampf aufzunehmen und es darauf ankommen zu lassen, „ob wir jemandem einen Grund zum Prahlen geben oder jemand uns" (v. 328); und Glaukos folgt dieser Aufforderung (v. 329).

Ich übersetze *athanatos* hier statt mit „unsterblich" mit „todlos". Worum es in T8 geht, ist einerseits, wie die Götter von Vergreisung und Tod unbetroffen zu sein. Andererseits soll dies aber erst eintreten, nachdem Sarpedon und Glaukos

---

31 *Certamen Homeri et Hesiodi*, v. 77–79: Ὅμηρος· | ἀρχὴν μὲν μὴ φῦναι ἐπιχθονίοισιν ἄριστον, | φύντα δ' ὅπως ὤκιστα πύλας Ἀίδαο περῆσαι. – Ebenso, aber mit πάντων statt ἀρχὴν sowie zwei zusätzlichen Versen Theognis 425–8; ähnlich Sophokles *OC* 1224–7, Aristoteles fr. 44 Rose; weitere Stellen bei Flashar et. al. 2006, 161. – Beachte das Echo von „schleunigst" (ὅπως ὤκιστα) in Platons *Phaidon*: „… wenn er [Euenos] klug ist, soll er mir [Sokrates] schleunigst [in den Tod] folgen" (ἂν σωφρονῇ, ἐμὲ διώκειν ὡς τάχιστα, 61b8). Freilich fehlt „schleunigst" (ὡς τάχιστα, gleichbedeutend mit dem altertümlichen ὅπως ὤκιστα) in einigen Handschriften sowie in Schleiermachers Übersetzung. In den Ausgaben von Burnet (OCT 1900), Robin (Budé /wbg) und Strachan (in: Duke et al., OCT 1995) wird ὡς τάχιστα aber gehalten; in der Darmstädter Ausgabe (wbg) sind Text und Übersetzung inkohärent.

32 Sarpedon entrinnt nicht. Zeus würde den Sohn zwar gerne, bevor er von Patroklos getötet wird, in die ländliche Heimat entführen (*Il*. XVI, 436 f.). Aber das ist inopportun; Zeus beschränkt sich darauf, für ein würdiges Begräbnis zu sorgen (ebd. 439–458, 666–683). – Glaukos überlebt zunächst; wie es mit ihm weitergeht, erfahren wir in der *Ilias* nicht.

33 Homer, *Il*. 322–4: εἰ μὲν γὰρ πόλεμον περὶ τόνδε φυγόντε | αἰεὶ δὴ μέλλοιμεν ἀγήρω τ' ἀθανάτω τε | ἔσσεσθ', …

„diesem Krieg entronnen sind"; daran, dass ihnen die Unsterblichkeit gerade in der Schlacht zugutekommen könnte, ist nicht gedacht. Offenbar handelt es sich gar nicht darum, unsterblich zu sein, sondern vielmehr darum, mit dem Krieg auch den Tod hinter sich zu lassen – und dass dies nicht geht. Der Tod lauert überall und nicht nur im Krieg, so dass man ihm ausweichen könnte; sondern es gehört zum Menschsein, dem jederzeit möglichen Tod ohne verlässlichen Schutz ausgeliefert zu sein.

Die Frage, ob der Tod ein Übel sei, ist dabei irreführend. Das Übel, Sarpedon vermeiden will, ist nicht der Tod, sondern der den Sterblichen unvermeidlich bevorstehende Tod. Und dieses Übel ist durch nichts behebbar außer durch den baldigen Tod. Das ist so paradox wie konsequent. Dieselbe suizidale Logik vermute ich im Hintergrund des zuvor zitierten Distichons (T7), das die Tradition ebenfalls mit Homer in Verbindung bringt. T7 sagt nicht, warum es für die Menschen „das Beste" sei, „gar nicht erst geboren zu werden". Dass auch hier an eine Entwertung des Lebens durch den unvermeidlich bevorstehenden Tod zu denken ist, halte ich zwar nicht für zwingend, aber doch für naheliegend.

Die Anfrage an Anaxagoras, „worum willen man es vorziehen würde, geboren anstatt nicht geboren zu werden" (T2), setzt keine Zurückweisung dieser Logik voraus: Gefragt ist, was sich ihr überhaupt entgegensetzen lässt. Die von Aristoteles zitierte Antwort des Anaxagoras lässt sich vielleicht noch so verstehen, als handelte es sich um die Annehmlichkeiten eines der Astronomie gewidmeten Lebens. Die Wortwahl des Euripides-Fragments – „der todlosen *physis* nichtalternden *kosmos* betrachtend" (T1) – macht daraus eine gelingende, ein ganzes Leben erfüllende Bezugnahme auf das, was Menschen gerade nicht sind (s.o. T8): Der Abstand zwischen Göttern und Menschen wird durch diese Bezugnahme überbrückt, wenn auch nicht behoben. Hier knüpfen Platon und Aristoteles an.

5 Vorübergehende Todlosigkeit. Empedokles und Aristoteles

5.1 Grundstoffe und flüchtige Verbindungen. Vor- und nachparmenideische Kosmologien

Nach Hippolytos hat Anaximandros das die Welt umgebende *apeiron*, aus dem sie hervorgegangen ist, als „ewig (*aidion*) und nichtalternd (*agêrô*)" beschrieben.[34]

---

[34] Hippolytos, *Ref.* I 6,1 (DK 12 A 11, vgl. B 2; KRS #101B): ταύτην δ' [sc. ἀρχήν] ἀΐδιον εἶναι καὶ ἀγήρω. Vgl. Kahn 1960, S. 42 f. (dort fr. 8.H).

Und nach Aristoteles haben „Anaximandros und die meisten Naturerklärer (*physiologoi*)", soweit sie einen einzigen unentstandenen Urstoff annahmen, der „alles umgibt und steuert",[35] diesen als „ohne Tod und Vernichtung (*athanaton kai anôlethron*)" charakterisiert und insofern mit dem „Göttlichen" (*to theion*) gleichgesetzt.[36] Die Zuschreibung des zitierten Wortlauts an Anaximandros ist jeweils unsicher. Zu rechnen ist wohl mit einer Verwendung der homerischen Formel „nichtalternd (*agêrôs*) und unsterblich (*athanatos*)", die auch der Formulierung bei Euripides zugrunde liegt.[37]

Diese Formel beschreibt die conditio humana – in der Sprache des Euripides-Fragments: die sterbliche Natur im Unterschied zur unsterblichen – als defizitär. Sie gehört seit Homer zur menschlichen Selbstbeschreibung. Mit ihrer Übertragung auf die Grundbestandteile der Welt wird der Kontrast von Sterblichem und Unsterblichem zur Erklärung des Werdens, Bestehens und Vergehens der Dinge herangezogen: „Immerlebendig" ist bei Heraklit das Feuer (fr. 30): Wie das Gold im Umsatz der Waren erhält es sich als allgemeines Äquivalent in „allem" (*panta*), was entsteht und vergeht (fr. 90). Und ähnlich in den nachparmenideischen Kosmologien:[38] Unentstanden und unvergänglich sind die jeweils angenommen stofflichen Grundbestandteile der Welt, im Gegensatz zu den kom-

---

35 In pluralistischen Kosmologien wird die Lenkungsfunktion entweder mit einem der Elemente (νοῦς bei Anaxagoras, ähnlich das Feuer bei Heraklit) in Verbindung gebracht oder an nichtstoffliche Instanzen (Liebe/Streit bei Empedokles) und Ordnungsprinzipien (Zwangsläufigkeit bei Parmenides, Passung bei Philolaos etc.) delegiert. Die Atomisten können die Entstehung vergleichsweise stabiler Ordnung dem Zufall und der unendlichen Zeit überlassen.

36 Aristoteles, *Phys.* III 4, 203b11–15 (DK 12 A 15, vgl. B 3): καὶ περιέχειν ἅπαντα καὶ πάντα κυβερ|νᾶν, ὥς φασιν ὅσοι μὴ ποιοῦσι παρὰ τὸ ἄπειρον ἄλλας αἰ|τίας, οἷον νοῦν ἢ φιλίαν· καὶ τοῦτ' εἶναι τὸ θεῖον· ἀθάνατον | γὰρ καὶ ἀνώλευθρον, ὥσπερ φησὶν Ἀναξίμανδρος καὶ οἱ πλεῖ|στοι τῶν φυσιολόγων. Vgl. Kahn 1960, 42 f. (dort fr. 8.Arist.1). – Ebenso charakterisiert Diogenes von Apollonia seinen Grundstoff („Luft" oder „Dunst": ἀήρ) als „ewig und unsterblich" (fr. 7 f.: ἀίδιον καὶ ἀθάνατον).

37 Nach Kahn (1960, S. 43), „at least the Homeric ἀγήρως must be his". Aber ἀγήρως kommt bei Homer und in den Homerischen Hymnen nur als stehende Wendung in Verbindung mit ἀθάνατος vor; bei Hesiod ist die Verbindung nur einmal (*Th.* 955) gelockert, aber auch an dieser Stelle nicht ganz gelöst. Warum sollte sie es bei Anaximandros sein? Dabei geht die Vergöttlichung aber vielleicht nicht so weit, wie man denken mag. Hält man sich an die Beispiele bei Homer (s.o. 5.1), dann muss „nichtalternd und todlos" nicht mehr heißen als, mit den Pferden des Peleus (*Il.* XVII 444) und den Hunden des Alkinoos (*Od.* VII 94) mithalten zu können.

38 Mit Graham (2006, S. 169 ff., S. 201 ff.) lässt sich die parmenideische δόξα (fr. 8.50 ff. etc.) als Prototyp der nachparmenideischen Kosmologien interpretieren.

plexen, mehr oder minder stabilen Gebilden, zu denen sie sich vorübergehend verbinden.[39] Die „sterbliche Natur" bei Demokrit (fr. 297, s.o. T4) ist eine solche Verbindung; der Tod ist ihre „Auflösung" (ebd.: *dialysis*).[40] Dabei führt die Wendung „sterbliche Natur" in T4 von der ontologischen Fragestellung nach den fundamentalen Entitäten der physikalischen Kosmologie auf das bei Anaximandros stillschweigend vorausgesetzte anthropologische Thema zurück: Ist die „sterbliche Natur" defizitär? Bei Demokrit ist sie es nicht. Sie ist ein komplexes Gebilde; was eine „unsterbliche Natur" ausmachen würde, ist nur lauter Atome und insofern trivial. Unsterblichkeit ist demnach kein Vorzug. Und dass die „sterbliche Natur" nach atomistischer Auffassung ein vergängliches Zufallsprodukt ist, unterscheidet sie nicht von der Ordnung des Himmels und den Gestirnen.[41]

5.2 Elemente bei Empedokles. Abwechselnd „sterblich" und „todlos"

Anders bei Empedokles. Seine Elemente (Feuer, Wasser, Erde, Luft) sind mit traditionellen Götternamen belegt.[42] In der Darstellung bei Hippolytos sind sie „sterbliche Götter", die den Kosmischen Zyklus durch ihre abwechselnde Domi-

---

39 Grundlegend ist die Auffassung des Entstehens und Vergehens von Dingen als Bildung und Auflösung von Gemischen; vgl. Anaxagoras fr. 17, Empedokles fr. 53–54c P / 8–10 DK, Leukipp und Demokrit, DK 67 A 7 und A 9 (Aristoteles *GC* I 8, 325a31–32 bzw. ebd. I 1, 315b6–9); im selben Sinne wohl schon μίξις und κρᾶσις bei Parmenides (fr. 12.4 und 16.1). Nach dieser Auffassung können nur komplexe Dinge entstehen und vergehen. Dass demgemäß die einfachen Bestandteile der Welt nicht vom Entstehen und Vergehen betroffen sind, versteht sich geradezu von selbst und ist in den überlieferten Berichten kaum der Erwähnung wert; vgl. zu Anaxagoras DK 59 A 41 (*VS* II 15.18; GM III 38, #37.6); zu Demokrit DK 68 A 43 und 57 (Lesart bei GM, III 324, #8 E); zu Empedokles fr. 66b P, v. 268–273 (ähnlich v. 317–322 = fr. 21.9–14 DK) sowie fr. 68b P / 26 DK, v. 11 f. (s.u.).

40 Ebenso bei Empedokles (fr. 53 P / 8 DK: διάλλαξίς) und Anaxagoras (fr. 17: διακρίνεται).

41 Vgl. Diogenes Laertios IX 31–33 (DK 67 A 1; GM III 340 ff., #21A), Hippolytos *Ref.* I 12–13 (DK 67 A 10 und 68 A 40; GM III 344 ff., #21C) sowie DK 67 A 39 (Mansfeld/Primavesi 2011, S. 702 f., #59): Nach atomistischer Lehre stimmt die Natur von Sonne und Mond mit derjenigen der irdischen Phänomene ganz überein.

42 Empedokles fr. 49 P / 6 DK; Einzelheiten bei Primavesi (2013, S. 708 f.). Ich übernehme die Darstellung des „Kosmischen Zyklus" von Primavesi (2013, S. 696–698) und S. 702–713; vgl. 2011, S. 396–404).

nanz in Gang haltenden Grundkräfte („Liebe" und „Streit") hingegen „unsterbliche".[43] Das ist insofern irreführend, als nach Empedokles die Elemente nicht
vergehen. Als fundamentale Entitäten sind sie unentstanden und unvergänglich;[44]
im Kosmischen Zyklus sind sie die bleibenden Grundbestandteile, „aus denen
alles besteht, was war, was ist, und was künftig sein wird".[45] Als solche, sind
die Elemente nach Empedokles abwechselnd unsterblich – oder richtiger „todlos"
(*athanata*) – und „sterblich" (*thnêta*):

- „todlos" in den beiden Vollendungszuständen des Zyklus, d.h. bei vollständigen
  Ent- oder Vermischung, und
- „sterblich" in den Übergangszuständen, wenn sie unter dem Einfluss der anta-
  gonistischen Grundkräfte flüchtige Verbindungen eingehen.

Mit der Ablösung des jeweiligen Vollendungszustands – ihrer vollständigen
Durch- oder Entmischung – sind die Elemente aus Todlosem und Ungemischtem
zu Sterblichem und Gemischtem geworden; und das ist zugleich das Entstehen
der vergänglichen Dinge: Die Elemente

> **T9** „... erwuchsen zu Sterblichem, die zuvor Todloses zu sein gelernt hatten, | und
> zu Gemischtem, die zuvor Ungemischtes waren, die Pfade wechselnd. | Und als sie
> sich vermischten, ergossen sich unzählige Scharen Sterblicher ...".[46]

Wenn mit dem Übergang zum entgegengesetzten Vollendungszustand alle vergänglichen Dinge zerstört sind,[47] sind die Elemente wieder „todlos". Das heißt,
sie sind nun keine Bestandteile vergänglicher Dinge, sondern entweder (bei voll-

---

43   Hippolytos *Ref.* VII 29,23 (= Test. zu DK 31 B 115, *Vors.* I 357.1–3) – „Götter": θεοί.

44   In diesem Sinn Empedokles fr. 68b P / 26 DK: Im beständigen Wechsel, sind die
      Elemente „stets unveränderlich im Kreislauf" (v. 12: ... αἰὲν ἔασιν ἀκίνητοι κατὰ
      κύκλον, Übers. Primavesi 2011).

45   Empedokles fr. 66.269 P: ἐξ ὧν πάνθ᾽ ὅσα τ᾽ ἦν ὅσα τ᾽ ἔσθ᾽ ὅσα τ᾽ ἔσσετ᾽ ὀπίσσω
      (Übers. Primavesi 2011); mit minimaler Abweichung Aristoteles *Met.* III 4, 1000a29–
      30; ähnlich fr. 66.317 P / 21.9 DK. Zu den textlichen Verhältnissen Primavesi 2008,
      S. 17n44.

46   Empedokles fr. 69 P / 35 DK, v. 14–6: θνήτ᾽ ἐφύοντο, τὰ πρὶν μάθον ἀθάνατ᾽ εἶναι, |
      ζωρά τε τὰ πρὶν ἄκρητα διαλλάξαντα κελεύθους. | τῶν δέ τε μισγομένων χεῖτ᾽ ἔθνεα
      μυρία θνητῶν, | ... – „zu Gemischtem": ζωρά, vgl. Primavesi 2008, 75n208 mit Hin-
      weis auf Solmsen, *Class. Rev.* 17 (1967) 245–313.

47   Vgl. Empedokles fr. 66.234–6 P / 17.3–5 DK sowie fr. 72 f. P; dazu Primavesi 2013,
      S. 710 f.

ständiger Entmischung) je für sich, oder (bei vollständiger Durchmischung) als „Glieder des Gottes" (fr. 78 P / 31 DK) – d.i. des *Sphairos* (fr. 75.3 P / 28.2 DK), den der „Streit" nach einer festgesetzten Frist wieder auflösen wird.

In den Vollendungszuständen des Zyklus sind die Elemente „langlebige Götter".[48] Diese Langlebigkeit entspricht der Dauer des jeweiligen Vollendungszustands:[49] nicht ewig, aber um Größenordnungen länger als die Lebensdauer der vergänglichen Dinge. Dass die Elemente als „Götter" auch „todlos" (*athanata*) sind, hat nichts mit ihrem dauernden Bestand als fundamentale Entitäten zu tun. „Todlos" zu sein, heißt hier insbesondere: nicht in das Entstehen und Vergehen der „sterblichen" Dinge verstrickt und insofern nicht durch den Tod beeinträchtigt zu sein.

Diese Todlosigkeit und das Dasein der Elemente als „langlebige Götter" endet mit dem Ende des jeweiligen Vollendungszustands. Daher fragt sich, wieso das nicht ihr Tod ist. Wäre es aber ihr Tod, dann hätte ihnen der Tod immer schon bevorgestanden, und sie wären in diesem ganz naheliegenden Sinne niemals todlos gewesen. – Die Schwierigkeit ist wohl auflösbar. Empedokles beschreibt den Tod als Trennung der in einem Gemisch verbundenen Elemente. Offensichtlich ist das nur auf einen der beiden Vollendungszustände abwendbar: Das Ende der vollständigen Durchmischung der Elemente ist die Auflösung eines Gemischs, aber das Ende ihrer vollständigen Entmischung ist keine solche Auflösung. Es bleibt die Frage, wieso die Zerstörung des *Sphairos* durch den erstarkenden Streit nicht sein Tod ist. Entscheidend ist hier die Beobachtung, dass die Lebensdauer des *Sphairos* nicht durch die modulare Schrittfolge des Kosmischen Zyklus, sondern nur ad hoc durch eine eidliche Selbstverpflichtung der Grundkräfte festgelegt ist.[50] Im Unterschied zur Auflösung der vergänglichen Dinge ist die Zerstörung des *Sphairos* nichts, was ihm irgendwie zustoßen würde. Und das mag genügen, um seine Beschreibung als „todlos" plausibel zu machen.

5.3 „Unsterbliches im Sinn". Die Vernunft Platons – bei Aristoteles

Anders als der Sokrates der *Apologie*, der „das höchste Gut für den Menschen" mit dem der „Prüfung seiner selbst und der Anderen" gewidmeten Leben identi-

---

48 Empedokles fr. 66.272 P (= Aristoteles *Met.* III 4, 1000a32): θεοὶ δολιχαίωνες. Dazu Primavesi 2008, S. 19; ders. 2013, S. 708.

49 Nach Primavesi (2013, S. 704–707): 4000 Jahre.

50 Empedokles fr. 77 P / 30 DK. Dazu Primavesi 2013, S. 704 und bes. S. 707.

fiziert und alle Ambitionen auf „eine Weisheit, die größer als menschengemäß ist" zurückweist,[51] haben Platons Philosophen schon im *Phaidon* und der *Politeia* „Unsterbliches im Sinn". Im *Phaidon* wollen sie die Behinderung der Seele durch den Leib überwinden und somit „nichts anderes … als zu sterben und gestorben zu sein" (*Phd.* 64a5–6). In der *Politeia* werden sie vorübergehend aus der conditio humana (der Höhle) entlassen – aber nur um zurückzukehren und eine Ressource beizuschaffen (Ideenkenntnis, d.h. rechenschaftsfähige Kriterien für Gut und Schlecht etc.), die zur sachverständigen Etablierung und Supervision der evaluativen Bräuche in der Höhle erforderlich ist (*Resp.* 484d1–3, vgl. 520c3–7). Ebenso bleibt „die Angleichung an Gott" im *Theaitetos* (176b1, s.o. nach T6) eine diesseitige Angelegenheit: Sie findet in der Höhle statt; ob die Ausflüge der Seele des Philosophen, die „nur den Körper in der *polis*" zurücklässt (*Tht.* 173e2–3), der Vorbereitung dienen, wird nicht gesagt.

Die Wendung „Unsterbliches im Sinn" (*athanata phronein*) kommt bei Platon nicht an den zitierten Stellen, sondern nur an einer Stelle des *Timaios* (90b-d) vor, die zwei Lebensweisen unterscheidet: Wer den Begierden und dem Ehrgeiz folgt, stärkt das Sterbliche in sich und hat dann auch entsprechende Überzeugungen" (b3: *dogmata*). Wer sich hingegen um den „Erwerb von Kenntnissen" und „wahre Einsichten" bemüht,[52]

T10 „der muss ganz zwangsläufig Unsterbliches und Göttliches im Sinn haben, wenn er die Wahrheit berührt; soweit die menschliche Natur an der Unsterblichkeit teilhaben kann, wird er nichts von ihr versäumen und, da er stets das Göttliche pflegt und den in ihm mitwohnenden *daimon* in Ordnung hält, in ausgezeichneter Weise glücklich sein".[53]

Der erwähnte *daimon* ist der vernünftige Seelenteil (vgl. 90a2–4). Ihn „in Ordnung" (*eu kosmêmenon*) zu halten und das Göttliche zu „pflegen" (*therapeuein*) ist einerlei. Die Ordnung muss wiederhergestellt werden: Man muss die „beim Entstehen" (d1–2: *peri tên genesin*) gestörten Bewegungen in unserem Kopf durch Erlernen (d3: *katamanthanein*) der Harmonien und Rotationen des Alls (d3–4)

---

51 Platon, *Apol.* 38a2–6 sowie 20e1 (s.u.).

52 Platon, *Tim.* 90b6–7: τῷ δὲ περὶ φιλομαθίαν καὶ περὶ τὰς ἀληθεῖς | φρονήσεις ἐσπουδακότι (Übers. Schäfer 2005, 317).

53 Ebd. c1–6: φρονεῖν μὲν ἀθάνατα καὶ θεῖα, ἄνπερ ἀληθείας | ἐφάπτηται, πᾶσα ἀνάγκη που, καθ᾽ ὅσον δ᾽ αὖ μετασχεῖν | ἀνθρωπίνῃ φύσει ἀθανασίας ἐνδέχεται, τούτου μηδὲν μέρος | ἀπολείπειν, ἅτε δὲ ἀεὶ θεραπεύοντα τὸ θεῖον ἔχοντά τε αὐτὸν | εὖ κεκοσμημένον τὸν δαίμονα σύνοικον ἑαυτῷ, διαφερόντως |εὐδαίμονα εἶναι.

berichtigen und somit an die dem „Göttlichen in uns verwandten Bewegungen" (c7–8) angleichen (d4: *exhomoiôsai*) – wodurch man dann „die Erfüllung (*telos*) des den Menschen von den Göttern für Gegenwart und Zukunft in Aussicht gestellten besten Lebens erreicht".[54]

Man kann die Angleichung der mentalen Rotationen an die astronomischen Rotationen und Harmonien (d.h. an die numerischen Passungsverhältnisse der Himmelsbewegungen) wie die „Angleichung an Gott" im *Theaitetos* (s.o.) moralisch interpretieren und somit an die menschlichen Angelegenheiten zurückbinden, etwa als Herstellung geeigneter mentaler Herrschaftsverhältnisse.[55] Als Alternative bietet sich einerseits eine rein intellektuelle Vorzüglichkeit an,[56] und andererseits die Vorstellung, dass die menschliche *eudaimonia* („Glück") eben in der unbeeinträchtigten *harmonia* der mentalen Rotationen besteht. Ich halte Letzteres für das Nächstliegende.

Vor allem gibt diese Interpretation der Formel *athanata phronein* ihren prägnanten Sinn als Gegenprogramm zu der überlieferten Forderung, dass „die sterbliche Natur Sterbliches in Sinn haben muss (*thnêta phronein*, s.o. T3):[57] Diese Forderung erledigt sich, wenn sich erstens die Gegenforderung, „Unsterbliches im Sinn zu haben" (T10) auf die eigene Vernunft als das „mitwohnende" (*Tim.* 90c5: *synoikos*) Unsterbliche bezieht, und wenn zweitens die dabei intendierte Unsterblichkeit nichts anderes ist als dessen unbeeinträchtigte Tätigkeit. Die „Erfüllung" (d5: *telos*) findet in diesem Leben statt – und vielleicht kann man hier schon ergänzen (wie man es dann bei Aristoteles muss): Die Unsterblichkeit wird

---

54   Ebd. d5–7: τέλος ἔχειν τοῦ | προτεθέντος ἀνθρώποις ὑπὸ θεῶν ἀρίστου βίου πρός τε τὸν | παρόντα καὶ τὸν ἔπειτα χρόνον.

55   So Schäfer (2005, S. 318–320) mit Verweis auf *Resp.* 590d3–6.

56   So Sedley (1999, S. 322–324), u.a. unter Berufung auf eine weit hergeholte Interpretation von περὶ τὴν γένεσιν (*Tim.* 90d1–2: „concerned with becoming" statt wie oben „beim Entstehen") sowie auf die aus dem X. Buch der *Gesetze* importierten Annahme einer durch den Menschen nicht usurpierbaren Lenkungsfunktion der Weltseele.

57   Ältere Verwendungsfälle dieser Formel sind die Warnung bei Ps. Epicharm (fr. 251 Kassel-Austin / 20 DK = Aristoteles, *Rhet,* II 21, 1194b25) wonach der Sterbliche „nicht Unsterbliches im Sinn haben" (οὐκ ἀθάνατα ... φρονεῖν) dürfe, und die Feststellung bei Isokrates (I 32), daß es den Stolzen (μεγαλόψυχος) auszeichne, „Unsterbliches im Sinn zu haben" (ἀθάνατα φρονεῖν). Die von Mullach (1860) unter den Apothegmata der Sieben Weisen angeführte Forderung Chilons, der Herrscher müsse keinesfalls Sterbliches, sondern stets Unsterbliches im Sinn haben (τὸν ἄρχοντα χρῆναι μηδὲν φρονεῖν θνητόν, ἀλλὰ πάντ' ἀθάνατα, hier zit. nach *TLG* {1667.006}, Aufruf am 6. Dez. 2017), stammt aus dem – von Asper (2006, S. 100) als „platonisierend" charakterisierten *Septem sapientum convivium* Plutarchs (152b4–5).

nicht ins Jenseits vertagt, sondern sie ist nichts anderes als die unbeeinträchtigte, in das Werden und Vergehen unverstrickte und insofern „todlose" Tätigkeit der Vernunft. Die Paralleltexte bei Aristoteles (in *Met.* I 2 und *EN* X 7) sind voll Anspielungen auf Platons *Apologie*. Dort ist „weise in einer Weisheit, die größer als menschengemäß ist",[58] ein anderer Ausdruck für Scharlatanerie. Die „Weisheit" (*sophia*), die Sokrates für sich selbst beansprucht, ist nur eine „menschliche", und als solche ist sie „so gut wie nichts wert".[59] Nur „der Gott" ist demnach „wirklich weise"; der Orakelspruch, dass niemand weiser als Sokrates sei, besagt demgemäß, dass unter den Menschen „der der Weiseste [ist], der wie Sokrates einsieht, dass er in Wahrheit nichts wert ist, was die Weisheit anbelangt".[60]

Nach Aristoteles wäre es zwar gerechtfertigt, auch den Besitz des in *Met.* I 2 postulierten und als „Weisheit" (*sophia*) bezeichneten Prinzipienwissens „nicht für menschlich zu halten".[61] Ein göttliches Privileg ergäbe sich daraus aber nur unter der abwegigen Annahme einer göttlichen Missgunst.[62] Nach *EN* X 7 ist ein ganz der theoretischen Vernunft (*nous*) – und somit der Betrachtung „der durch ihre Natur ehrwürdigsten Gegenstände"[63] – gewidmetes Leben „besser als menschengemäß".[64] Aber deshalb ist es nicht unlebbar. Man lebt es freilich nicht

---

58 Platon, *Apol.* 20e1: μείζω τινὰ ἢ κατ’ ἄνθρωπον σοφίαν σοφοί (s.o. Abschnitt 5.1., Anm.). – Der Einfachheit halber nehme ich hier die Problematik von „weise" und „Weisheit" als Platzhalterübersetzungen für σοφός und σοφία in Kauf.

59 Ebd. d8: ἀνθρωπίνη σοφία. Dann 23a6–7: ὅτι ἡ | ἀνθρωπίνη σοφία ὀλίγου τινὸς ἀξία ἐστὶν καὶ οὐδενός.

60 Ebd. 23b2–4: οὗτος ... σοφώτατός ἐστιν, | ὅστις ὥσπερ Σωκράτης ἔγνωκεν ὅτι οὐδενὸς ἄξιός ἐστι τῇ | ἀληθείᾳ πρὸς σοφίαν (Übers. Schleiermacher). – Zuvor a5–6: κινδυνεύει ... τῷ ὄντι ὁ θεὸς | σοφὸς εἶναι.

61 Aristoteles *Met.* I 2, 982b28–9: δικαίως ἂν οὐκ ἀνθρω|πίνη νομίζοιτο αὐτῆς ἡ κτῆσις. Zur Auffassung der σοφία als Prinzipienwissens ebd. b7–10 mit Rückbezug auf a6. In der Terminologie der *Nikomachischen Ethik* ist dieses Prinzipienwissen eine Funktion des (betrachtenden) νοῦς (*EN* VI 6, 1141a7–8; zum Verhältnis von νοῦς und σοφία ebd. a16–20). – Im Folgenden setze ich die weitgehende Entsprechung von σοφία (*Met.* I 2) und νοῦς (*EN* VI 6 und X 7) stillschweigend voraus.

62 *Met.* I 2, 982b30–983a4. Ob καθ’ αὐτὸν ἐπιστήμην (b31–2) – zumal im Kontext mit ἀνθρωπίνη (b28–9 = *Apol.* 20d8) – ein Echo von κατ’ ἄνθρωπον σοφίαν (*Apol.* 20e1) ist, mag dahingestellt bleiben. Beachte übrigens, dass die *Apologie* mit keiner göttlichen Missgunst argumentiert und diese anderen Stellen bei Platon (*Phdr.* 247a7, *Tim.* 29e1–2, vgl. *Resp.* 379b–380c) nachdrücklich bestritten wird.

63 Aristoteles, *EN* VI 7, 1141b3: τῶν τιμιωτάτων τῇ φύσει.

64 *EN* X 7, 1177b26–7: κρείττων ἢ | κατ’ ἄνθρωπον.

„qua Mensch", sondern „qua göttlicher Anteil in ihm";[65] und gleichwohl (oder vielmehr gerade deshalb)

T11 „könnte man meinen, eben dies sei man jeweils selbst ...; und es wäre ja abwegig, ein fremdes [d.h. bloß menschliches] statt des eigenen [d.h. göttlichen] Lebens zu wählen."[66]

So grundfalsch wie die Annahme göttlicher Missgunst ist daher der alte Spruch, dass sterbliche Natur Sterbliches im Sinn haben muss (s.o. T3):

T12 „Man muss nicht, wie angeraten, als Mensch Menschliches und als Sterblicher Sterbliches im Sinn haben, sondern man muss sich, soweit man kann, todlos machen (*athanatizein*) und nach dem Besten leben, das man in sich hat. Wenn dieses auch im Umfang klein ist, übertrifft es alles umso mehr durch Kraft und Ehrwürdigkeit."[67]

Das „Beste, das man in sich hat", ist im „Umfang" (oder Volumen: *onkos*) begrenzt. Die Formulierung lässt an so etwas wie ein spezifisches Gewicht denken.[68] Aber dabei bleibt dunkel, in welchem Sinne hier überhaupt von „Umfang" oder „Volumen" die Rede sein kann. Einen Hinweis gibt wohl die Bemerkung im Kontext, die wonach die „ein ganzes Leben erfüllende" (*EN* X 7, 1177b25: *labousa mēkos biou teleion*) Tätigkeit des *nous* das vollendete Glück für den Menschen wäre: Die bereits zitierte Bemerkung, „ein solches Leben" sei „besser als menschengemäß" (b26–7) bezieht sich zwar direkt auf dieses Optimum, aber sogleich mit der Wendung, dass man sich dann eben darum bemühen muss, davon „soviel man kann" (b33: *eph' hoson endechetai*) zu erreichen. Was man erreicht, ist somit weniger als was ein ganzes Leben erfüllen würde: Die Tätigkeit des *nous* bleibt episodisch.

So ergibt sich auch, dass die Todlosigkeit, als Erfüllung des *athanatizein* (b33), in diesen Episoden stattfinden muss: Die Rede ist von keiner Unsterblichkeit, die

---

65 Ebd. b27/8: ἢ ἄνθρωπός / ἢ θεῖόν τι ἐν αὐτῷ ὑπάρχει.

66 Ebd. 1178a2–4: δόξειε δ' ἂν καὶ εἶναι ἕκαστος τοῦτο, ...|... ἄτοπον οὖν γίνοιτ' ἄν, εἰ μὴ τὸν | αὑτοῦ βίον αἱροῖτο ἀλλὰ τινος ἄλλου.

67 Ebd. 1177b31–1178a2: οὐ χρὴ δὲ κατὰ τοὺς παραι|νοῦντας ἀνθρώπινα φρονεῖν ἄνθρωπον ὄντα οὐδὲ θνητὰ τὸν | θνητόν, ἀλλ' ἐφ' ὅσον ἐνδέχεται ἀθανατίζειν καὶ πάντα ποιεῖν | πρὸς τὸ ζῆν κατὰ τὸ κράτιστον τῶν ἐν αὐτῷ· εἰ γὰρ καὶ | τῷ ὄγκῳ μικρόν ἐστι, δυνάμει καὶ τιμιότητι πολὺ μᾶλλον | πάντων ὑπερέχει.

68 Vgl. *Cael.* IV 2, 309a4–5, wonach z.B. Bronze bei kleinerem Volumen (ὄγκος) viel schwerer als Wolle sein kann.

sich an das menschliche Leben anschließen müsste,[69] sondern von der bereits in diesem Leben unbeeinträchtigten, in das Werden und Vergehen unverstrickten und insofern „todlosen", aber zugleich durch die Endlichkeit des menschlichen Lebens begrenzte und durch Komplikationen, deren Unvermeidlichkeit zur conditio humana gehört, weiter eingeschränkte Tätigkeit der Vernunft.

Wenn nicht schon Platon, dann hat Aristoteles die Idee der vorübergehenden Todlosigkeit gewissermaßen vom Himmel – den Vollendungszuständen des kosmischen Zyklus – auf die Erde gebracht. Dem Euripides-Fragment, das mein Ausgangspunkt war, ist sie noch fremd. Der Gegenstand der Betrachtung ist so ausgezeichnet wie bei Platon und Aristoteles. Aber anders als bei Platon und Aristoteles wird die Betrachtung nicht als Angleichung aufgefasst. Der Abstand bleibt gewahrt; die sterbliche Natur des Betrachters bleibt von der unsterblichen Natur seines Gegenstandes wohl unterschieden. Anders als bei Platon und Aristoteles hat der Betrachter des Himmels zwar Unsterbliches im Blick, aber Sterbliches im Sinn: Der Maßstab seines Glücks bleibt menschengemäß.

---

69 Hingegen unterstellt Sedley (1999, S. 326) hier eine Übernahme der Lehre Platons, „that the intellect is our one immortal part".

Literatur

GM = Gemelli Marciano 2007 ff.
KRS = Kirk et al. 1983
LS = Long/Sedley 1987
MP = Mansfeld/Primavesi 2011
P = Primavesi 2011
TLG = *Thesaurus Linguae Graecae* http://stephanus.tlg.uci./contact.php
TrGF I = Snell 1971
TrGF IV = Radt 1977
TrGF V = Kannicht 2004
Asper, Markus. 2006. ‚Literatursoziologisches' zu den Sprüchen der Sieben Weisen. In *Die Worte der sieben Weisen*, Hrsg., übers. und komm. von J. Althoff und D. Zeller, 83–103. Darmstadt: WBG.
Bremer, Dieter. 1989. Von der Physis zur Natur. Eine griechische Konzeption und ihr Schicksal. *Zeitschrift für philosophische Forschung* 43: 241–264.
Burkert, Walter. 1960. Platon oder Pythagoras? Zum Ursprung des Worts ‚Philosophie'. *Hermes* 88: 159–177.
Burkert, Walter. 1962. *Weisheit und Wissenschaft. Studien zu Pythagoras, Philoaos und Platon*. Nürnberg: Carl.
Burnet, John. 1900 ff. *Platonis opera*, rec. Ioannes Burnet, Oxford: Clarendon (repr. 1924).
Burnet, John. 1930. *Early Greek Philosophy*, 4th ed. London: Adam & Charles Black.
Dalfen, Joachim. 2004. *Platon. Gorgias*, Übers. und Komm. (= Platon, *Werke*, hg. von E. Heitsch und C. W. Müller, Bd. VI 3), Göttingen: Vandenhoeck und Ruprecht.
Duke, E.A. et al. 1995. *Platonis opera*, vol 1. Tetralogias I-II continens, Oxford: Clarendon.
Ebert, Theodor. 2004. *Platon. Phaidon*, Übers. und Komm. (= Platon, *Werke*, hg. von E. Heitsch und C. W. Müller, Bd. I 4), Göttingen: Vandenhoeck und Ruprecht.
Egli, Franziska. 2003. Euripides im Kontext zeitgenössischer Intellektueller Strömungen: Analyse der Funktion philosophischer Themen in den Tragödien und Fragmenten. *Beiträge zur Altertumskunde 189*. München und Leipzig: K.G. Saur.
Flashar, Hellmut, Dubielzig, U., und B. Breitenberger. 2006. *Aristoteles. Fragmente zu Philosophie, Rhetorik, Poetik, Dichtung*, übers. und erl. (Aristoteles, Werke in deutscher Übersetzung, begr. von E. Grumach, hg. von H. Flashar, Bd. 20: *Fragmente*, Teil I), Berlin: Akademie Verlag-Darmstadt: WBG.
Gemelli Marciano, M. Laura. 2007 ff. *Die Vorsokratiker*, gr./lat./dt. hg., übers. und erl., 3 Bde., Düsseldorf: Artemis und Winkler.
Graeser, Andreas. 1989. Die Vorsokratiker. In *Klassiker der Naturphilosophie*, Hrsg. G. Böhme, 13–28. München: Beck.
Graham, Daniel D. 2006. *Explaining the Cosmos. The Ionian Tradition of Scientific Philosophy*, Princeton: U. Pr.
Guthrie, William K.C. 1965. *A History of Greek Philosophy. Vol II The Presocratic tradition from Parmenides to Democritus*. Cambridge: U. Pr. (repr. 1990).
Hager, Fritz-Peter. 1984. Natur. I. Antike. In *Historisches Wörterbuch der Philosophie*, hg. von J. Ritter, K. Gründer et al., Bd. 6, Sp. 421–441. Basel, 1971 ff.: Schwabe.

Heinemann, Gottfried. 2000. Natural Knowledge in the Hippocratic Treatise. On Ancient Medicine. In *Antike Naturwissenschaft und ihre Rezeption*, Bd. 10, Hrsg. J. Althoff et al., 13–41. Trier: WVT.

Heinemann, Gottfried. 2005a. Die Entwicklung des Begriffs *physis* bis Aristoteles. In *Physik / Mechanik*, Hrsg. A. Schürmann. Buchreihe *Geschichte der Mathematik und der Naturwissenschaften in der Antike*, Hrsg. G. Wöhrle, Bd. 3, 16–60. Stuttgart: Steiner.

Heinemann, Gottfried. 2005b. Philosophy and Spectatorship. Competitive and Non-Competitive Virtues in Pre-Platonic Conceptions of *philosophia*. In *Philosophy, Competition, and the Good Life* (Proc. 1st World Olympic Congress of Philosophy, Spetses 2004), vol. II, ed. by K. Boudouris and K. Kalimpsis, 131–141. Athens: Ionia.

Heinemann, Gottfried. 2007. Glück und Vorzüglichkeit. Aristoteles über Solons Paradoxon. In *Vom Glück und glücklichen Leben. Sozial- und geisteswissenschaftliche Zugänge*, Hrsg. Timo Hoyer, 79–102. Göttingen: Vandenhoeck & Ruprecht.

Heinemann, Gottfried. Im Erscheinen. *Peri Phuseôs*: Physics, Physicists, and *Phusis* in Aristotle. erscheint in: *The Reception of Presocratic Natural Philosophy in Later Classical Thought*, ed. by J. Habash and C. Harry (Brill's Companions to Classical Reception).

Heinimann, Felix. 1945. *Nomos und Physis*. Basel (Nachdruck Darmstadt 1980: WBG).

Jaeger, Werner. 1953. *Die Theologie der frühen griechischen Denker* (1947). Stuttgart: Kohlhammer

Kahn, Charles H. 1960. *Anaximander and the Origins of Greek Cosmology*. New York: Columbia U. Pr.

Kahn, Charles H. 1985. The Place of the Prime Mover in Aristotle's Teleology. In *Aristotle on Nature and Living Things* (Festschrift D.M. Balme), ed. by A. Gotthelf, 183–205. Pittsburgh, PA: Mathesis – Bristol: Classical Pr.

Kannicht, Richard. 2004. *Tragicorum Graecorum fragmenta* (*TrGF*), vol. 5: *Euripides* (2 Teilbde.) Göttingen: Vandenhoeck und Ruprecht.

Kassel, Rudolf, und Colin Austin. 2001. *Poetae Comici Graeci* (*PCG*), Vol. I: *Comoedia Dorica, Mimi, Phlyaces*, Berlin-New York: De Gruyter.

Kirk, G.S., J.E., Raven, M., Schofield. 1983. *The Presocratic Philosophers*, 2nd ed. Cambridge: U. Pr.

Kühner, Raphael, und Friedrich Blass. 1890–2. *Ausführliche Grammatik der griechischen Sprache*, 3. Aufl., Erster Teil: *Elementar- und Formenlehre*, 2 Bde., Nachdruck in einem Bd., Darmstadt: WBG 2015.

Laks, André. 2002. 'Philosophes Presocratiques'. Remarques sur la construction d'une catégorie de l'historiographie philosophique. In *Qu'est-ce la Philosophie Présocratique? - What is Presocratic Philosophy?* ed. A. Laks et C. Louguet, 17–38. Villeneuve d'Ascq (Nord): Presses Universitaires du Septentrion.

Long, Anthony A. 1999. The Scope of Early Greek Philosophy. In *The Cambridge Companion to Early Greek Philosophy*, ed. by A.A. Long, 1–21. Cambridge: U. Pr.

Long, Anthony A., and David N. Sedley. 1987. *The Hellenistic Philosophers*, gr./engl. by A.A. Long and D.N. Sedley, 2 vols., Cambridge: U. Pr.

Mansfeld, Jaap, und Oliver Primavesi. 2011. *Die Vorsokratiker*, gr./dt, erw. Neuausgabe, Stuttgart: Reclam.

Mullach, Friedrich W.A. 1860. *Fragmenta philosophorum Graecorum*, vol. 1. Paris: Didot.

Naddaf, Gerard. 2005. *The Greek Concept of Nature*. Albany NY: SUNY Press.

Nightingale, Andrea W. 2004. *Spectacles of Truth in Classical Greek Philosophy: Theoria in its Cultural Context*. Cambridge: U.Pr. (repr. 2009).

Patzer, Harald. 1939/93. *Physis. Grundlegung zu einer Geschichte des Wortes* (*SB Wiss. Ges. Johann Wolfgang Goethe Universität* Bd. 30.6), Stuttgart: Steiner 1993 (= Habilitationsschrift Marburg 1939)

Primavesi, Oliver. 2008. *Empedokles, Physika I. Eine Rekonstruktion des zentralen Gedankengangs*. Berlin-New York: De Gruyter.

Primavesi, Oliver. 2011. Empedokles = Kap. 7 Mansfeld/Primavesi 2011, 392–563.

Primavesi, Oliver. 2013. Empedokles = § 17. In *Grundriss der Geschichte der Philosophie*, begründet von Fr. Ueberweg, völlig neu bearbeitete Ausgabe. *Die Philosophie der Antike*. Bd. 1: Frühgriechische Philosophie, hg. von H. Flashar et al., 667–739. Basel: Schwabe.

Riedweg, Christoph. 2002. *Pythagoras. Leben – Lehre – Nachwirkung*. München: Beck

Riedweg, Christoph. 2004. Zum Ursprung des Wortes ‚Philosophie' oder Pythagoras von Samos als Wortschöpfer. In *Antike Literatur in neuer Deutung* (Festschrift Joachim Latacz), Hrsg. A. Bierl et al., 147–181. München: Saur.

Robin, Léon. 1967. *Platon. Oeuvres completes*, Tome 4.1: *Phédon*, Texte établi et traduit, 10me ed. Paris: Budé, hier zit. nach: Platon, *Werke*, gr./dt. hg. von G. Eigler, Bd. 3, Darmstadt 1974: WBG.

Scaltsas, Theodore. 1989. The Logic of the Dilemma of Participation and of the Third Man Argument. *Apeiron* 22: 67–90.

Schäfer, Lothar. 1993. Herrschaft der Vernunft und Naturordnung in Platons *Timaios*, In *Naturauffassungen in Philosophie, Wissenschaft, Technik*, Hrsg. von L. Schäfer und E. Ströker, Band 1: *Antike und Mittelalter*, 49–83. Freiburg/München: Alber.

Schäfer, Lothar. 2005. *Das Paradigma am Himmel. Platon über Natur und Staat*. Freiburg – München: Alber.

Schirren, Thomas, und Thomas Zinsmaier. 2003. *Die Sophisten. Ausgewählte Texte*, gr./dt., Stuttgart: Reclam.

Schleiermacher, Friedrich. 1817 ff. *Platons Werke* (dt.), 2. Aufl., hier zit. nach: Platon, *Werke*, gr./dt. hg. von G. Eigler, Darmstadt: WBG 1970 ff.

Schmalzriedt, Egidius. 1970. *Peri Physeôs. Zur Frühgeschichte der Buchtitel*, München: Beck

Sedley, David. 1999. „The Ideal of Godlikeness", in: *Plato. 2. Ethics, Politics, Religion, and the Soul*, ed. by G. Fine, Oxford Readings in Philosophy, Oxford: U.Pr., 309–328

Sedley, David. 2007. *Creationism and Its Critics in Antiquity*. Berkeley etc.: U. of California Pr.

Seeck, Gustav Adolf. 1981. *Euripides. Fragmente, Der Kyklop, Rhesos*, gr./dt. von G.A. Seeck et al., *Sämtliche Tragödien und Fragmente*, Bd. VI, München: Artemis.

Snell, Bruno. 1971. *Tragicorum Graecorum fragmenta* (*TrGF*), vol. 1: *Didascaliae tragicae, catalogi tragicorum et tragoediarum, testimonia et fragmenta tragicorum minorum*, Göttingen: Vandenhoeck und Ruprecht.

Trivigno, Franco V. 2009. Paratragedy in Plato's *Gorgias*. *Oxford Studies in Ancient Philosophy* 36: 73–105.

Zhmud, Leonid. 1997. *Wissenschaft, Philosophie und Religion bei den frühen Pythagoreern*. Berlin: Akademie Verlag.

Zhmud, Leonid. 2012. *Pythagoras and the Early Pythagoreans*, tr. from Russian by K. Windle and R. Ireland, Oxford: U. Pr.

Teil II
Dichtung

Unsterblicher Ruhm der Sterblichen

Philosophische Anmerkungen zum Menschenbild Homers und Pindars

Wolfgang Janke

1   Einleitung. Wider Platons Homerkritik

Ein epochaler Einschnitt in das frühgriechische Denken ist Platons skandalisierte Mythen- und Dichterkritik im 2./3. wie im 10. Buch des Sammelwerks der *Politeia*. Eine philosophische Untersuchung, welche darauf abzielt, unverlierbare Einsichten in die Seinsverfassung des Menschen und seines Sterblichseins im Andenken an Homer und Pindar wiedereinzuholen, sollte daher mit einigen Anmerkungen zu Platons Kritik beginnen. Seine Zensur nämlich trifft weniger die banal nachahmenden Kunsttendenzen des 4. Jahrhunderts, etwa die Skiagraphie.[1] Sie verwirft eben vielmehr Dichter von hohem Rang wie Homer und Hesiod, welche große Unwahrheiten über den Wandel der Unsterblichen und die Haltung der Sterblichen verbreiten würden. „Diese haben doch für die Menschen unwahre Mythen komponiert und zur Sprache gebracht und tragen sie immer noch vor" (Platon, *Politeia* 377b). Dabei bestehe die größte Lüge darin: Die alten Göttergeschichten erzählten von wandelbaren Gestalten, in denen Unsterbliche sich den Sterblichen zweideutig überwältigend, täuschend, Rettung bringend,

---

[1]   Platons Kritik der mimetischen Kunst richte sich vorzüglich gegen die sophistische, illusionistische Schattenmalerei eines Apollodor oder Zeuxis und gegen das ‚bürgerliche' Drama des späten Euripides und dessen Nachfolger (Friedländer 1964, Bd.1, S. 63ff). Dagegen Gadamer (1968, S. 179–214): Niemals seien Kunst und Dichtung in ihrem Anspruch, Offenbarung der tiefsten und geheimsten Wahrheiten zu sein, mit solcher Schärfe bestritten worden wie in Platons Kritik. Auslöser sei das sokratische Philosophieren, vor dem die Dichter nicht zu bestehen vermögen, weil sie das Maß vom wahrhaft menschlichen Guten und Schlechten nicht kennen.

© Springer Fachmedien Wiesbaden GmbH, ein Teil von Springer Nature 2019
V. Bachmann und R. Heimann (Hrsg.), *Grenzen des Menschseins*,
https://doi.org/10.1007/978-3-658-27166-4_3

Kräfte verleihend nahen. Im Licht der Vernunft aber sei der Gott der Philosophen unwandelbar, immerwährend, eingestaltig und unabänderlich seinstauglich gut.[2] Mit diesem ontologischen Bedenken geht eine moralische Entrüstung einher. Das hatte bekanntlich Tradition. So wütete Xenophanes von Kolophon (um 577–480 v.chr.), der Vergeistiger der Gottheit und moralische Rigorist: „Alle Schändlichkeiten haben Homer und Hesiod auf ihre Götter gehäuft: Stehlen, Ehebrechen, Einander-Betrügen" (DK 21 B 10, B 11). Platon jedoch sagt: Der Gott ist wahrhaft gut. Das wahre Gute aber kann niemals schädlich und Ursprung von Üblem sein. Gott ist immer nur Ursache von Gutem, vor allem auch für die Menschen. Der Urheber menschlicher Übel ist der Mensch selbst. Er ist es, der sein Lebenslos wählt.[3]

Eine Entlastung von der Anklage, die Götter seien Urheber des Unheils, das den Menschen trifft, findet sich übrigens bei Homer selbst. Bezeichnenderweise ist es in der *Odyssee* das erste Wort, das Zeus über die Erleidnisse der Menschen ausspricht (*Odyssee* 1,32–34; übers. von Weiher):

„Was nicht gar! Wie die Menschen uns wieder verklagen.
Wir seien Spender des Unheils, sagen sie, wo sie doch selber
Leiden empfangen durch eigene Torheit und mehr als vom Schicksal."

Das mag ein Beleg sein für die ‚modernere' Anlage des in der Antike Homer zugeschriebenen zweiten Großepos: auch ein Weltgedicht, aber von einer anderen Welt und einem anderen Bild vom Menschen als dem vielgewandten, listenreichen Helden, der sich allen zu erduldenden Notlagen gewachsen zeigt. Gleichwohl waltet gerade auch in der *Ilias* über dem Widerspiel von Göttern und Menschen die Schicksalsmacht (Moira, Aisa). Sie teilt den einen, den Menschen, das Los der todesverhangenen Sterblichkeit, den anderen, den Göttern, das Los todloser Unsterblichkeit zu.

Nun fällt Platons Urteil über Homer nicht so vernichtend aus wie der durch Diogenes Laertios überlieferte Spruch Heraklits (DK 22 B 42): Homer verdiene, aus den Wettkämpfen mit Stockschlägen verjagt zu werden. Gemeint sind die

---

2 Diese ‚größte Unwahrheit' hebt Fink (1970, S. 89–115) hervor. Wie die Mythen und Dichter von den vielgestaltigen Epiphanien der Götter reden, muss für Platon wie eine ontologische Herabwürdigung der Götter aussehen.

3 Solche Moralisierung führt Platon z.B. im Hadesmythos des Dialogs *Gorgias* ein. Da ersetzt im Totengericht die Kardinaltugend der Dikaiosyne die göttliche Dike, die den Willen des Zeus vollzieht. So gesehen geht der Weg des hesperischen Geistes weder vom Mythos zum Logos vorwärts noch an den Grenzen des menschlichen Logos zum Mythos zurück. Platon holt das Mythische sokratisch ins ethisch Gute ein.

vielseitigen, beziehungsreichen Auseinandersetzungen über die durchdringende Einsicht in das eine, allumfassende Weltgesetz. Da sei Homer, der doch zu den Weisesten unter den Hellenen zähle (DK 22 B 56), geistig blind – nicht einsichtiger als Hesiod oder Xenophanes.[4] Nach Platon ist und bleibt Homer dennoch, dichterisch gesehen, der Lehrer von ganz Hellas und der Vater der Tragödie. Aus dem todesmutigen Wächter- und gerechten Vernunftstaat unter der Idee des göttlich Guten aber sei er auszuweisen.

Ein unbefangener Zugang zu Homer dagegen kann sich wohl an prominente Hochschätzungen halten. So habe Homer nach Herodots berühmtem Wort den Griechen ihre Götter geschenkt – und das nach Hegels Ästhetik nicht aus dem Nichts, sondern durch eine geschichtliche Umstellung der symbolischen Religion im Sinne griechischen Geistes. Homer habe als das Element, aus dem die ganze griechische Welt lebe, in der *Ilias* das in sich vollendetste Werk der klassischen Kunst hervorgebracht. Und nach Nietzsche sei Homer der größte Dichter, der je aus einem Stoff schaurigen Volksaberglaubens einen leuchtenden Götterkreis gebildet habe.

Unter solchem Geleit fragen wir nach: Bleibt Platons Zurückweisung in Kraft, Homers Helden würden das Pathos nicht durch den vernunftgeleiteten Logos zügeln? Sie schreien doch auf in maßloser Erregtheit, geraten außer sich, verfallen wie Ajas in Wahnsinn. Und entbehren sie nicht völlig der Sokratischen Zuversicht, unsterblichen Geistes ins Reich der Toten und zu guten Göttern überzugehen? Selbst der stärkste Held Achilleus klagt doch ohnmächtig über sein Schattendasein im Hades. Zu diesen beiden Fragekomplexen versuchen unsere Anmerkungen folgendes beizutragen: Die Areté der Homerischen Menschen besteht im Aristeuein. Und das Bestehen von Todesverhängnis und Hadesschrecken gründet im Erwerb unsterblichen Nachruhms.[5]

---

4   Wie genau Heraklit Homer vor Augen und im Sinn hat, belegt die Abschätzung, Homer habe den Logos der Gegensatz-Harmonie völlig verkannt. Er habe doch aus dem Munde des Achilleus (*Ilias* 18,107) als widersinnige Wünschbarkeit ausgesprochen, dass der Widerstreit aus der Götter- und Menschenwelt weichen möge (DK 22 A).

5   Hierbei bleibt die noch immer verwickelte ‚Homerische Frage‘ auch in ihrer Erneuerung und weit überzogenen Erweiterung durch die Oral-Poetry-Theory ebenso unbehandelt wie all die Probleme der homerischen Metrik, Formelsprache oder des sprachhistorischen Hintergrundes.

2   Zum Homerischen Ethos.
Edle Ehrliebe und unsterblicher Ruhm der Aristie

Worin also kulminiert die Areté der Homerischen Vorkämpfer und Ratgeber?
Das Wort bedeutet soviel wie Vortrefflichkeit, Tauglichkeit des Seienden als
eines solchen. So rühmt Achilleus die Areté seines vom Vater Peleus ererbten
Rosses (*Ilias* 23,276). Und von Polydoros, dem jüngsten der Priamossöhne, heißt
es, er sei der Schnellste im Lauf gewesen, vertrauend auf die Areté seiner Füße
(*Ilias* 20,411). Areté der Heroen und Menschen insbesondere bedeutet demnach
eine Vortrefflichkeit und Seinstauglichkeit, die dazu verhilft, alle anderen auszu-
stechen. Das ist also weit entfernt vom Ethos der vier Kardinaltugenden Platons
unter dem Vernunftgebot von Dikaiosyne und Sophrosyne – so offenkundig auch
Ajas der Große, Hort der Achaier, im Ansehen der Andreia oder der Dulder Odysseus im Ansehen der Sophrosyne steht.[6] In jedem Fall besteht archaisches Ethos
darin, der Erste und Beste zu sein und über alle herauszuragen. Dieser ungeheure
Anspruch, alles gewohnte Mittelmaß und dessen Steigerung siegreich zu übertreffen, lässt den Solon zugeschriebenen Weisheitsspruch „medèn ágan – nichts
zuviel" irgendwie kümmerlich erscheinen. Auch das Tugendverhalten der Aris-
totelischen Ethik, die rechte Mitte zwischen dem Zuwenig und Zuviel an Über-
schwang zu treffen, findet hier keinen Platz.

Es herrscht das Gebot der Väter. So offenbart Glaukon, der Vorkämpfer der
Glykier, die Mahnung der Väter (*Ilias* 6,208–209):

> „Immer der Erste zu sein und ausgezeichnet vor allen,
> Dass ich der Väter Geschlecht nicht schände."

Und Peleus, der greise Vater des schnellfüßigen Achilleus, beschwört den Peliden
(*Ilias* 11,784):

> „Immer der Erste zu sein und ausgezeichnet vor allen."

Schon der Zweite zu sein hinter dem Ersten, wie der kampfstarke Ajas hinter
Achilleus, gereicht nicht zur Vortrefflichkeit der Areté. Ehre gebührt nur dem

---

6   Das Wort Sophrosyne ist bei Homer selten. In der Telemachie wird dem Telemachos
     zugebilligt, wahrer Nachkomme des weltklugen Odysseus zu sein: Er sei sóphron
     (*Ilias* 4,156).

Besten.[7] Freilich ist die ehrenvolle Erstheit (Aristie) das Lebensziel von Sterblichen. Aber Sterblichen in ihrer Begrenztheit ist es nicht gegeben, in allem der Beste zu sein. So wird Teukros geehrt als der Beste im Bogenschießen, Agammemnon im Speerkampf oder Epeios als der Stärkste im Faustkampf (doch untauglich in der Schlacht). Die Aristie des einen wird übertroffen von der eines anderen. So erscheint Nestor, der Vorzüglichste im Rat, noch geehrter als Diomedes, der überlegenste und jüngste aller Helden. Aber wenigstens in einer Vergleichshinsicht der Erste zu sein, das begründet die Ehrung und entzündet die Ehrsucht (Timophilie) als stärksten Antrieb des Aristeuein.

Solchartige Ehrliebe, die darauf aus ist, die Ehre der Väter und des Geschlechts zu wahren, geht zusammen mit der Scheu vor Schande (Aischyne). Ehrlosigkeit bringt es mit sich, das Ansehen und den Ruf der Väter und des ganzen Geschlechts zu beschädigen. Somit ist die Ehrung durch die Ehr- und Dankesgabe (Geras) keine Äußerlichkeit, die vom Ehrenden abhängt. Die Ehrung des Vortrefflichsten ist unerlässlicher Ausdruck verdienter Anerkennung. Der Entzug des ihm zustehenden Ehrengeschenks (Briseis, Gemahlin des Mynes, den Achilleus erschlug) war es, der den Groll des Peliden erregt hat, mit all den unabsehbaren männermordenden Folgen. Also mündet diese Anmerkung zum Aristeuein in die These: In der ,Adelsethik' Homers zielt alles Streben des Edlen darauf ab, Ehre für das väterliche Geschlecht zu erwerben und Schande von ihm abzuwenden – fern von Abschätzungen der Philotimie (Ambition) als persönlichen Ehrgeiz und hochmütigen Stolz.

Das führt zur anschließenden zweiten Anmerkung. Das Ehrstreben Homerischer Aristie ist ruhmwürdig, und der Nachruhm lässt den Sterblichen Todesverhängnis und Hadesschrecken gefasst bestehen. Angesichts solcher Symbiose sind zuvor beide Glieder, Ehre (timé) und Ruhm (kléos, kŷdos, dóxa), deutlich zu unterscheiden. Ehre erwirbt der Mensch durch eine edle Tat, nicht durch äußere Ehrungen, im Augenblick seiner Aristie. Erst ein Rühmen – im Erz der Siegestafel, in Inschriften von Grabmalen, zumal im Gesang der Rhapsoden – wahrt die Ehre über den Schicksalstag hinaus und macht Sterbliche gleichsam unsterblich. Es ist mithin die Aussicht auf herrlichen, ewigen Nachruhm, die den Heroen Homers den Hadesschrecken mildert.[8]

---

7 „Ehrliebe ist für Homer die Wurzel des Mutes, in Kriegen also das Sich-Schämen-Können die oberste Tugend. Frühgriechische Ethik gründet nicht wie die Sokratische auf vernünftiger Überlegung [...], sondern auf dem Ehrgefühl" (Landmann 1992, S. 103).

8 Es ist dieser Grundzug des Ruhms, den bevorstehenden Tod zu überglänzen, der Homers Ethos der Edelsten ausprägt im Unterschied zu Heraklit. Der setzt das Streben der Edelsten nach ewigem Ruhm (kléos aénaon) der Tagessattheit der Vielen und

Das gilt auch für den kampfgewaltigen Peliden, der von seinem frühen Tod weiß. Nach dem über Patroklos verhängten Tod geht er demselben Geschick mit dem Vorsatz entgegen, herrlichen Ruhm (kléos esthlón) zu erwerben (*Ilias* 18,20–21; nach Landmann):

> „So mag denn auch ich, wenn mir solches bestimmt ist,
> Liegen im Tod, wenn ich fiel, aber vorher will ich noch hohen
> Ruhm mir gewinnen."

Und die ehrenvolle Bestattung des Besiegten wie den unauslöschlichen Ruhm des Siegers fordert Hektor bei seinem Aufruf zum tödlichen Zweikampf vor Troern, Achaiern und Göttern ein (*Ilias* 7,67ff.). Schenke Apollon ihm den Sieg, dann möge ein Grab- und Ehrenmal des speerdurchbohrten Achaiers den Nachfahren künden:

> „Seht das ragende Mal des längst gestorbenen Mannes,
> Welcher im tapferen Kampf vom göttlichen Hektor gefällt ward!
> Dies spricht mancher dereinst, und mein ist ewiger Nachruhm."

3 Zum Schicksalstod der Sterblichen. Homers heilige, goldene Waage und Hektors Abschied

Die verdeutlichte Differenz von Ehre und Ruhm verhilft uns dazu, die Symploke, d.h. die eigentümliche Verflechtung von Sterblichkeit und Unsterblichkeit in den Grenzen von Endlichkeit, Tod und Verhängnis, näher zu beleuchten. Zwei charakteristische Homerische Szenen bieten sich dafür an: die Befragung der Schicksalswaage und Hektors Abschied von Andromache. Es ist Zeus selbst, der mit Apollon die goldene Waage befragt, welche die Todeslose von Achilleus und Hektor abwägt. Dies wirft ein Licht auf das Rang- und Machtverhältnis von Zeus und Moira, das bei Homer ungeklärt scheint oder absichtsvoll im Unklaren gelassen wird. Ist Moira gewaltiger als Zeus? Ist sie mit ihm identisch oder ihm unterstellt? Und das konkretisiert sich in sprechender Vieldeutigkeit: Ist die „heilige Waage" (*Ilias* 16,658) – wie Blitz und Ägis – Kennzeichen des Zeus selbst als des alles abwägenden Entscheiders? Ist Zeus erhaben über die Waage – und also

---

Gemeinen entgegen (DK 22 B 29; nach Snell 1986, S. 15): „Denn es wählen Eins vor allem die Edelsten – ewigen Ruhm unter den Sterblichen. Die Vielen aber sind satt wie Vieh."

Rechtfertigungen für deren Überstimmung ausgesetzt wie in der Kerenwägung der Aithiopis (nach Reinhardt 1961, S. 382–390)? Oder steht es umgekehrt? Ist die „goldene Waage" erhaben über Zeus und eine letzte Instanz, gegen die selbst Willensbekundungen des Göttervaters machtlos sind?

Im Fall des Todesloses für die Sterblichen ist das wohl entschieden. Über todlose, unsterbliche Götter hat Moira als Zuteilerin der Todeslose keine Gewalt und Entscheidungsmacht, aber über das Menschengeschlecht, und das so endgültig, dass parteinehmende Götter und selbst der alleserwägende Zeus den Tod ihrer Schützlinge zwar aufhalten, doch nicht abwenden können. Das lehrt der Fall des Aineias, Sohn des Anchises, tapferster Troer nach Hektor. Von Aphrodite und Apollon aus Todesgefahr gerettet, ersieht Apollon auch die Grenzen göttlichen Beistands (*Ilias* 20,127–128):

„Heute nur, künftig erleidet er doch, was das Schicksal
Ihm verhängt hat bei seiner Geburt."

So bleibt Zeus und Apollon nur, das Schicksalslos zu erkunden, als Hektor sich anschickt, der unbändigen Stärke des Achilleus entgegenzutreten. Zeus also befragt selbst die goldene Schicksalswaage (chrýseia tálanta). Die hält die Todeslose von Achilleus und Hektor in ihren Schalen. Hektors Schale sinkt in die Tiefe. Da verlässt ihn Phoibos Apollon am Schicksalstag, ohnmächtig gegen Moira, welche den Lebensfaden der Sterblichen abschneidet (*Ilias* 22,209ff.) – während Athena, Schlachtengöttin und Feindin Hektors, Achilleus befeuert: „Endlich bringen wir herrlichen Ruhm zu den Schiffen Achaias."

Zum Abschluss gehen unsere occasionellen Betrachtungen über den unsterblichen Ruhm der Sterblichen in der Homerischen Bestimmung des Menschen auf die berühmte Abschiedsszene zwischen Hektor und Andromache in der ‚Homilie' des 6. Buches ein. Die heimische Zusammenkunft (homilía) Hektors in Troja in drei Gesprächen mit Hekabe, der Mutter, mit Paris, dem Bruder, und schließlich mit Andromache, der Gattin, ist kompositorisch umstritten.[9] Unsere philosophischen Anmerkungen konzentrieren sich allein auf die Schlussszene, die für Hegel zum Schönsten und Anrührendsten der epischen Poesie gehört.

---

9 Dabei wird die Streitfrage ausgeblendet, ob die Homilie ein selbständiges Einzellied („Hektor in Troja") darstellt, das ein Kompilator wenig geschickt eingebaut hat (Jachmann 1949, S. 1–70), oder ob sich die Episode ins Ganze fügt als Wendung des Drastisch-Kriegerischen ins Menschlich-Wirkliche und als Vorspiel von Hektors Tod (Schadewaldt 1965, S. 207–233).

Hektor steht hier schon im Zeichen des Todes. Zumal Andromache ist voll wahnsinniger Angst, Hektor zu verlieren. Er sei ihr ja Vater, Mutter, Bruder und Gatte in eins, nachdem Achilleus ihr den Vater und sieben Brüder erschlagen hatte und die Mutter aus Gram darüber gestorben war. Wie könne denn Hektor auf offenem Feld der furchtbaren Übermacht der Feinde – Ajas, Diomedes, Achilleus – entgehen? In dieser Lage entbrennt ein Redekampf zwischen Andromache und Hektor bei ihrem letzten, dramatisch inszenierten Zusammenkommen am Skäischen Tor. Beide Reden sind weder eristisch-rhetorisch noch kollisionshaft-tragisch, sondern episch, unter dem Geschick einer von Anfang bis Ende unausweichlichen Notwendigkeit gefügt. Nun sollte dabei nicht strittig sein, ob und wodurch Hektor seine Wesensbestimmung als ganz dem mörderischen Kampf zugehöriger Vorkämpfer seines Volkes ablegt und sich zärtlich dem Menschlich-Familiären zuwendet, wohl aber ist erwägenswert, ob Andromache den unterlegenen und Hektor den überlegenen Standpunkt einer Selbstbehauptung zur Sprache bringt.[10]

Tatsächlich teilt der kampfverhärtete Hektor den wehen Schmerz darüber, dass seine Gattin bei seinem Tod versklavt und sein Söhnlein Astyanax erschlagen werden, und offenkundig legt er seinen Kriegerhabitus ab, als er mit anrührender Geste, lächelnd über sein furchtsam schreiendes Kind, den bedrohlichen, erzglänzenden, flatternden Federbuschhelm absetzt. Andromaches Rede zur Behauptung ihrer familiären Welt weist er dennoch entschieden zurück. Deren Hauptargument klagt an: Hektors eingefleischter Kampfesmut kenne kein Erbarmen für Weib und Kind. Er sei nichts als selbstzerstörerischer Trotz. Aber ihr flehentlicher Rettungsplan stammt aus der Männerwelt: Hektor solle die Seinen doch im Schutz der Mauern verteidigen.

Hektors Gegenrede (*Ilias* 6,440–465) fasst nun zusammen, welche Gesinnung mannhaften Männern im Freiheits- und Überlebenskampf zum Schutz von Geschlecht und Stadt zieme. Es sind bedingungslose Gebote. Sie geben vor, was dem vortrefflich Tauglichen obliegt, um edel und nicht gemein zu handeln, was ihm zukommt, über sich zu wissen, und schließlich, was er als Sterblicher nach Tod und Untergang zu hoffen hat. Hektors eingewohnte Areté kreist mithin zuerst um die Ehre. Ehrliebe gebiete eben negativ, aller Schändlichkeit feiger Ausflucht

---

10   „Die Gegenrede Hektors ist die Selbstbehauptung des Mannes und seiner Welt gegen das dumpfe Drängen der Frau" (Schadewaldt 1966, S. 220). Dagegen ist der Rede der Andromache als Selbstbehauptung der Frau und ihrer Welt gleiches Recht eingeräumt worden (Lohmann 1988). Metz (1990, S. 385–404) profiliert Hektor als den homerischsten aller homerischen Helden dank der für Homer charakteristischen Metamorphose des Heroischen ins Humane.

aus Scham zu entgehen, und positiv, als Erster, ausgezeichnet vor allen, im Überlebenskampf zu siegen (*Ilias* 441–445):

> „Mich auch kümmert das alles, mein Weib, allein ich verginge
> Wohl in Scham vor den Troern […],
> Wenn ich hier wie ein Feigling entfernt vom Kampfe mich hielte.
> Das verbietet mein Herz, denn ich lernte tapferen Mutes
> Immer zu sein und unter den Ersten der Troer zu kämpfen."

Mit diesem kategorischen Imperativ „Handle so, dass du ehrenvoll und fern von Schande der Erste vor allen bist" verbindet sich ein unzweifelhaftes Wissen. Es gründet in der Einsicht, dass die eigene Kraft begrenzt und alle Ratklugheit blind ist gegenüber dem künftigen Geschick. Für Hektor ist der Fall Trojas an einem unabweisbaren Schicksalstag gewisses Wissen (*Ilias* 6,447–448):

> „Das zwar weiß ich gewiss in meinem Geist und Gemüte:
> Einst wird kommen der Tag, da die heilige Ilios hinsinkt."

Auch ist sich Hektor bewusst: All seine Kraft und Vorsicht reichen nicht hin, um den eigenen Tod zu verhindern – und das bedeutet den Untergang Trojas. Doch das ist eben unausweichliches Schicksal (Moira, Aisa). Indessen gibt es das Hoffen, durch edles Handeln unsterblichen Ruhm zu erwerben. Es ist ein trostreiches Lebensziel, den großen Ruhm der Väter durch Taten zu mehren. Diese Hoffnung pflanzt Hektor noch an seinem Grab und im Vorblick auf das Elend Andromaches auf (*Ilias* 6,459–461):

> „Jemand sagte dann wohl, die Tränenvergießende schauend:
> Hektors Weib war diese, des tapfersten Helden im Kampfe
> Unter den reisigen Troern, die dort um Ilion kämpften."

Das wird Hektors letztes Wort in der Gesamtkomposition der *Ilias* sein. Am Ende steht er, von Pallas Athena getäuscht, speer- und wehrlos dem grausigen Achilleus und dem schreckensvollen Tod nicht mehr in der Ferne, sondern ganz nah gegenüber. Die letzte Regung des Mutes ist der Hoffnungsschimmer des schicksalsgeschlagenen Sterblichen auf unsterblichen Ruhm (*Ilias* 22,304): „Wenn ich nur ehrlos nicht, nicht ruhmlos sterbe."

4 Überleitung. Von Homers Epik zu Pindars Chorlyrik

Die Rühmung von Sterblichen in den Grenzen des Menschseins ist im Welthorizont Homerischer Epik näher beleuchtet worden. Daraus erwächst das Problem, ob und wie sich daran die ganz eigenartig formierte und anders überlieferte Chorlyrik Pindars anschließt. Literaturgeschichtlich ordnet sich Pindars formenreiches Werk von Hymnen, Päanen, Dithyramben, Enkomien, Threnoi und Epinikien in das große Zeitalter der Chorlyrik (von 650–450 v.Chr.) nach den epischen Gesängen und vor der attischen Tragödie ein.[11] Pindar selbst (518–444 v.Chr.) hat sich übrigens in der *7. Nemeischen Ode* vom ‚süß redenden' Homer distanziert (20–24; nach Dönt):

> „Ich aber bin der Ansicht, das Reden
> Über Odysseus ist größer als seinem Leid
> Entspricht, weil Homer süß über ihn geredet hat. [...]
> Geschickte Kunst vermag zu trügen."

Schließt sich Pindar hier seinem böotischen Landsmann Hesiod an, der von den Musen vernommen habe, dass sie beides durch eingeweihte Dichter vollbringen, nämlich Wahres zu verkünden, aber auch Falsches und Trügerisches auszusagen (*Theogonie* 24–27)? Und zählt Pindar den Fabulierer über die Erleidnisse des Odysseus zu den Sängern, die Betrügerisches und Scheinhaftes verbreiten?

In einem indessen erweist sich Pindar allerdings als Erbe Homers. In der *1. Pythie* heißt es (95–97; nach Dönt):

> „Allein der prangende Ruhm, der den Menschen nachfolgt,
> Kündet in den Liedern von Dichtern und Sängern von der Art
> Der dahingegangenen Männer."

Wie sich nun in der Welt Pindars die Rede vom unsterblichen Ruhm der Sterblichen ausbildet, dazu mögen Anmerkungen zu zwei Epinikien verhelfen, zum Theia-Lied der *5. Isthmischen Ode* und zu Pindars Vermächtnisgnome der *8. Pythie*, welche den Menschen als Tagwesen abgründiger noch als Homer bestimmt.

---

11 Bekanntlich ist das Gesamtwerk Pindars zu zwei Dritteln verloren. Zudem wissen wir von dessen Chormelodik und Tanzchoreographie so gut wie nichts mehr. Immerhin bieten die erhaltenen Epinikien ein genügend deutliches Bild vom Ethos der dorischen Adelswelt über die Sonderform des Siegesliedes hinaus. „Ihren vollsten und reinsten Ausdruck hat die Ethik der Aristokratie in den Gedichten Pindars gefunden" (Schwartz 1951, S. 42).

Da erscheinen die Grenzen der Menschheit im frühgriechischen Denken so durchdringend akzentuiert, dass diese Überlieferung nicht nur antiquarisch-historisches Interesse erregt, sondern uns in der nihilistischen Sonnenfinsternis einer entgötterten, entmythologisierten, trostlos gewordenen Welt existenzial betrifft.[12]

5   Zum Glanz und blühenden Leben der Maßvollen. Pindars Theia-Lied

Das Proömium des 5. Isthmischen Siegesliedes für den Sohn des Lampon aus Aigina, aufgeführt vielleicht 478 v.Chr., jedenfalls nach Salamis, ruft Theia, die Mutter des Helios, an. Dieser Eingang der ‚Sonnenode' beschwört den göttlichen Ursprung allen Lichtes und allen staunenswerten Glanzes. Und das hat die Frage nahegelegt: Nimmt Pindar hier Platons Ursprungsgedanken von der Idee des Guten im Sonnengleichnis voraus? Das scheint evident.[13] Auf keinen Fall aber hat Pindars dichterisches Sagen den Status eines vorläufigen, sich noch nicht in seinem Ursprung erfassenden Denkens. Es spricht vielmehr mit religiösem Ernst eine dichterisch erlebte Lichtgottheit, keine allegorische Abstraktion an.[14] Wir beschränken uns hier auf Anmerkungen zur Seinsverfassung jenes Glanzes, den Theia auf den lorbeerbekränzten jungen Sieger Phylakides wirft. Der hatte im Pankration durch die Kraft der Arme und die Schnelligkeit der Füße den Agon für sich entschieden als der Vortrefflichste von allen. Pindar fügt die tiefere Einsicht hinzu (11–12; nach Schadewaldt):

„Doch wird entschieden über die Kraft
Der Männer durch die Dämonen."

---

12   Treffend vermerkt Hölscher (2002, S. 117): „Uns ist das Rühmen und Lobpreisen abhanden gekommen. Weder an der Natur noch am Menschen oder der von uns geschaffenen Welt finden wir noch viel Rühmenswertes. Wir bleiben aber mit der Frage zurück, ob damit unser Verhältnis zur Welt wahrer und richtiger geworden ist."

13   Bedenkenswert sind zwei bedeutende, aber differente Bescheide. „Nirgends sonst hat Pindar Platos Ideendenken in solchem Grade vorweggenommen wie in dem Theia-Eingang" (Fränkel 1976, S. 556). – „Was bei Pindar dichterisch religiöse Schau ist, wird bei Platon gestufte Seinsstruktur" (Schadewaldt 1973, S. 361; wir folgen Schadewaldts Übersetzung).

14   „Darum ist es pervers, von Personifikation zu reden" (Wilamowitz-Moellendorff 1922, S. 202; dieses Alterswerk stellt mit philologischer Souveränität Pindar in das auch archäologisch wiederentdeckte Griechenland von Olympia und Delphi wieder ein).

Letztlich also entscheidet über Sieg oder Niederlage, über Ehre oder Schmach, über leuchtenden Ruhm und dunkle Schande eine übermenschlich-göttliche Macht, die dem Einzelnen bzw. einem Geschlecht dämonisch innewohnt, zu ehrenhaft-edlen Taten befähigt und bleibenden Ruhm hervorruft. Der Glanz menschlicher Siege stammt aus göttlicher Segensfülle (Olbos) und manifestiert sich im unsterblichen Ruhm (13–16):

> „Zwei Dinge aber weiden allein
> Des Lebens Blüte, die erfreulichste
> Mit wohlblühendem Segen:
> Wenn einer gut fährt und dann edlen Ruhm vernimmt."

Olbos im Sinne Pindars ist jene dämonisch-göttliche Lebensmacht, welche Sterblichen blühendes Leben zuteilt, dessen glänzende Überfülle der Mensch freilich oftmals so wenig in sich aufzunehmen vermag, dass er, im Übermaß frevelnd, Unheil auf sich zieht. Sofern und solange der Mensch jedoch den wohlblühenden Segen wahrt, kommen ihm zwei Dinge zu: Er wird zu ehrenvollen Taten geführt, und es ist ihm vergönnt, rühmenden Ruf zu vernehmen. Höheres und Freudigeres kann der Mensch nicht erlangen.

Mithin zeichnen sich zwei notwendige Bedingungen für die mögliche Erfüllung eines gelingenden, leuchtenden Lebens ab: die ehren- und glanzvolle, eudämonisch geförderte Tat des Siegers und das blühende, chariserfüllte Rühmen des Sängers. Was zur Frage nach dem Vorrang verleitet. Ist es dem bestellten Sänger (außer dem goldenen Lohn) eine Ehre, die staunenswerte Leistung des Siegers, den edlen Wuchs (Phya) des Geschlechts, die mythischen Wurzeln der Siegerpolis zu besingen, oder ist es vielmehr für die Sieger, für das Vätergeschlecht oder für ihre Stadt eine Ehre, von einem Pindar, der alle Rivalen, selbst einen Simonides, überstrahlt, verewigt zu werden? Gegen Hegels Parteinahme für den Vorrang des lyrischen Sängers ist zu sehen[15]: Ehre und Ruhm des Siegers in panhellenischen Wettkämpfen sind in der Welt Pindars keineswegs nebensächlich. Der Sänger und Choreograph eines Epinikions braucht den leuchtenden, rühmenswerten, staunenerregenden Glanz des in seiner Heimat vergöttlichten Siegers, da die Areté des Sterblichen von guten Dämonen begünstigt wurde. Es ist der von Theia eröffnete Glanz, der den Anlass für die sorgsame Herstellung

---

15 Hegel urteilt, zweifellos im Sinne Pindars (1971, Bd.15, S. 440): „Nicht er hat die Ehre gehabt, jene Sieger zu besingen, sondern die Ehre, die sie erhielten, ist, dass Pindar sie besingt. [...] Der Ruhm, den die Helden in Anspruch nehmen durften, ist nur ein Anhängsel an den Ruhm des lyrischen Sängers."

eines Chorgesangs gibt. Das Chorlied freilich hebt die Siegerehrung des Tages über das Vergessen hinweg und macht die Tat eines Sterblichen in den Grenzen der Endlichkeit unvergessen. Entsprechend schließt die *3. Pythie* mit der Sentenz: „aretà kleínais aodaís / chronía telethei – die ehrenvolle Tat gewinnt Unvergänglichkeit in rühmenden Gesängen." Bemerkenswert ist für uns das Beispiel, das Pindar hier anführt, nämlich Sarpedon, den Lykier. Dessen Ruf sei in aller Munde dank klingender Verse des weisen Dichters. Es war Homer (*Ilias* 16,419–457), der vom Sohn des Zeus und der Laodameia berichtete. Ihm sei trotz seiner halbgöttlichen Herkunft nicht rettende Heimkehr in die Heimat, sondern mutvoller Untergang durch Patroklos zuteil worden – der Ehre und des Nachruhms zuliebe.

Angesichts lebensblühender Erhebung zur unsterblich machenden Aristie weist nun das Theia-Lied den Sterblichen in delphischem Gedenken an, gebührenden Abstand zu den Unsterblichen zu wahren (17–19):

„Trachte nicht, Zeus zu werden: alles hast du,
Wenn dich der schönen Dinge Teil erreicht.
Sterbliches Sterblichen geziemt."

Diese Mahnung richtet sich an die doppelt Beglückten. Die Ruhmbedeckten fallen eben nicht dem alle Menschen einebnenden Tod anheim. Denn das vortreffliche, chariserfüllte Lied erspart den Vortrefflichen, die alle übertreffen, den nivellierenden Tod, da alle unterschiedslos zur Grenze des Lebens, zum Fluß des Vergessens hingeführt werden. Wer also nach glanzvollen Taten und staunenswerten Siegen vor allen ohne rühmendes Lied stirbt, sei wie einer, der reiche Güter angehäuft hat und keinen Erben besitzt. Das rühmende Lied erst hebt die Irdischen gleichsam zu den todlosen Unsterblichen hinauf. Und das eben verlockt zu Hybris. Darum warnt Pindars Theia-Ode mit einfachen, wie in Erz gehauenen Sinnsprüchen: „Trachte nicht, Zeus zu werden." „Sterbliches Sterblichen geziemt – thnatà thnátois prépei."

---

6 Zum Dasein als der Schatten Traum. Pindars Vermächtnisgnome vom menschlichen Tagwesen

Die Theia-Ode, komponiert in der hohen Mitte von Pindars Leben, bringt die göttliche Lichtung als Ursprung staunenswerten Glanzes zur Sprache, der berückend und rühmenswert auf Sterbliche fällt. Die *8. Pythie*, komponiert am Ende von

Pindars Schaffen, bedenkt nun als Beschluss im berühmtesten Sinnspruch der
Chorlyrik die ohnmächtige Tagesgebundenheit und das nichtige Schattenwesen
des Menschen. Das Siegeslied für den nicht gerade hochberühmten Aristome-
nes, Sohn des Lampon aus dem Geschlecht der Meidyliden aus Aigina, Sieger im
Ringkampf der Knaben, wurde wohl 446 v.Chr., jedenfalls kurz nach der Nieder-
lage Athens gegen Theben bei Koroneia in Aigina aufgeführt. Es ist die Sorge
um die politische Freiheit Aiginas, welche die *8. Pythie* umrahmt und durchzieht.
So ruft Pindar eingangs Hesychia, Tochter der Dike, an. Die habe machtvolle
Gewalt, Ruhe und gerechten Frieden in die zerrüttete Poliswelt zu bringen. Die
Ode schließt mit einem Hilferuf an Aigina, die mütterliche, von Zeus begattete
Nymphe und eponyme Schutzgöttin der Insel. Sie möge die Stadt auf dem Weg
zur vollen Freiheit von der drückenden Hegemonie Athens behütend begleiten
(98–99; nach Hölscher):

> „Aigina, liebe Mutter, auf freier Fahrt
> Behüte deine Stadt mit Zeus."

Indessen, es ist die Gnomik, die diesem Epinikion eine Sonderstellung verschafft.
Sie fasst die Grenzen des Menschen in einer Sentenz zusammen. Hölderlin hat sie
durchaus treffend übersetzt (Stuttgarter Ausgabe Bd.5, 101):

> „Tagwesen. Was aber ist einer? was aber ist einer nicht?
> Der Schatten Traum, sind Menschen."

Das fragt danach, was einer, der Sieger im Agon, in seiner Seinsbestimmtheit ist
und was einer, der Besiegte, nicht ist. Offenkundig findet sich der eine empor-
gehoben über alle vor allen, so dass er gefeiert und öffentlich gerühmt heimkehrt.
Dagegen schleicht sich ein anderer, im Kampf niedergeworfen, schmachvoll
davon. Die Weisheit des Dichters sieht auf den Grund. Sieg und Niederlage, Ehre
und Schande, unvergesslicher Ruhm und dumpfes Vergessen bemessen sich eben
nicht am Maß menschlicher Areté, etwa an der Tauglichkeit und Leistungsfähig-
keit des geübten Athleten (in Gymnastik und Taktik). „Daimon parischei – göttliches Geschick reicht zu, was einer ist." Und das geschieht vorzüglich in Gestalt
der Tyche, Tochter des rettenden Zeus: unlenkbar doppelwendig. Den einen hebt
sie empor, den anderen wirft sie nieder. Dem ohnmächtig ausgesetzt zu sein, liegt
im Grunde am nichtigen Schattensein des Tagwesens. „Tagwesen – epameros":
Das unvermittelt aufgerufene Grundwort für das Begrenztsein menschlichen Daseins gibt Antwort auf die Frage, was einer wie der andere im Kampf des Lebens
ist, eben das eine und selbe, nämlich ein Tagwesen.

Was aber besagt das? Nun hat die Rede vom Ephemeros in frühgriechischer Welt eine vielstimmige Tradition. Unsere Nachfrage sollte demzufolge vorzüglich eines klären: Was gehört Homerischer Überlieferung an, und was ist Pindars eigentümliches Vermächtnis? Im Rückblick auf Homers ‚Lehre' fällt jenes Gleichnis ein, welches blühende Geschlechter edler und edelmütiger Menschen mit Blättern vergleicht, die verwelkt vom Winde verweht werden (*Ilias* 6,146–149). Homers berühmter Vergleich findet sich wörtlich zitiert bei Simonides (von Keos, 556–468 v.Chr.): als vortreffliche Sentenz „des Mannes aus Chios" (*Jambi et Elegi Graeci*, Oxford 1971, Fragment 19,2). Das Vergehen und Verwelken ist in Homerischer Sicht an den Schicksalstag als Element der Zeit gebunden. Odysseus spricht davon am Schicksalstag seiner Heimkehr (*Odyssee* 18,136–137; nach Weiher):

„Ganz so ist ja das Sinnen und Trachten der Menschen auf Erden,
Je wie die Tage gestaltet der Vater der Götter und Menschen."

Vom ohnmächtigen Nichtsvermögen der Ephemeroi verkündet der Chor der Okeaniden dem grauenvoll Gequälten in *Der gefesselte Prometheus*, um 465 v.Chr. aufgeführt (Verse 446–450; nach Werner):

„Siehst nicht klar du,
Wie armselige Ohnmacht, kraftlos,
Einem Traume gleich, des Erdvolkes
So ganz blindem Geschlecht den Fuß hemmt."

Wie sich solche Sinnsprüche zur Charakteristik menschlicher Sterblichkeit verflochten haben, kommt bei Aristophanes in *Ornithes – Die Vögel*, aufgeführt an den Großen Dionysien 414 v.Chr., zu Wort (684–689; nach Voigt). Da verspottet der Chorführer der Vögel die Menschen als Tagwesen, für alle Griechen erkennbar Homer und Pindar parodierend:

„So höret, ihr Menschen, vom dunklen Los,
Dem Geschlecht der Blätter vergleichbar,
Ihr Nichtsvermögenden, Gebilde aus Staub,
Ihr vergänglichen Schattengebilde,
Ihr Eintagswesen, flügellos,
Ihr erbärmlichen Sterblichen, traumgleich."

Nun schließt Pindars ganz eigentümliche Bestimmung zweifellos die Eintägig-
keit, die Kurzlebigkeit, auch die Eintönigkeit des sich Tag für Tag Wieder-
holenden ein, freilich keineswegs ausschließlich.[16] Pindars Vermächtnisgnome
löst sich dabei aus dem Kontext des Siegesliedes und bedenkt das Eigenwesen des
Menschengeschlechts, sei es als Schattenwesen, dem es in seiner Irrealität eigen
ist, nichts als ein Traumbild zu sein, sei es als Traumbild, das sich als Schattenwesen hinträumt. Beide Auslegungen drücken eine vollständige, wesenlos-un-
wirkliche Nichtigkeit aus.

Die kennt auch Homer – als Seinsweise der Toten in der Unterwelt. Davon
berichtet Odysseus in seiner Nekyia (*Odyssee* 11,205–227). Dreimal habe er versucht, seine Mutter Antiklea zu umarmen, dreimal entfloh sie seinen Händen:
ein Schatten, ein Traum nur. Hier nun klafft ein Abgrund zwischen Homers und
Pindars Menschenbild auf. Eines Schattens Traum zu sein, macht bei Homer die
Abgeschiedenen im Dunkel des Totenreiches wesenlos und unwirklich. Pindars
letztes Wort besagt: Der Schatten Traum sind Menschen leibhaft auf Erden unter
dem Licht des Sonnengottes.

7   Hinleitung. Zu einer Wiederherstellung homerisch-pindarischer Daseinsbezüge

Die beigebrachten Anmerkungen haben über Licht und Dunkel, Macht und Ohnmacht, Ehre und Schande, Ruhm und Hybris von uns Sterblichen in einer von
Göttern umstellten und von Dichtern gestifteten Welt nachgedacht. Dabei sollte
nebenbei das Urteil kassiert werden, Pindars Werk – feierlich starr in der Gestik,
trivial in den Sentenzen der Gnomik, disparat in den Programmteilen, altersmüde
im Stil – biete eine bloß dekorative, käuflich-dienerische Gebrauchskunst für die
marode dorische Adelswelt.[17] Anspruchsvoller noch sollte im Fall Homers der

---

16   Das hat zu einer missverständlichen Polemik geführt. Theunissen (2000, S. 49) er-
      klärt, Fränkel habe in seiner Binneninterpretation der *8. Pythie* den Menschen als
      den, „auf dem der Tag liegt", isoliert und die menschliche Ohnmacht, die Zukunfts-
      blindheit, das Sein zum Tode aus der weiten Bedeutung der Ephemerität entfernt. –
      Dagegen hatte Fränkel (1958, S. 23–29) klargestellt: Pindars Kennwort Ephemeros
      habe ganz und gar nichts mit der Kürze des menschlichen Lebens zu tun. Der Aus-
      druck deute vielmehr an, dass der Mensch durch wechselnde Ereignisse und Um-
      stände geformt und umgeformt werde.

17   Es ist das Verdienst von Dornseiff (1921), den Missverstand beseitigt zu haben, Pin-
      dars Dichtung sei wie ein reißender Bergstrom (Horaz), voll absichtlicher Dunkel-
      heiten und wilder Begeisterung. Andererseits hat Dornseiff Pindars Chorlyrik als

Eindruck der ‚Alterität', einer Fremdheit, die sich unserem modernen Verstehen schlechterdings entzieht, mindestens ins Schwanken gebracht werden. Der Kluft von 2700 Jahren und eines mehrfachen Welthorizontwandels von der Antike zur Moderne zum Trotz bleiben Hauptphänomene unseres begrenzten sterblichen Daseins horizontdurchlässig (nicht horizontverschmelzend) gleich. Dies betrifft Grenzsituationen wie Kampf und Krieg, Schicksal und Schuld, Ohnmacht und Übermacht ebenso wie Not und Tod, Götterhuld und Gotteszorn.

Es sind existenziale Grenzsituationen, weil sie menschlich endliches Dasein einer Lage aussetzen, da unser Leistungsvermögen und unsere Seinstauglichkeit (Areté) an Grenzen stoßen. Solche Endlichkeit ist im Homerischen Welthorizont so weit entgrenzt, dass die Aristie des sterblichen Menschen fast grenzenlos erscheint. Umso schreckensvoller ist die Fallhöhe gottbegünstigter Heroen, wenn sie ihrem Schicksal gar durch eigene Hybris erliegen. Archaisch ist aber auch jene Begrenztheit, welche im Pindarischen Welthorizont am Ende als Ohnmacht und Nichtigkeit des ‚Tagwesens' bewusst wird, das unwirklich und wesenlos gegenwärtig da ist wie der Schatten Traum. Beide Grenzen setzenden Extremeinstellungen können das Geschlecht der Sterblichen davor bewahren, einer vermessenen Hybris zu verfallen, welche sich am Abstand zu den unsterblichen Göttern versieht. Wie aber steht es, wenn die Existenzerfahrungen des archaischen Zeitalters vor dem Aufbruch der ionischen Naturwissenschaft, der sokratischen Todesgelassenheit und des platonischen Vernunftglaubens längst im antiplatonischen Nihilismus überholt erscheinen?

Heute, in einem Zeitalter, da Nihilismus und positivistischer Geist vorherrschen, treiben uns die unvermeidlichen Grenzsituationen in eine unabsehbare Krise. Deren bedrohlichstes Symptom ist nicht einmal die positivistisch-fortschrittliche Entmythologisierung unseres Weltkreises, sondern eine völlige Entgöttlichung und maßlose Hybris. „Todt sind alle Götter: Nun wollen wir, dass der Übermensch lebe" (Nietzsche: *Also sprach Zarathustra*. Von der schenkenden Tugend 3). Gesetzt, das charakterisiert die gegenwärtige Lage des hesperisch-europäischen Menschentums, gewinnen dann nicht Wiedereinholungen von maßgebenden frühgriechischen Einsichten – über ein berechtigtes historisch-antiquarisches Forschungsinteresse hinaus – einen existenzialen Tiefgang? Ziel der vorgelegten unzeitgemäßen Betrachtungen über Grenzen des Menschseins bei Homer und Pindar ist jedenfalls der Versuch, unser Sterblichkeit und Unsterblich-

---

angewandte dekorative Kunst für die Oberschicht abgeschätzt, die sich stilistisch der formalen Überlieferung unterwerfe bis zum Missverhältnis zwischen Gehalt und Form – Homer weit unterlegen.

keit verdrängendes Dasein in seinsvergessener und gottentfremdeter Welt nach-
denklich zu machen.[18]

---

18   Die aufs Neue formulierten früheren Versuche des Verfassers (Janke 2005, S. 17–75;
      2016, S. 116–121) zielen auf Folgendes ab: Sie suchen Grundzüge frühgriechischen
      Denkens existenzial-ontologisch wiederherzustellen, von denen sich der ‚freie Geist'
      der europäischen Moderne befreit wähnt und die der pathologische Nihilist für tot
      erklärt. Das betrifft ein Vermeiden der Hybris als Überschreiten des Abstandes zu
      göttlichen Lebensmächten, die Einsicht in die Unlenkbarkeit von Glücks- und Un-
      glücksfall, die Annahme der Unausweichlichkeit des (tragischen) Geschicks, das
      Eingeständnis menschlicher Begrenztheit und Ephemerität überhaupt, aber auch ein
      Verhalten, das sich gerade im Lebenskampf und in Vernichtungskriegen, in Nöten
      und Erleidnissen, in Untergang und Tod sehen lassen kann und schändliche Schande
      scheut.

Literatur

Homer. 1983. *Ilias*. Übertragen von Hans Rupé, München: Artemis & Winkler.

Homer. 1974. *Odyssee*. Übertragen von Anton Weiher, München: Artemis & Winkler.

Hegel, Gottfried Wilhelm Friedrich. 1970. *Vorlesungen über die Ästhetik III*, Werke Bd.15, Frankfurt a.M.: Suhrkamp.

Heraklit. 1986. *Fragmente*. Hrsg. Bruno Snell, München u. Zürich: Heimeran.

Fink, Eugen. 1970. Dichterkritik, Götter, Heroen und Unterwelt. In: Ders. *Metaphysik und Erziehung*, 89–113. Frankfurt a.M.: Klostermann.

Friedländer, Paul. 1964. *Platon*, Bd.1. Berlin: de Gruyter.

Gadamer, Hans-Georg. 1968. Plato und die Dichter. 1934. In: Ders. *Platos dialektische Ethik*, 181–204. Hamburg: Meiner.

Jachmann, Günther. 1949. Homerische Einzellieder. *Symbola Coloniensis*, S. 1–70.

Janke, Wolfgang. 2016. Homers Ilias. In: Ders. *Fragen, die uns angehen*, 116–121. Würzburg: Königshausen & Neumann.

Landmann, Georg Peter. 1992. *Das Gedicht vom Kriege. Homers Ilias*. Heidelberg: Winter.

Lohmann, Dieter. 1998. *Die Andromache-Scenen der Ilias*. Hildesheim: Olms.

Metz, Wilhelm. 1990. Hektor als der homerischste aller homerischen Helden. *Gymnasium* 97: 385–404.

Reinhardt, Karl. 1961. *Die Ilias und ihr Dichter*. Hrsg. Uvo Hölscher, Göttingen: Vandenhoeck & Ruprecht.

Schadewaldt, Wolfgang. 1935. Hektor und Andromache In: Ders. *Von Homers Welt und Werk*, 207–233. Stuttgart: Koehler.

Pindari carmina cum fragmentis. 1964–1975. Hrsg. Bruno Snell, Leipzig: Teubner.

Pindars Dichtungen. 1965. Übertragen und erläutert von Franz Dornseiff, 1921, Leipzig: Insel-Verl.

Pindars Oden. 1986. Übersetzt und hrsg. von Eugen Dönt, Stuttgart: Philipp Reclam jun.

Pindars Siegeslieder. 1992. Hrsg. und übersetzt von Dieter Bremer, München: de Gruyter.

Dornseiff, Franz. 1921. *Pindars Stil*. Berlin: Weidmann.

Fränkel, Hermann. 1976. *Dichtung und Philosophie des frühen Griechentums*, 1950, München: Beck.

Fränkel, Hermann. 1955. *Ephemeros als Kennwort der menschlichen Natur*, In Ders., *Wege und Formen frühgriechischen Denkens*, 27–45. München: Beck.

Hölscher, Uvo. 2002. Pindar und die Wahrheit. In *Pindars Siegeslieder*, Hrsg. Uvo Hölscher, 104–122. München: Beck.

Janke, Wolfgang. 2005. Pindar. In *Archaischer Gesang. Pindar – Hölderlin – Rilke*, Hrsg. Wolfgang Janke, 17–75.Würzburg: Königshausen & Neumann.

Schadewaldt, Wolfgang. 1973. Theia, die Mutter des Sonnengottes. In *Wirklichkeit und Reflexion*, Hrsg. Helmut Fahrenbach, 355–364. Pfullingen: Neske.

Schwartz, Eduard. 1951. *Ethik der Griechen*. Hrsg. Will Richter. Stuttgart: Köhler.

Theunissen, Michael. 2000. *Pindar. Menschenlos und Wende der Zeit*. München: Beck.

Wilamowitz-Moellendorff, Ulrich von. 1985. *Pindaros*, 1922, Hildesheim: Weidmann.

„Mit sterblichen Gliedern ist er angetan."

Zum Vergänglichkeitsmotiv in der frühgriechischen Dichtung

Bettina Fröhlich

1 Einleitung. Sterblichkeit als anthropologische Bestimmung

In den homerischen Epen wird die Vergänglichkeit des Menschen in eindrucksvollen Metaphern dargestellt. Um die physische Begrenztheit sowie die Flüchtigkeit und Unbeständigkeit des menschlichen Daseins aufzuzeigen, bedient sich Homer einprägsamer Bilder und Formeln, die von der späteren griechischen Dichtung vielfach aufgegriffen worden sind. Eine reiche Rezeption haben insbesondere die Rede vom ‚erdgebundenen Wesen' und vom ‚Tag-Wesen', die Vergleiche mit der Pflanzenwelt und die im Kontext der Seelenthematik gebrauchten Metaphern des ‚Traumbildes' und des ‚Schattens' erfahren. Bei aller Kontinuität der Bilder und Motive gibt es jedoch auch einige Besonderheiten der frühgriechischen Sterblichkeitsreflexion. Die Vergänglichkeit wird hier im Gegensatz zum späteren Nachdenken im Rahmen einer Theoanthropologie thematisiert. Die Selbstvergewisserung des menschlichen Daseins erfolgte stets im Hinblick auf die Welt der Götter, die den Entwurf eines unzerstörbaren, ewigen Seins widerspiegelt. Am Maßstab des göttlichen Seins wurden die Möglichkeiten und Potenzen des Menschen, aber auch dessen Grenzen und Schwächen bestimmt. Als spezifisches Merkmal der menschlichen Kondition erschien dem frühgriechischen Denken die Sterblichkeit. In dieser anthropologischen Bestimmung sind verschiedene Aspekte des Daseins eingefasst. Sterblichkeit, so die These dieses Beitrags, bedeutete nicht nur die zeitliche Begrenztheit des Lebens, sondern auch die Unbeständigkeit der Qualitäten und Lebensgüter sowie den beschränkten Umfang aller Kräfte und Besitztümer.

© Springer Fachmedien Wiesbaden GmbH, ein Teil von Springer Nature 2019
V. Bachmann und R. Heimann (Hrsg.), *Grenzen des Menschseins*,
https://doi.org/10.1007/978-3-658-27166-4_4

Der Beitrag wird sich zunächst der Sterblichkeitsreflexion bei Homer zuwenden. Es werden sowohl relevante Stellen aus der *Ilias* als auch der *Odyssee*
ausgewertet. Im Anschluss daran soll die Rezeption und Transformation der
homerischen Metaphern bei Pindar untersucht werden. Eine besondere Auf-
merksamkeit erfahren hier die Verse 88–97 aus der achten Pythie. Einbezogen
werden außerdem das Fragment 131b, in dem erste Spuren einer Unsterblichkeits-
konzeption zu finden sind, sowie die elfte und sechste Nemee. Der dritte Teil des
Beitrags enthält einige Beobachtungen zur Sterblichkeit bei Sophokles, der an die
homerische *Odyssee* anschließt und das frühgriechische Nachdenken fortsetzt.

2   Vergänglichkeitsreflexion bei Homer. Erdgebundenheit und flatternde Schattenbilder

In den homerischen Epen ist die Sterblichkeit des Menschen ein häufig wiederkehrendes Grundmotiv. Dabei gibt es jedoch deutliche Differenzen zwischen den
Büchern der *Ilias* und der *Odyssee*. In der *Ilias* ist die Sterblichkeitsbestimmung
zumeist in eine theoanthropologische Reflexion eingebettet. Häufig ist es der
Gott Apollon, der die Trennlinie zwischen den unsterblichen Göttern und den
sterblichen Menschen zieht und explizit auf den Vergänglichkeitsaspekt verweist.
In der *Odyssee* hingegen wird die Sterblichkeit als eine schmerzhafte Grunderfahrung der in den Hades eingekehrten Seelen und der zurückgebliebenen An-
gehörigen beschrieben, also aus menschlicher Perspektive geschildert. In beiden
Epen hat die Thematisierung der Sterblichkeit jedoch erkennbar eine praktische
Funktion. Die Vergegenwärtigung der Vergänglichkeit soll eine Haltung der Sophrosyne herbeiführen und vor Anmaßung und Hybris bewahren.[1]

In der *Ilias* ist der Apollon-Logos der Diomedes-Szene des fünften Buches von
besonderem Interesse. Diomedes, der unbeirrt gegen Aineias kämpft, obwohl er
sieht, dass dieser von Apollon geschützt wird, der also keinen Respekt (ἀζόμενοι)
vor dem Gott erkennen lässt, wird von Apollon mit folgenden Worten zurecht-
gewiesen:

> Da sprach mit schrecklichem Zuruf zu ihm der Ferntreffer Apollon:
> Besinne dich [...] und weiche! und wolle nicht Göttern
> gleich gesonnen sein, da niemals vom gleichen Stamm
> die unsterblichen Götter sind und die am Boden schreitenden Menschen!
> (φράζεο [...] καὶ χάζεο, μηδὲ θεοῖσιν

---

1   Zur Verbindung von Selbsterkenntnis und Sophrosyne in der frühgriechischen Ethik
     vgl. Fröhlich (2017).

ἴσ᾽ ἔθελε φρονέειν, ἐπεὶ οὔ ποτε φῦλον ὁμοῖον
ἀθανάτων τε θεῶν χαμαὶ ἐρχομένων τ᾽ ἀνθρώπων.)
(Il. 5, 439–442; Übers. W. Schadewaldt)

Um Diomedes zur Mäßigung zu bewegen, verweist Apollon auf die unterschiedliche Abstammung von Mensch und Gott und betont die Kluft zwischen unsterblicher und sterblicher Sphäre. Die Sterblichkeit wird in diesem Kontext als Erdgebundenheit umschrieben: „die am Boden schreitenden Menschen" (χαμαὶ ἐρχομένων τ᾽ ἀνθρώπων). Diese Formulierung birgt eine ganze Reihe von anthropologischen Aussagen in sich. Das Bedeutungsspektrum des Wortes ‚Erde' erschließt sich im Hinblick auf den als göttliche Sphäre vorgestellten ‚Himmel'. Das Himmelskonzept der griechischen Mythologie war bekanntlich durch die Vorstellung des Olymp als Wohnsitz der Götter bestimmt. Der Olymp symbolisiert eine Seinssphäre, die mit den Prädikaten der Ewigkeit, Unwandelbarkeit und Unzerstörbarkeit, der Leichtigkeit und Geschwindigkeit in den Bewegungen, der Lichterfülltheit, Unbegrenztheit und des alles Geschehen umfassenden Wissens verbunden ist. Demgegenüber stand die Erfahrung einer durch Zeitlichkeit, Wandelbarkeit, Begrenztheit und Stofflichkeit charakterisierten Erdsphäre. Um auf das Gesetz des Werdens und Vergehens zu verweisen, bedient sich Homer, wie noch genauer zu zeigen sein wird, des Vergleichs mit der Pflanzenwelt.[2] So wie das Erdreich aus seinem Inneren die Pflanzenwelt entlässt und nach Ablauf einer bestimmten Zeitspanne das verblühte vegetative Leben wieder in sich hineinnimmt, kehrt auch der Mensch am Ende seines Lebens in das Erdreich zurück. Die stofflichen Überreste verbinden sich im Prozess des Zerfalls mit den Grundelementen. Die Seele[3] (ψυχή) aber kehrt in den Hades, das als Unterwelt vorgestellte Totenreich, ein. Durch die stoffliche Körperlichkeit sind die Erdwesen im Gegensatz zu den in himmlischer Sphäre agierenden Göttern durch räumliche Begrenztheit, Schwere, Trägheit und Langsamkeit charakterisiert. Der Mensch ‚wandelt am Boden'. Er kann sich nicht leicht und frei in die Luft aufschwingen und in Sekundenschnelle den Ort wechseln, sondern ist den Gesetzen der Erdanziehung unterworfen. Eingefasst sind hier auch die Aspekte der Mühsal, Not, Beschwerlichkeit des Daseins. Alle Bewegungen und Tätigkeiten sind mit Anstrengungen und der Überwindung von Widerständen verbunden. Erdge-

---

2   Vgl. den Blättervergleich in Il. 21, 462–466. Daran anknüpfend entwickelt die griechische Mysterienreligion die Vorstellung eines mit Unsterblichkeitskonzepten verknüpften zyklischen Verlaufs des Lebens. Vgl. dazu Giebel (1990).

3   Zum Seelenkonzept in der frühgriechischen Literatur vgl. Bremmer (1983 und 2010), Claus (1981).

bundenheit bedeutet darüber hinaus die Beschränktheit der Perspektive. So wie
das physische Sehorgan des Erdbewohners ein begrenztes Wahrnehmungsfeld hat
und jeweils nur einen kleinen Ausschnitt der Wirklichkeit erfassen kann, ist auch
das irdische Bewusstsein perspektivisch beschränkt. Das Ganze der Ereignisse
in Vergangenheit, Gegenwart und Zukunft vermögen nur Zeus und Apollon[4] zu
überblicken.

Im Fazit: Die Erde als Lebenssphäre bedeutet im homerischen Epos Begrenztheit in verschiedenen Hinsichten: beschränkte räumliche und zeitliche Ausdehnung, Unbeständigkeit, Schwerfälligkeit, Wissensdefizite, Verfall aller Kräfte, Tod.

In Il. 21, 462–466 wird das Motiv der Sterblichkeit aufgenommen und weiter
entfaltet. Der epische Dichter schildert einen Kampf der Götter und lässt in diesem Kontext Apollon gegenüber Poseidon erklären:

> Erderschütterer, wahnsinnig müsstest du wahrhaft mich schelten,
> kämpfte ich gegen dich um der elenden Sterblichen willen,
> die, vergleichbar den Blättern, bald in der Fülle des Lebens
> aufsprießen, von den Erträgen der Felder sich nährend, bald wieder
> welken, dem Tode geweiht.
> (Il. 21, 462–466; Übers. D. Ebener)

Hier wird erkennbar an das Motiv der Erdgebundenheit angeknüpft. Durch die
Blatt-Metapher erfährt das Merkmal eine bildliche Ausgestaltung. Der Dichter
vergleicht die ‚Sterblichen‘ mit Blättern von Pflanzen, die sich im Frühjahr und
Sommer im Wachstumsprozess befinden, von den Nährstoffen der Erde in der
Lebensfülle gehalten werden und im Herbst zu welken beginnen. Die mensch-
liche Daseinsweise wird in den umfassenden Zusammenhang des Werdens und
Vergehens des organischen Lebens eingeordnet.

Als ein wesentliches Merkmal der Sterblichkeit klingt hier die Abhängigkeit
von den Gesetzen und Zyklen der physischen Natur an. Als Implikat der Erdgebundenheit ist es oben schon angesprochen worden. Durch den Blättervergleich
tritt dieses Merkmal jedoch deutlicher hervor. Zu beobachten ist an dieser Stelle
zudem die durchweg negative Bewertung der Sterblichkeit, die dem Gott Apollon

---

4   Im Mythos wird Apollon als Wahrheitsgott dargestellt, der von Zeus Allwissenheit
     empfangen hat und diese den Menschen mitteilt ohne zu täuschen. Vgl. Hom. hym.
     del. Apoll. 131f. und Hom. hym. Herm. 530–540. Vgl. auch Pindar P. 9,44–49.: Apol-
     lon kennt „in allem das gültige Ende und alle Wege dahin", er sieht genau voraus,
     „was sein wird und woher es kommen wird" (Übers. E. Dönt). Vgl. auch P. 3, 27ff. und
     O. 6, 66f. sowie Sol. fr. 1, 53f. Snell.

in den Mund gelegt wird. Die menschlichen Wesen werden aufgrund ihrer Kondition als ‚elend' (δειλός) bezeichnet. Der Dichter unternimmt keinen Versuch, der zeitlichen Begrenztheit des Lebens einen Sinn abzugewinnen, sondern wertet es im Vergleich mit dem als Ideal gesetzten unsterblichen Sein der Götter als rein defizitär. Der Mensch besitzt ein Sein niederen Grades.

In der *Odyssee* wird das Motiv der Sterblichkeit an verschiedenen Stellen thematisiert. Im Gegensatz zur *Ilias* erfolgt hier jedoch eine Darstellung aus einer rein menschlichen Perspektive. Besonders aufschlussreich sind die Verse aus dem 11. Buch (218–222) und dem 18. Buch (125–137). Im 11. Gesang findet sich innerhalb der Darstellung von Odysseus' Hades-Reise ein Logos der Antikleia, der eine Beschreibung der menschlichen Kondition aus der Sicht der Verstorbenen enthält. Nachdem Odysseus vergeblich versucht hat, die Seele seiner verstorbenen Mutter zu umarmen, wendet sich diese mit folgenden Worten an ihren Sohn:

> Ach, mein geliebter Sohn, du ärmster sämtlicher Helden,
> nein, dich betrügt nicht Persephoneia, das Kind der Kroniden,
> sondern es ist das Los (δίκη) der Menschen im Falle des Todes:
> Keinerlei Sehnen halten mehr Fleisch und Knochen zusammen,
> sondern die Glut der lodernden Flammen vernichtet die Teile,
> wenn die Kräfte des Lebens (θυμός) die weißen Gebeine verlassen
> und, wie ein Traumbild, die Seele davonfliegt und wesenlos flattert
> (ψυχὴ δ' ἠΰτ' ὄνειρος ἀποπταμένη πεπότηται).
> (Od. 11, 216–222; Übers. D. Ebener)

In dem Antikleia-Logos wird die Sterblichkeit unter dem Aspekt des Verlustes der festen Körperlichkeit und der Vitalkräfte thematisiert. Der Verfall der Lebenskräfte, der im Alter einsetzt und im Tod Endgültigkeit gewinnt, hat sowohl eine morphologisch-physische als auch eine psychisch-geistige Dimension. Mit der leiblichen Vitalität und physischen Stärke entweichen auch die Kraft und Schärfe des Geistes sowie die emotionalen und volitionalen Energien.

Der Antikleia-Logos thematisiert jedoch noch einen anderen Aspekt des Todes. In Vers 222 ist von der Seele (ψυχή) die Rede, die nach dem Tod des physischen Körpers zurückbleibt und in den Hades eingeht. Die Seele wird bei Homer als Schattenbild (εἴδωλον) beschrieben, als körperloses Abbild der vitalen Person.[5] Dieses Abbild bleibt bezüglich der Seinsintensität weit hinter dem leiblichen Ich zurück. Nach homerischer Vorstellung sind die Seelen blutleere, kraftlose

---

5   Zur Seelenvorstellung bei Homer vgl. Bremmer (1983 und 2010), Claus (1981), Rohde (1903 I).

Wesenheiten ohne volles, waches Bewusstsein.[6] Die in den Hades eingekehrte Seele führt ein erbärmliches Dasein, indem sie ohne Vitalität und Tätigkeit in der Dunkelheit der Unterwelt dahindämmert. Die Kraftlosigkeit der vom Körper losgelösten Seelen wird bei Homer häufig thematisiert.[7] Im 23. Buch der *Ilias* (Verse 62–107) schildert der Dichter eine nächtliche Begegnung zwischen Achill und seinem verstorbenen Freund Patroklos. Nachdem Achill der Schlaf übermannt hat, schwebt die Seele (ψυχή) des Patroklos herbei. Sie tritt an das Haupt des Peliden und richtet eine Ansprache mit einer Weisung bezüglich seiner Bestattung an ihn. Achill will den Freund umarmen, aber kann ihn nicht berühren:

> Wie Rauch entschwirrte die Seele
> unter die Erde. Bestürzt fuhr er [Achill] empor aus dem Schlummer,
> klatschte erstaunt in die Hände und rief in klagendem Tone:
> „Seltsam, es gibt tatsächlich so etwas wie Seele und Schatten (εἴδωλον)
> auch noch im Hades, nur fehlen ihm völlig die Kräfte zum Leben."
> (Il. 23, 100–104; Übers. D. Ebener)

Aufgrund der Flüchtigkeit und mangelnden Greifbarkeit wird die Seele bei Homer nicht nur mit einem Abbild oder Schattenbild (εἴδωλον), sondern häufig auch mit einem Traumbild (ὄνειρος)[8] verglichen, wie in dem zitierten Antikleia-Logos. Die Traum-Metapher verweist auf den Eindruck des Unwirklichen, der beim Vergleich der Seelenerscheinungen mit den Wahrnehmungen der sinnlichen Realität entsteht. Beide Metaphern werden in der späteren griechischen Literatur vielfältig aufgegriffen und variiert.[9]

Am Ende des Antikleia-Logos wird die praktische Dimension der Einsicht in die Sterblichkeit angedeutet. Durch die abschließende Aufforderung der Antikleia, die Worte über die Sterblichkeit im Gedächtnis zu behalten und an andere weiterzugeben („merke dir alles; späterhin sollst du es deiner lieben Gemahlin erzählen" Od. 11, 223f.; Übers. D. Ebener), verweist der Dichter darauf, dass die

---

6   Vgl. z. B. Hom. Il. 23, 103f.; Od. 11, 138–149, 204–224.

7   Vgl. Od. 11, 29; 11, 49; 11, 141.

8   Vgl. Od. 11, 29; 11, 49; 11, 141. Vgl. Od. 11, 207 und 222.

9   Die Schatten- und Traum-Metapher findet sich in der gesamten frühgriechischen und klassischen Dichtung, insbesondere bei Pindar, Aischylos und Sophokles. Zu den entsprechenden Stellen bei den Tragikern und Aristophanes vgl. Bieler (1970, S. 192f.) und Pfeijffer (1999, S. 598f.). Als Parallelen zu Pind. P. 8, 95f. werden häufig Aristoph. Av. 686f. und Aischyl. Ag. 839 angeführt. Vgl. auch die Homer-Zitierung bei Platon, *Menon* 100a.

Einsicht in das menschliche Schicksal nach dem Tod eine Relevanz für das Leben besitzt und in bestimmten Handlungssituationen regulierend wirken kann. Im 18. Gesang der *Odyssee* wird ein Logos des Helden Odysseus dargestellt, der das Motiv der Erdgebundenheit aus der *Ilias* wieder aufnimmt. Odysseus wendet sich mit folgenden Worten an Amphinomos:

> Lasse dir sagen deshalb, genau gib Obacht und höre:
> Nährt doch die Erde den Menschen als schwächlichstes Wesen von allen,
> die da über den Boden der Erde hin schnaufen und laufen!
> Niemals gedenkt er künftigen Unheils, solange die Götter
> reiches Gedeihen ihm schenken und rüstig die Glieder sich regen.
> Lassen jedoch die seligen Götter ins Unheil ihn stürzen,
> muss er, obschon widerstrebend, geduldigen Herzens es tragen.
> Denn es entspricht die Sinnesart der Erdenbewohner
> jeweils dem Tag, den der Vater der Menschen und Götter heraufführt.
> (τοῖος γὰρ νόος ἐστὶν ἐπιχθονίων ἀνθρώπων
> οἷον ἐπ᾽ ἦμαρ ἄγῃσι πατὴρ ἀνδρῶν τε θεῶν τε.)
> (Od. 18,129–137; Übers. D. Ebener)

Die Verse 130–131 sind eine deutliche Anknüpfung an Il.5, 442 („die auf dem Erdboden wandelnden Menschen" χαμαὶ ἐρχομένων τ᾽ ἀνθρώπων). Die anthropologische Bestimmung erfährt hier jedoch eine Zuspitzung. Der Mensch ist in seiner begrenzten und verletzlichen Körperlichkeit nicht nur ein schwaches Wesen, sondern im Vergleich zu den anderen Erdbewohnern sogar das schwächste Wesen. Dieses Urteil wird vom späteren griechischen Denken aufgegriffen und durch den Verweis auf die mangelhafte Ausstattung des Menschen mit überlebenssichernden physischen Beschaffenheiten wie Krallen, Fell, Flügel etc. begründet.[10]

Von Bedeutung sind im Rahmen der Sterblichkeits-Thematik vor allem die Verse 132–137, da hier ein neuer Aspekt der Erdgebundenheit thematisiert wird. Sterblichkeit bedeutet demnach nicht nur temporäre und quantitative Begrenztheit der Lebenskräfte, sondern auch die Wechselhaftigkeit des Geschicks. Lebensgüter wie Reichtum, Erfolg, Ruhm sind stets gefährdet und können von einem Tag zum anderen zerstört werden. Die ‚Ausgesetztheit an den Tag', die in den Versen 136–137 formuliert wird, meint den möglichen plötzlichen Wechsel der Lebenssituation und der damit zusammenhängenden emotionalen und mentalen Verfasstheit einer Person. Der Mensch ist dem unterworfen, was der ‚Tag' an

---

10 Vgl. den Protagoras-Mythos in Platon, *Protagoras* 320c-322d.

Ereignissen und freudvollen oder üblen Dingen bringt.[11] Die Reflexion des Dichters auf den angemessenen Umgang mit einem plötzlich hereinbrechenden Unglück („muss er, obschon widerstrebend, geduldigen Herzens es tragen [τετληότι
θυμῷ]" Od. 18, 135; Übers. D. Ebener) darf als Andeutung der Sophrosyne-The-
matik gelesen werden. Das ‚geduldige Tragen' meint in diesem Zusammenhang
eine Haltung der Selbstbeherrschung, die die Affekte des Schmerzes, der Wut,
der Trauer und des Aufbegehrens zu bändigen versteht.

3   Pindars Bestimmung des Menschen als Wesen zwischen Vergänglichkeit und Unvergänglichkeit

Die Thematisierung der Sterblichkeit bei Pindar steht erkennbar in homerischer
Tradition. Viele Metaphern und Motive werden aufgegriffen und entfaltet. Pindars Homer-Bezug wird insbesondere in den letzten beiden Strophen (Verse
88–97) der achten Pythie, dem Siegeslied für Aristomenes von Aegina, greifbar:

> Wem aber jüngst ein Erfolg zufiel,
> der erhebt sich in hoffnungsbeflügeltem Mannesmut
> zu überquellender Wonne, sein Trachten
> lässt Reichtum hinter sich. Schnell wächst bei den Menschen die Freude,
> ebenso schnell fällt sie auch zu Boden,
> wenn sie durch ein verfehltes Denken um ihren Grund gebracht wird.
> Eintagswesen! Was ist einer, was ist einer nicht?
> Eines Schattens Traum ist der Mensch.
> Aber wenn gottgeschenkter Glanz kommt,
> ruht helles Licht und freundliches Dasein auf den Menschen.
> ἐπάμεροι· τί δέ τις; τί δ᾽ οὔ τις; σκιᾶς ὄναρ
> ἄνθρωπος. ἀλλ᾽ ὅταν αἴγλα διόσδοτος ἔλθῃ,
> λαμπρὸν φέγγος ἔπεστιν ἀνδρῶν καὶ μείλιχος αἰών.
> (Pind. P. 8, 88–97; Übers. E. Dönt)

Die vielzitierten Verse 8, 95–96a[12] verbinden im Rahmen einer anthropologischen Bestimmung die homerische Formel der ‚Ausgeliefertheit an den Tag'
(Hom. Od. 18, 136f.) mit der Traum- und Schatten-Metapher aus dem 11. Buch der

---

11   Gemeint sind hier jedoch nicht das bedingungslose Ausgeliefertsein oder eine resig-
      native Schicksalsergebenheit. Bereits bei Homer klingt die apollinische Ethik eines
      besonnenen, vernünftigen Umgangs mit äußeren Ereignissen und inneren Affekten
      an. Vgl. insbes. die Apollon-Rede im 24. Buch der *Ilias* (24, 33–54).
12   Zur Interpretation und den Forschungskontroversen vgl. Fröhlich (2017, S. 90–102).

Ilias. Dabei nimmt Pindar jedoch Bezugsänderungen und Verschränkungen vor, die den Effekt haben, dass der seelische Aspekt in den Fokus rückt. Die Sentenz beginnt mit der Bezeichnung des Menschen als ‚Tagwesen'. In der Forschung ist schon häufig gesehen worden, dass mit dem Ausdruck ἐπάμερος bzw. ἐφήμερος keineswegs die Kurzlebigkeit gemeint ist, sondern – wie schon bei Homer – die Wechselhaftigkeit des Geschicks. Nach Fränkel lässt sich das Kompositum von ἐπὶ und ἡμέρα entweder als ‚das was auf Tag ist' deuten, also als das Kurzlebige, gleichsam nur einen Tag Lebende bzw. das jeden Tag Wiederkehrende, von-Tag-zu-Tag-Dahinlebende oder als ‚das was Tag auf sich hat', d.h. was dem Tag unterworfen ist (1960, S. 23).[13] Bei Pindar werde das Wort in der zweiten Bedeutung gebraucht.[14] Fränkel wendet sich dezidiert gegen eine Auslegung des pindarischen ἐπάμερος im Sinn von begrenzter Lebensdauer und plädiert für eine Deutung des Ephemeren als Ausgeliefertheit des Menschen an die „verschiedenartigen Ereignisse die irgendein neuer Tag über uns hereinbrechen lassen mag" (1960, S. 25). Gemeint sei die Instabilität, Unbeständigkeit, das Prekäre der äußeren Lage und der geistig-emotionalen Verfasstheit des Menschen, das ja in den vorangegangenen Versen eindrucksvoll beschrieben wird.

In den folgenden Versen findet sich eine Fortsetzung der Thematisierung der menschlichen Begrenztheit. Dabei nimmt Pindar die homerischen Metaphern auf und bezieht sie aufeinander: ‚Eines Schattens Traum ist der Mensch' (σκιᾶς ὄναρ ἄνθρωπος Vers 95f.). Die berühmte Sentenz ist vielfach interpretiert worden. Zumeist wird sie als Metapher für die Nichtigkeit der menschlichen Existenz gedeutet.[15] Die Homer-Zitierung (vgl. Od. 11, 207 u. 222) verstehen die Interpreten häufig im Sinne eines Verstärkungseffekts. Pindar wende diese Metaphern auf die Lebenden an und erziele durch ihre Verbindung den Effekt einer Steigerung.[16] Durch die Genitivbildung, die Schatten und Traum zueinander in Beziehung setzt,

---

13 Zu den verschiedenen Bedeutungen des in der griechischen Dichtung häufig verwendeten Wortes und den entsprechenden Belegstellen vgl. Fränkel (1960, S. 36–39). Vgl. auch Fränkel (1969, S. 610f.) und Pfeiffer (1999, S. 596f.).

14 Fränkel weist diese Bedeutung in seinem ΕΦΗΜΕΡΟΣ-Aufsatz auch für die frühe griechische Lyrik nach. Die Bedeutung ‚kurzlebig' sei dem Wort erst in späterer Zeit beigelegt worden. Als ältesten erhaltenen Beleg führt Fränkel ein Antiphonfragment an (DK 87 B 50).

15 So Bieler (1970, S. 191), Jüthner (1936, S. 142), Fränkel (1960, S. 26), Burton (1962, S. 192), Race (1986, S. 100), Bremer (1992, S. 411), Pfeiffer (1999, S. 598), Theunissen (2002, S. 54), Janke (2005, S. 42).

16 So bereits Ps.-Plut. Consol. ad. Apoll. 104B.

steigere Pindar die schon durch das Bild des Schattens ausgedrückte Substanzlosigkeit des Menschen zu einem „potenzierten Nichts" (Theunissen 2002, S. 54).
Das Problem dieses Deutungsversuchs besteht darin, dass er die Wirklich-
keitsbezüge nicht sinnvoll klären kann. Wenn sich beide Metaphern auf die lebende Person beziehen, dann resultiert eine Doppelaussage, die in sich wenig
stimmig ist. Die Aussage des Bildes bestünde zum einen in dem Satz, dass der
Seinsgrad des Menschen so gering ist wie der eines Schattens, und zum anderen
darin, dass er noch weitaus geringer ist. Selbst wenn man in Betracht zieht, dass
die Aussagen nicht gleichgewichtig sind, da der Mensch ja primär mit dem Traum
des Schattens verglichen wird, bleibt eine gewisse Spannung bestehen.

Eine Lösung bietet sich an, wenn man das Fragment 131b mit heranzieht:

Aller Menschen Leib folgt dem überstarken Tod,
lebend aber bleibt zurück ein Abbild des Daseins (αἰῶνος εἴδωλον),
denn dieses allein stammt
von den Göttern; es schläft, wenn die Glieder schaffen,
doch den Schlafenden zeigt es in vielen Träumen (ἐν πολλοῖς ὀνείροις)
des Frohen und Schlimmen nahende Entscheidung.
(Pind. fr. 131b Snell; Übers. H. Fränkel)

In dem Fragment wird zwischen der leiblichen Existenz, die mit dem Tod zerfällt,
und einem Selbst unterschieden, das göttlichen Ursprungs ist und als Abbild des
lebendigen Menschen (αἰῶνος εἴδωλον)[17] nach dessen Tod fortdauert. Dieses unvergängliche Selbst[18] tritt im tätigen Leben, in den bewussten Denkvollzügen,
Willensakten und Handlungen nicht in Erscheinung. Es offenbart sich nur im
Traum[19] in Form einer Ankündigung des positiven oder negativen Ausgangs von
Handlungsvollzügen. Diese Differenzierung bietet möglicherweise den Schlüssel
für das Verständnis der Sentenz aus der achten Pythie. Als Wirklichkeitsbezug
der Schatten-Metapher lässt sich das sinnlich-vitale Dasein des Menschen deuten.

---

17   Zum pindarischen Gebrauch des Ausdrucks εἴδωλον zur Bezeichnung der unver-
     gänglichen Seele vgl. Bremmer (1983, S. 79f.), Claus (1981, S. 117f.), Lloyd-Jones
     (1990, S. 95). Zur Bedeutung von ψυχή bei Pindar vgl. Claus (1981, S. 116f.) und
     Sullivan (1991, S. 163–183). Rohde (1903 I, S. 6) und Bowra (1964, S. 94) betonen die
     Nähe des mit αἰῶνος εἴδωλον bezeichneten Selbst zur homerischen Vorstellung von
     Psyche. Allerdings bemerkt Rohde (1903 I, S. 6) bezüglich der Annahme des gött-
     lichen Ursprungs: „das ist freilich nicht homerischer Glaube".

18   Burkert (GR, 446) spricht von einem „beständigen Etwas", dass Pindar in Antithese
     zum empirischen Wachbewusstsein beschreibe.

19   Vgl. auch Aischyl. Eum. 104f. Zur Vorstellung der Tätigkeit der ‚free soul' während
     des Schlafs vgl. Bremmer (1983, S. 51f.).

Diese Existenz wird aufgrund ihrer Flüchtigkeit und Unbeständigkeit mit einem Schatten verglichen. So wie Odysseus seine in den Hades eingegangene Mutter umarmen will, aber nicht kann, weil das körperlose Abbild (εἴδωλον) nicht greifbar ist[20], so vermag der Mensch die ihn auszeichnenden Kräfte, Qualitäten und Güter nicht dauerhaft festzuhalten, sie entgleiten ihm immer wieder und verfallen am Ende des Lebens in unwiederbringlicher Weise.[21]

Der Bezugspunkt der Traum-Metapher hingegen ist die Seele, das εἴδωλον. Die im Fragment 131b enthaltene Vorstellung von der Wirkungsweise und Erscheinungsform des αἰῶνος εἴδωλον bietet einige Anhaltspunkte für solch eine Deutung. In dem Fragment ist die Rede davon, dass das εἴδωλον in vielen Traumbildern (ἐν πολλοῖς ὀνείροις) das in naher Zukunft Eintreffende – Ereignisse, Handlungsausgänge, Schicksalsschläge – zeigt. Es bringt während des Schlafes des bewussten Ichs bestimmte Traumbilder hervor, wirkt also als geistige Kausalität von divinatorischen Traumvisionen und ist nur über diese Erscheinungen erfahrbar. Im wachen Bewusstseinszustand bleibt der Person das εἴδωλον verborgen. Im Hinblick auf diese Vorstellungsmuster liegt die semantische und sprachliche Zusammenführung von εἴδωλον und ὄναρ nahe. Da das εἴδωλον der lebenden Person allein im Medium des Traumes zugänglich ist und nur durch die erzeugten Traumphänomene als Realität wahrgenommen wird, bildet der Traum (ὄναρ) die Erfahrungsgrundlage einer reflexiven Bestimmung und poetischen Gestaltung dieses Selbst. Der Gebrauch des Wortes ὄναρ im Kontext der Identitätsproblematik entspringt, so deutet zumindest das Fragment 131b an, einer psychisch-religiösen Deutung von Traumerlebnissen.

Der eigentliche Sinn des Gebrauchs von ὄναρ an dieser Stelle liegt jedoch nicht in dem bloßen Verweis auf das εἴδωλον, sondern in einer Bestimmung des beschränkten Seinsgrades dieses Selbst. Das εἴδωλον, das durch Traumbilder seine Botschaften vermittelt und im Traum in verschiedenen Gestalten erscheint, ist hinsichtlich seiner wesenhaften Beschaffenheit selbst *wie* ein Traum oder Traumbild.[22] Zwar ist es im Gegensatz zur leiblichen Existenz unzerstörbar und ewig, hat also in Bezug auf die zeitliche Dauer einen höheren Seinsstatus, hinsichtlich der Seinsintensität bleibt es jedoch hinter dem leiblichen Ich zurück. Es besitzt

---

20 Vgl. Hom. Od. 11, 204–207: „Doch mich verlangte es, innig die Arme um die Seele meiner verstorbenen Mutter zu schlingen. Dreimal setzte ich an, es drängte mich, sie zu umfassen, dreimal entglitt sie meinen Händen, ein Traumbild, (ὄνειρος), ein Schatten (σκιά)" (Übers. D. Ebener).

21 Der Aspekt des Nicht-Greifbaren, Entgleitenden wird insbesondere von Pfeijffer (1999, S. 598) betont.

22 Pindar knüpft mit diesem Vergleich unmittelbar an Hom. Od. 11, 222 an.

nur eine ‚Traumwirklichkeit'. Pindar übernimmt die homerische Vorstellung von den Seelen als körperlose, kraftlose Wesenheiten. Der Ausdruck ‚Abbild des Lebens' (αἰῶνος εἴδωλον) impliziert, dass es eine Differenz zwischen den Kräften des vitalen Lebens und der Seele gibt und diese bezüglich der Vitalität schwächer, eben ein ‚Abbild' ist.

Trotz aller Nähe zu den homerischen Vorstellungsmustern, lassen sich hinsichtlich der Sterblichkeitsthematik einige signifikante Unterschiede zu Homer entdecken. Das εἴδωλον erfährt bei Pindar eine deutliche Aufwertung. Das wird durch einen Vergleich von Fr. 131b mit dem Antikleia-Logos aus der *Odyssee* erkennbar. Das Fragment 131b liest sich wie eine Replik auf die *Odyssee*-Stelle. Dabei nimmt Pindar eine Korrektur der homerischen Auffassung vor. Der erste Vers des Fragmentes („Aller Menschen Leib folgt dem überstarken Tod") bestätigt zunächst die Worte der Antikleia über den Verfall des Körpers nach dem Tod (vgl. Hom. Od. 11, 218–221). Im folgenden Vers setzt Pindar jedoch mit dem Verweis auf das unzerstörbare εἴδωλον einen ganz neuen Akzent. Mit der Hervorhebung des Lebenscharakters des εἴδωλον schafft der Dichter einen Kontrapunkt zum Tod: „lebend aber bleibt zurück ein Abbild des Daseins" (Übers. H. Fränkel).[23] Das unzerstörbare Leben des εἴδωλον begründet Pindar mit der göttlichen Herkunft: „denn dieses allein stammt von den Göttern".[24] Auch dieser Gedanke ist ganz neu gegenüber Homer, wie schon oft bemerkt worden ist. Lloyd-Jones (1990, S. 95) sieht hier das früheste erhaltene Zeugnis für die griechische Vorstellung einer göttlichen Seele: „I know of no assertion that the soul comes from the gods earlier than Pindar fr. 131b".

Im letzten Teil des Pindar-Fragments wird auf die prophetische Kraft und das Zukunftswissen dieses unvergänglichen Selbst verwiesen: Es zeigt „in vielen Träumen des Frohen und Schlimmen nahende Entscheidung" (Übers. H. Fränkel). Dies ist ebenfalls ein neuer Aspekt. Bei Homer findet sich zwar auch die Vorstellung von den Seelen als geistige Kausalität von Traumvisionen (vgl. Hom. Il. 23, 62–107). Dort sind es jedoch ausschließlich die Seelen der Verstorbenen, die den Lebenden Traumbilder und Botschaften senden. Die Transformation bei Pindar besteht in einer Internalisierung: Pindar spricht nicht von einer externen,

---

23 Am Ende des Antikleia-Logos wird zwar auch auf die zurückbleibende Psyche verwiesen. Durch die Betonung der Schwäche und Substanzlosigkeit der Psyche setzt Homer an dieser Stelle jedoch lediglich die Thematisierung des Lebenszerfalls im Tod fort.

24 Darauf hat Bremmer (1983, S. 80) hingewiesen. So bereits Rohde (1903 II, S. 208). Nach Norwood (1974, S. 60) war Pindar der Erste, der die Unsterblichkeit der Seele durch ihren göttlichen Ursprung erklärt hat: „The soul's immortality had long been a familiar doctrine, but Pindar was the first to explain it by a divine origin".

sondern von einer internen Ursache der Traumbilder. Es ist das eigene εἴδωλον, das in dieser Weise Botschaften übermittelt. Diese Internalisierung ist mit der Annahme verbunden, dass das εἴδωλον nicht erst nach dem Tod wirkt, sondern bereits in der vitalen, lebendigen Person anwesend ist und eine geistige Tätigkeit entfaltet. Angesichts dieser Bestimmungen kann man mit aller Vorsicht von einer Unsterblichkeits-Konzeption sprechen. Es ist schon häufig darauf hingewiesen worden, dass die im Fragment 131b enthaltene Seelenvorstellung in eine Entwicklungsbewegung einzuordnen ist, die in die Konzeption einer mit dem Leib verbundenen und nach dem Tod sich ablösenden unsterblichen Seele mündet.[25]

Die pindarische Aufwertung des εἴδωλον ist auch in der oben besprochenen Sentenz der achten Pythie („Eines Schattens Traum ist der Mensch" P. 8, 95–96a) erkennbar. Legt man die oben vorgeschlagene Deutung zugrunde, nach der die Schatten-Metapher auf die Flüchtigkeit des sinnlich-vitalen Daseins verweist, während die Traum-Metapher auf das εἴδωλον bezogen ist, so trifft Pindar hier die Aussage, dass der Mensch zuletzt mit dem unvergänglichen Selbst zu identifizieren ist. Der Verweis auf das unzerstörbare εἴδωλον ist jedoch an dieser Stelle keine erhebende, die Begrenztheit der ‚Schattenexistenz' in jeder Hinsicht transzendierende Vorstellung. Wie oben bereits bemerkt, teilt Pindar die homerische Vorstellung von kraftlosen Seelen, die gemessen an den Fähigkeiten des sinnlich-aktiven Lebens nur eine geringe Seinsintensität haben. Der Mensch ist zwar mehr als ein Schatten, aber eben nicht mehr als eines Schattens Traum.[26]

Neben den Versen aus der achten Pythie sind bei Pindar im Kontext der Sterblichkeitsthematik etliche weitere Texte von Interesse. Eine besonders eindringliche Darstellung der Sterblichkeit findet sich in der elften Nemee. Die relevanten Verse sind in der Epode der ersten Triade enthalten:

Wenn aber einer Segen (ὄλβος) hat und übertrifft
An Schönheit (μορφή) andere und hat in Wettkämpfen
Als Bester bewiesen seine Stärke (βία):
Er denke daran: mit sterblichen Gliedern
Ist er angetan, und zum Ende von allem
Wird Erde ihn umkleiden.
(Pind. N. 11, 13–16; Übers. W. Schadewaldt)

---

25 Vgl. Burkert (GR, 446), Vernant (1991, S. 190), Bremmer (2002, S. 23f.).

26 Zur vieldiskutierten Frage, inwieweit die in O. 2 und den Fragmenten 129, 133 dargestellten orphisch-pythagoreischen Jenseitsvorstellungen bzw. der Seelenwanderungsglaube den pindarischen Auffassungen entsprechen vgl. Lloyd-Jones (1990), Willcock (1995, S. 137–140 u. S. 154–161), Boeke (2007, S. 56 u. 72).

In diesen Versen wird das homerische Motiv der Erdgebundenheit aufgenommen. Der menschliche Körper ist als stofflich zusammengesetzter Organismus der Vergänglichkeit unterworfen und kehrt am Ende eines Lebenszyklus' zu den Elementen des Erdreichs zurück. Im Gegensatz zu den Versen aus der *Ilias* wird hier jedoch nicht die Bewegung des Entstehens, Reifens, Wachsens und des allmählichen Verfalls beschrieben, sondern eine Kontrastierung von verschiedenen Zuständen vorgenommen. Der Beschreibung der schönen Gestalt (μορφή) und der physischen Stärke (βία) der athletischen Sieger, die in der Blüte ihrer Kräfte stehen, folgt relativ unvermittelt das Bild des in der Erde liegenden toten Körpers. Die Gestaltung des Todes steht hier in scharfem Kontrast zur vorher dargestellten Lebensfülle. Die Anschaulichkeit und Realitätsnähe, mit der an dieser Stelle die Endlichkeit geschildert wird, ist häufig zum Anlass genommen worden, den Versen eine besondere Trostlosigkeit und Dunkelheit zu attestieren.[27] Die Aussagen erscheinen jedoch in etwas anderem Licht, wenn man die darin enthaltene ethische Mahnung beachtet. In N. 11 geht es ebensowenig wie in der achten Pythie darum, Erfolg und Exzellenz zu entwerten. Der Hinweis auf den Verfall der Physis am Ende des Lebens hat vielmehr die Funktion, die durch Wohlgestalt und körperliche Kraft ausgezeichneten Athleten vor Hybris zu bewahren.[28] „Er denke daran" (μεμνάσθω) heißt es in Vers 15.

Die Sterblichkeitsthematik ist auch in der sechsten Nemee präsent. Im Rahmen eines Vergleichs von göttlichem und menschlichem Geschlecht wird das Sterbliche wie folgt bestimmt:

Eins ist der Menschen – ein andres der Götter Geschlecht.
Aber von Einer Mutter haben
den Odem wir beide. Es trennt nur
die ganz verschiedene Kraft (δύναμις): Das eine ist nichts (οὐδέν) – der eherne
Himmel aber dauert,
ein unerschütterter Sitz, in Ewigkeit.
(Pind. N. 6, 1–4; Übers. U. Hölscher)

---

27   So z. B. Norwood (1974, S. 62). Im Vergleich zu P. 8, 95 gebe die elfte Nemee (13ff.) eine „yet gloomier warning". Ähnlich Lefkowitz (1979, S. 52), die die Passage mit N. 6, 1–7 vergleicht und in N. 11 einen dunkleren Ton beobachtet. Gegen diese Deutung hat Verdenius (1988, S. 103) eingewendet, dass die ,dunklen' Verse 15–16 mit den Versen 17–18, in denen die Preiswürdigkeit des exzellenten, erfolgreichen Mannes beschrieben wird, verbunden sind, die Gedankenbewegung also nicht in der Aussage über die Sterblichkeit ausläuft. Gegen Verdenius und für die Auffassung von Lefkowitz hat Theunissen (2002, S. 50 Fußn. 12) plädiert mit dem Verweis auf die besonders „realistische Darstellung der Todverfallenheit".

28   Vgl. Carne-Ross (1985, S. 154) und Henry (2005, S. 126): „Such a man should remember that he is mortal and not aspire above his station".

In einer komparativen Betrachtung werden hier Differenzen und Gemeinsamkeiten zwischen Menschen und Göttern benannt. Für die Sterblichkeitsthematik ist die Differenzbestimmung in den Versen 2b-4a von besonderem Interesse. Der Unterschied zwischen Menschen und Göttern besteht in der unterschiedlichen Art der Dynamis: „Es trennt nur die ganz verschiedene Kraft" (διείργει δὲ πᾶσα κεκριμένα δύναμις Übers. U. Hölscher). Diese Aussage ist als solche mehrdeutig und gewinnt erst durch den nachfolgenden Satz an Präzision. „Das eine [sc. Geschlecht] ist nichts –", so heißt es dort, „der eherne Himmel aber dauert, ein unerschütterter Sitz, in Ewigkeit"[29] (ὁ δὲ χάλκεος ἀσφαλὲς αἰὲν ἕδος μένει οὐρανός Übers. U. Hölscher).[30] Die Frage, in welcher Hinsicht das menschliche Geschlecht nichts ist, beantwortet Pindar durch die Bestimmung der Götter. Die Beschreibung des Göttlichen als unzerstörbar, unerschütterlich, ewig macht deutlich, dass sich die in den Versen 2–3 ausgesagte Verschiedenheit der Dynamis auf die Dauer und Stabilität bezieht.[31] Im Gegensatz zu den göttlichen Potenzen können die menschlichen Kräfte durch Krankheit und Not geschwächt werden und verfallen im Alter und Tod irreversibel. Das menschliche Sein wird hier unter dem Gesichtspunkt des möglichen und letztlich unvermeidbaren Verfalls betrachtet und von daher als ‚Nichts' bezeichnet. Mit dem ‚Nichts' ist der Mensch gleichsam von seinem Ende her bestimmt. Genau genommen ist die Nichtigkeit des Menschen eine latente, die erst mit dem tatsächlich einsetzenden Kräfteschwund manifest wird.

4 Sterblichkeitsreflexion bei Sophokles. Die Wechselhaftigkeit des menschlichen Daseins

Die Sterblichkeitsthematik durchzieht auch die griechische Tragödie. Dabei werden die Metaphern und Motive der frühgriechischen Dichtung aufgenommen und weiter ausgestaltet. Besonders gut lässt sich dies bei Sophokles beobachten.

---

29 Vgl. Hes. theog. 128 u. Hom. Od. 6, 42–46.

30 Theunissen (2002, S. 229) deutet das ‚Nichts' im Sinn einer „völligen Kraftlosigkeit", die im Gegensatz zur „geballten Kraft" der Götter stehe. Diese Deutung impliziert die Annahme, dass der Intensitätsgrad der Kraft das zentrale Unterscheidungsmerkmal darstellt. Für diese Lesart gibt es jedoch in der Passage keinerlei Anhaltspunkte. Das ‚Nichts' ist ebenso mehrdeutig wie die zuvor thematisierte Dynamis.

31 So auch Boeke (2007, S. 39): „The δύναμις allotted to the gods is of a totally different order to that of man. Their power or vital force is one of immortality, represented here by the image of heaven as a dwelling-place both secure and everlasting". Ähnlich schon Race (1986, S. 99).

Sophokles knüpft erkennbar an Homer an, insbesondere an die Verse aus der Odyssee (11, 207 u. 18, 124–137), und fokussiert im Rahmen der Sterblichkeitsthematik den Aspekt der Unbeständigkeit der menschlichen Kräfte und Güter. Aufschlussreich ist hier vor allem die Prologszene aus dem *Aias*. Die Göttin Athene präsentiert dem ankommenden Odysseus den geistesverwirrten Aias, dem sie aufgrund seiner Hybris Wahnvorstellungen eingegeben hat, und führt dann folgenden Dialog mit ihm:

> ATHENE: Du siehst, Odysseus, der Götter Macht, wie groß sie ist!
> Wer mochte im Vergleich mit diesem Mann
> Vorschauender und tüchtiger erfunden werden,
> Um das zu tun, was an der Zeit war je?
> ODYSSEUS: Ich wüsste keinen. Und er jammert mich,
> Der Unglückliche – ist er auch mein Feind –,
> Wie er zusammengejocht ist mit dem Unheil – Nicht so sehr *sein* Teil wie mein
> eigenes bedenkend.
> Seh ich doch, wie wir alle, die wir leben,
> Nichts anderes sind als Scheinbilder (εἴδωλον) und leichter Schatten (σκιά).[32]
> ATHENE: Darum, dieses vor Augen, rede du
> Gegen die Götter niemals ein vermessenes Wort,
> Noch auch erhebe dich zur Wichtigkeit,
> Sofern du mehr als jemand anders Wucht
> Hast in dem Arm oder in breiten Reichtums Tiefe.
> Der Tag lässt sinken und er führt herauf auch wieder
> Alle die Menschendinge. Den Verständigen aber
> Lieben die Götter und verabscheuen den Schlechten.
> (Soph. Ai. 118–133; Übers. W. Schadewaldt)

Sophokles nimmt in diesem Dialog eine anthropologische Bestimmung vor und bedient sich dabei der homerischen Schatten-Metapher, die hier auf die Lebenden bezogen wird. In den Versen 125f. („Seh ich doch, wie wir alle, die wir leben, nichts anderes sind als Scheinbilder und leichter Schatten" ὁρῶ γὰρ ἡμᾶς οὐδὲν ὄντας ἄλλο πλὴν εἴδωλ᾽ ὅσοιπερ ζῶμεν ἢ κούφην σκιάν) wird auf die Begrenztheit des menschlichen Seins verwiesen. Am Schicksal des Aias gewinnt Odysseus die Einsicht in die Gebrechlichkeit und Unbeständigkeit der menschlichen Existenz. Die unmittelbare Erfahrung, dass der Einzelne seiner physischen und geistig-seelischen

---

32   Nach Lefèvre (2001, S. 68) wird hier Pind. P. 8, 95f. zitiert. So bereits Schol. Soph. Ai. 125f. Dagegen Bieler (1970, S. 193, Fußn. 3): „Die Verse Soph. Aias 125f. […], die der Scholiast nach Pindar gebildet sein lässt, weisen gerade durch ihre Übereinstimmung mit λ 207 gegen Pindar auf die Odyssee als Vorbild hin; absichtlich lässt der Dichter seinen Odysseus ein Wort des Homerischen mit leichter Änderung wiederholen, nur dass es jetzt von den Lebenden gilt, nicht von den Toten".

Qualitäten plötzlich verlustig gehen kann, führt ihn zu der Erkenntnis, dass das menschliche Sein einen höchst fragwürdigen Status besitzt. Zwar ist es kein bloßer Schein – Aias' früherer Verstandeskraft und Tüchtigkeit wird ja keineswegs der Seinscharakter abgesprochen (vgl. Ai. 77, 119–121, 1340). Aber es ist eben auch kein volles Sein im Sinn der Beständigkeit, Dauer, Stabilität und Beharrung. Die Einsicht, die Sophokles Odysseus gewinnen lässt, bewegt sich nicht in der Dichotomie von Nichts und Sein bzw. Schein und Sein, sondern beruht auf einer Differenzierung zwischen verschiedenen Seinsgraden. Der Mensch ist auf einer unteren Seinsstufe angesiedelt, er besitzt ein Sein niederen Grades, das so flüchtig und unbeständig ist wie ein Abbild (εἴδωλον) oder Schatten (σκιά).

In *Aias* 131f. greift Sophokles im Rahmen der Gestaltung einer göttlichen Paränese (Ai. 127–133) die Tag-Metapher aus der *Odyssee* (18, 137) auf: „Der Tag lässt sinken und er führt herauf auch wieder alle die Menschendinge" (ὡς ἡμέρα κλίνει τε κἀνάγει πάλιν ἅπαντα τἀνθρώπεια Übers. W. Schadewaldt). Ähnlich wie bei Homer ist mit dem ‚Tag' die Wechselhaftigkeit des sterblichen Daseins angesprochen. Die Verwendung dieser Metapher hat im Prolog die Funktion, die menschliche Einsicht durch den göttlichen Logos zu spiegeln und Schlussfolgerungen für das praktische Handeln zu ziehen. Weil das menschliche Sein unbeständig und vergänglich ist, verbieten sich jegliche Anmaßung und Hybris gegenüber Göttern (128) und Menschen (129).[33]

Die Unbeständigkeit als Merkmal des sterblichen Daseins wird auch in den späteren sophokleischen Tragödien wiederholt thematisiert. Besonders eindrucksvoll in den *Trachinierinnen*. Die Gestaltung dieses Aspekts verknüpft Sophokles hier mit dem Kyklos-Motiv:

[…] Kein Los ohne Leid
beschied des Alls Walter und Herr
Kronion für uns sterblich Geschlecht.
Sondern es kreisen Leid und Lust
über uns allen wie die Kreis-
läufe des Großen Bären.

Für Menschen hat weder Tag noch
Nacht Bestand, auch Unheil nicht
und nicht der Wohlstand; sondern schnell
entweicht und kommt den andren zu
das Freuen wie das Darben."
(Soph. Trach. 126–135; Übers. W. Willige)

---

33 Vgl. Thgn. 159f.: „Man soll, Kyrnos, nicht das große Wort führen, denn niemand weiß, was eine Nacht und ein Tag einem Mann bringen" (Übers. D. U. Hansen).

Die Vorstellung eines übergeordneten Kreislauf-Prinzips[34] basiert auf der All-
tagserfahrung, dass Glück und Unglück im Leben des Einzelnen zirkulieren.[35]
Sophokles bedient sich dabei der Analogie zu den Gestirnen, deren Bewegung als
Umlauf um die Erde gedacht wird. So wie die Himmelskörper kreisen Glück und
Unglück über allen Menschen und bringen ihnen im Wechsel positive und negative Ereignisse. Sterbliches Dasein, so die Kernaussage an dieser Stelle, bedeutet
Teilhabe an Leiderfahrungen: „Kein Los ohne Leid". Das Leid ist in einer von
Vergänglichkeit geprägten Welt die Kehrseite des Glücks. Ein Glückszustand,
der stabil ist und nicht ins Gegenteil umschlägt, kann nur in einer Sphäre des un-
wandelbaren, unzerstörbaren Seins Realität gewinnen. Glück ohne Leid kommt
ausschließlich den Unsterblichen zu.

Auch hier ist zu beobachten, dass zwischen Göttern und Menschen nur gradu-
elle Unterschiede angenommen werden. Das irdische Dasein bezeichnet nicht den
negativen Gegenpol zum Olymp. Sophokles trifft keineswegs die Aussage, dass
das menschliche Dasein ausschließlich und wesentlich Leiden ist. Er will mittels
des Kyklos-Modells lediglich darauf hinweisen, dass das menschliche Glück stets
gefährdet und unvollkommen ist.

Im Alterswerk des Sophokles, *Ödipus auf Kolonos*, wird nochmals der Sterb-
lichkeits-Gedanke aufgenommen, der jetzt jedoch deutlich resignative Züge auf-
weist.[36] Ödipus spricht folgende Worte zu Theseus:

> [...] nur den Göttern ist
> Des Alters Bürde fremd und auch der Tod;
> Das andre unterliegt der Macht der Zeit (χρόνος).
> Die Kraft der Erde, Kraft des Leibs vergeht,
> Untreue wächst, wo treuer Glaube stirbt,
> Und nie weht ungetrübter Freundesgeist
> Vom Mann zum Manne, von der Stadt zur Stadt;
> [...] Und wenn aus diesem Theben heut der Glanz

---

34 Vgl. auch das Motiv des Kreislauf des Lebens bei Sophokles Fr. 871 (Radt): „Doch
    immer dreht sich auf des Gottes raschem Rad / mein Schicksal weiter und verändert
    seine Art, / so wie des Mondes Antlitz nie zwei Nächte lang / in einer und derselben
    Form verharren kann: / ja, aus dem Unsichtbaren kommt er anfangs jung, / verschö-
    nert sein Gesicht und rundet's mehr und mehr, / und jedesmal, wenn es am stattlich-
    sten erscheint, / vergeht es wiederum und kehrt zurück ins Nichts (πάλιν διαρρεῖ κἀπὶ
    μηδὲν ἔρχεται)" (Übers. W. Willige).

35 Das Kyklos-Motiv findet sich in besonders ausgeprägter Form auch bei Herodot. Die
    Vorstellung, dass dem allzu großen Glück das Unglück nachfolgt, war in der volks-
    tümlichen Anschauung stark verbreitet. Vgl. dazu Nilsson (GGR I, 734–740).

36 Vgl. auch Soph. Oid. K. 1211–1238.

Des Friedens strahlt, so führt die lange Zeit
Noch manchen Tag und manche Nacht herauf,
Die treuen Handschlag, um ein kleines Wort,
Verwandeln kann in rauhen Schwertertanz.
(Oid. K. 607- 620; Übers. E. Buschor)

Hier ist nicht mehr von einem Sinken und Aufsteigen der Menschendinge, von einem ,Auf' und ,Ab' der Geschicke die Rede, sondern von der irreversiblen Vergänglichkeit alles irdischen Seins. Das zyklische Modell eines stetigen Wechsels von prosperierenden und absteigenden Phasen wird durch ein Verfallskonzept abgelöst. Statt der τύχη oder dem Kreislauf der Ereignisse wird jetzt die Macht der Zeit (χρόνος)[37] geltend gemacht, der alles Irdische letztlich unterliegt. Die Überzeitlichkeit bleibt allein der göttlichen Sphäre vorbehalten: „nur den Göttern ist des Alters Bürde fremd und auch der Tod" (Oid. K. 608).

5   Fazit

In der frühgriechischen Dichtung wird die Sterblichkeit im Rahmen einer Theoanthropologie thematisiert, die das menschliche Dasein in Relation zur göttlichen Sphäre bestimmt. Der Tod markiert die Trennungslinie zwischen menschlicher und göttlicher Sphäre. Der βροτός, θνητός, der Sterbliche steht dem göttlichen ἀθάνατος, dem Unsterblichen gegenüber. Wie anhand der Texte von Pindar und Homer aufgezeigt werden konnte, umfasst die Bestimmung der Sterblichkeit als spezifisches Merkmal der menschlichen Natur verschiedene Aspekte.

Das Merkmal der Sterblichkeit bezeichnet in der frühgriechischen Dichtung zum einen die *zeitliche Begrenztheit des menschlichen Daseins*. Der Akzent liegt dabei nicht auf der Endlichkeit des Lebens als solchem, sondern auf der zeitlichen Beschränktheit der an verschiedenen Kräften und Gütern partizipierenden Existenz. Das ,Sterbenmüssen' meint in diesem Kontext den unvermeidbaren Verlust der identitätsstiftenden und sinngebenden Besitztümer und Qualitäten.

Mit dem Kennzeichen der Sterblichkeit ist zweitens die *Unbeständigkeit der menschlichen Fähigkeiten und Güter* gemeint, die in den Zeugnissen häufig mit dem Gedanken der Zirkulation von Glück und Unglück verknüpft wird. Der Aspekt der Instabilität bezeichnet im Unterschied zu dem mit dem Tod verbundenen endgültigen, irreversiblen Verfall primär den Wechsel, das Prosperieren und Ab-

---

37   Vgl. Soph. Ai. 646f.

nehmen der Leistungsstärke und Güter innerhalb des individuellen Lebens sowie der Generationenabfolge.

Das Merkmal der Sterblichkeit meint drittens den *begrenzten Umfang der physisch-geistigen Kräfte und äußeren Besitztümer*. Die Sterblichen vermögen zwar, so die insbesondere bei Pindar artikulierte Auffassung, aufgrund des gemeinsamen Ursprungs und der darin begründeten ähnlichen Qualitäten den Göttern nahe zu kommen.[38] Die erreichbare Gottesnähe wird jedoch nicht im Sinn eines Überstiegs zum göttlichen Sein gedacht, sondern als äußerste Grenze vorgestellt, die zu überschreiten dem Menschen nicht möglich ist. Der Sterbliche kann niemals „den ehernen Himmel ersteigen" (Pind. P. 10, 27).[39] Die Götter bleiben trotz aller menschlichen Leistungsbereitschaft, Kraftanstrengung und hervorragenden Anlagen stets die überlegenen Mächte, die die Sterblichen hinsichtlich der Kräfte und Güterfülle um ein Vielfaches übertreffen.

Wie im Beitrag angedeutet werden konnte, besitzt die Vergänglichkeitsreflexion in der von apollinischen Motiven geprägten frühgriechischen Dichtung eine praktische Relevanz. Die Erinnerung an die Erdgebundenheit und die darin implizierten Grenzen des menschlichen Daseins sollte vor Hybris bewahren und megalomane Tendenzen korrigieren. Durch die praktische Funktion gewinnt die Sterblichkeitsreflexion eine lebensbejahende Ausrichtung. Die Thematisierung der Vergänglichkeit ist bei Homer und Pindar nicht Ausdruck einer pessimistischen Wirklichkeitssicht, sondern steht im Dienst eines gelingenden Lebens und eines menschenmöglichen Glücks.

Die Idee einer unsterblichen Seele ist in der frühgriechischen Dichtung noch kaum präsent. Erste Spuren solch eines Konzeptes finden sich bei Pindar. Das εἴδωλον erfährt hier gegenüber der homerischen Auffassung eine deutliche Aufwertung, indem es auf einen göttlichen Ursprung zurückgeführt und als das unvergängliche Selbst des Menschen bestimmt wird. Pindar bleibt jedoch zuletzt der homerischen Vorstellung von kraftlosen Schattenbildern verpflichtet, die bezüglich der Seinsintensität hinter dem physischen Dasein des Menschen zurückfallen.

---

38 Vgl. Pind. O. 3, 43f.; P. 10, 27–29; I. 4, 12.
39 Vgl. auch Pind. I. 7, 43f.

Literatur

Bieler, Ludwig. 1970. ΣΚΙΑΣ ΟΝΑΡ ΑΝΘΡΩΠΟΣ [1933]. In *Pindaros und Bakchylide*, Hrsg. William Musgrave Calder, J. Stern, 191–193. Darmstadt: WBG.

Boeke, Hanna. 2007. *The Value of Victory in Pindar's Odes. Gnomai, Cosmology and the Role of the Poet*. Leiden: Brill.

Bowra, Cecil Maurice. 1964. *Pindar*. Oxford: Clarendon Press.

Bremer, Dieter. Hrsg. 1992. *Pindar. Siegeslieder*. gr-dt. München: Artemis & Winkler.

Bremmer, Jan. 1983. *The Early Greek Concept of the Soul*. Princeton: Princeton Univ. Press.

Bremmer, Jan. 2002. *The Rise and Fall of the Afterlife*. London/New York: Routledge.

Bremmer, Jan. 2010. The Rise of the Unitary Soul and Its Opposition to the Body. From Homer to Socrates. In *Philosophische Anthropologie in der Antike*, Hrsg. Ludger Jansen, Christoph Jedan, 11–29. Frankfurt u.a.: Ontos.

Burkert, Walter. 1977. Griechische Religion der archaischen und klassischen Epoche. Buchreihe *Die Religionen der Menschheit. Bd. 15*. Stuttgart: Kohlhammer.

Burton, Reginald William Boteler. 1962. *Pindar's Pythian Odes. Essays in Interpretation*. Oxford: Oxford Univ. Press.

Carne-Ross, Donald. 1985. *Pindar*. New Haven/London: Yale Univ. Press.

Claus, David B.. 1981. *Toward the Soul. An Inquiry into the Meaning of ψυχή before Plato*. New Haven/London: Yale Univ. Press.

Fränkel, Hermann. ²1960 (¹1955). *ΕΦΗΜΕΡΟΣ als Kennwort für die menschliche Natur* (Vortrag 1946). In *Wege und Formen frühgriechischen Denkens*, Hrsg. Hermann Fränkel, 23–39. München: Beck.

Fränkel, Hermann. ³1969 (¹1951). *Dichtung und Philosophie des frühen Griechentums*. München: Beck.

Fröhlich, Bettina. 2017. *Selbsterkenntnis und Lebenspraxis. Zur apollinischen und platonischen Ethik*. Göttingen: Vandenhoeck & Ruprecht.

Giebel, Marion. 1990. *Das Geheimnis der Mysterien*. Zürich und München: Artemis Verl.

Henry, W. Benjamin. 2005. *Pindar's Nemeans. A Selection. Edition and Commentary*. München/Leipzig: Saur.

Janke, Wolfgang. 2005. *Archaischer Gesang. Pindar – Hölderlin – Rilke. Werke und Wahrheit*. Würzburg: Königshausen & Neumann.

Jüthner, Julius. 1936. Zu Pindar Pyth. 8, 96. *Wiener Studien*. 54: 142–143.

Lefèvre, Eckhard. 2001. *Die Unfähigkeit, sich zu erkennen: Sophokles' Tragödien*. Leiden: Brill.

Lefkowitz, M. R. 1979. Pindar's Nemean XI. *The Journal of Hellenic Studies*. 99: 49–56.

Lloyd-Jones, Hugh. 1990. Pindar and the Afterlife. In *Greek Epic, Lyric, and Tragedy*, Hrsg. Hugh Lloyd-Jones, 80–109. Oxford: Clarendon Press.

Nilsson, Martin Persson. ³1967 (¹1941). *Geschichte der griechischen Religion. Bd. I*. München: Beck.

Norwood, Gilbert. ³1974 (¹1945). *Pindar*. Berkeley: Univ. of California Press.

Pfejffer, Ilja Leonard. 1999. *Three Aeginetan Odes of Pindar. A Commentary on NEMEAN V, NEMEAN III, & PYTHIAN VIII*. Leiden: Brill.

Race, William H. 1986. *Pindar*. Boston: Twayne Publishers.

Rohde, Erwin. Psyche. 1903. *Seelencult und Unsterblichkeitsglaube der Griechen*. 2 Bde. Tübingen/Leipzig ³1903 (¹1893).

Sullivan, S. D. 1991. The Wider Meaning of Psyche in Pindar and Bacchylides. *Studi Italiani di Filologia Classica. NS 9*: 163–183.

Theunissen, Michael. [2]2002 ([1]2000). *Pindar. Menschenlos und Wende der Zeit.* München: Beck.

Verdenius, Willem Jacob. 1988. *Commentaries on Pindar.* Vol. II. Leiden: Brill.

Vernant, Jean-Pierre. 1991. *Mortals and Immortals.* Hrsg. v. Froma. I. Zeitlin. Princeton: Princeton Univ. Press.

Willcock, Malcolm. 1995. *Pindar. Victory Odes: Olympians 2,7,11; Nemean 4; Isthmians 3,4,7.* Cambridge: Cambridge Univ. Press.

Teil III
Naturphilosophie

Parmenides' dramatische Ontologie in sieben Akten

Wolf Dieter Enkelmann

> *Das Leben raubt einem mehr als der Tod.*
> *(Johannes Brahms)*

1 Ein eiskalter Denker?

„[…] niemand vergreift sich ungestraft an so furchtbaren Abstraktionen, wie das ‚Seiende' und das ‚Nichtseiende' sind; das Blut erstarrt allmählich, wenn man sie berührt" (Nietzsche 1980, S. 839).

Parmenides ist es, von dem hier die Rede ist und der vor dieser Abstraktion dennoch nicht zurückschreckte, der aber, ist Nietzsche überzeugt, dafür auch einen hohen Preis bezahlte. Er wurde darüber zwar zu einem

„Propheten der Wahrheit, aber gleichsam aus Eis und nicht [wie Heraklit, d. Verf.] aus Feuer geformt, ein kaltes, stechendes Licht um sich ausgießend" (Nietzsche 1980, S. 836).
„Parmenides hat, wahrscheinlich erst in seinem höheren Alter, einmal einen Moment der allerreinsten, durch jede Wirklichkeit ungetrübten und völlig blutlosen Abstraktion gehabt"

und sich eine

„durch logische Starrheit ganz petrificierte[n] und fast in eine Denkmaschine verwandelte[n] Natur" (Nietzsche 1980, S. 836)

eingehandelt. Verheerend, kann man nur sagen. Wenn Nietzsche Recht hat, dann ist derart abstrahierendes Denken, wie er es hier bei Parmenides vorzufinden meint, ein wahrhaft gefährliches Spiel. Es kostet das Leben, es vereist, es ver-

© Springer Fachmedien Wiesbaden GmbH, ein Teil von Springer Nature 2019
V. Bachmann und R. Heimann (Hrsg.), *Grenzen des Menschseins*,
https://doi.org/10.1007/978-3-658-27166-4_5

steinert. Es kostet die Menschlichkeit. Man oder gar die Welt wird zur Maschi-
ne. Was aber müsste man da allerdings erst über die Theoretiker, die Wissen-
schaftler moderner Prägung sagen, die sich zwar selten mit dem Sein an sich
befassen, denen aber, dass Denken Abstraktion ist und gar nichts anderes sein
kann, eine selbstverständliche Grundvoraussetzung ihres Berufsstandes ist?
Aber, wie dem auch sei, – Nietzsche ist auf einer interessanten Spur, indem er
Seinsdenken anthropologisch rückkoppelt. Hinsichtlich Nietzsche kann das kaum
verwundern. Die Frage, was Denken aus Menschen macht, zieht sich im Grunde
durch seine gesamte Philosophie. Für die Parmenides-Rezeption ist ein solcher
Ansatz aber nicht eben kanonisch. Dennoch, ist es wahr? Parmenides kalt wie
Eis? Schauen wir mal.

2   Parmenides, ein Ontologe?

„Daß Ist ist und daß Nichtsein nicht ist, das ist die Bahn der Überzeugung (denn
diese folgt der Wahrheit), der andere aber, daß Nicht-Ist ist und daß Nichtsein erforderlich ist, dieser Pfad ist, so künde ich dir, gänzlich unerkundbar, denn weder
erkennen könntest du das Nichtseiende (das ist ja unausführbar) noch aussprechen
(DK 28 B 2. 3ff.), denn",

so fährt Dike, der Parmenides nach seiner eigenen Auskunft diese Klärungen
verdankt, fort, „dasselbe ist Denken und Sein" (DK 28 B 3).
    Mit diesem Gedanken scheint das, was man später Ontologie nennen wird und
etwa in Hegels „Lehre vom Sein" (Wissenschaft der Logik I, S. 65–457) einen
besonderen Höhepunkt fand, seinen ersten Anfang genommen zu haben. Doch,
wie es aussieht, widerspricht Hegel in seiner Weise, dem Sein auf den Grund zu
gehen, Parmenides dann doch entschieden:

„Das Sein, das unbestimmte Unmittelbare ist [...] Nichts und nicht mehr noch weniger als Nichts" (W.d.L. I: A. Sein: S. 82f.). „Das reine Sein und das reine Nichts
ist dasselbe. [...] Ihre Wahrheit ist [...] diese Bewegung des unmittelbaren Ver-
schwindens des einen in dem anderen: das Werden; eine Bewegung, worin beide
unterschieden sind, aber durch einen Unterschied, der sich ebenso aufgelöst hat"
(W.d.L. I: C. Werden, S. 83).

Mit Hegels Gleichung des Sein ins Nichts hätte die akademische Ontologie ihrem
Begründer dann doch übel mitgespielt und ihn zumindest aus jenem Sein ver-

bannt, dass ihm doch gerade versprochen war für den Fall, dass er die von Dike dargebotene Lehre annimmt. Und nichts spricht dafür, dass er das verweigert haben könnte. In diesem Fall hätte er wenig Anlass gehabt, Dikes werbenden Ton so unkritisch wiederzugeben, wie sie durch ihn überliefert ist.

Aber hat Parmenides tatsächlich die Ontologie begründet, wie sie später im akademischen Wissenschaftsbetrieb kanonisch wurde und sie entsprechend etwa auch Christoph Rapp (2007, S. 91–133) in einem der jüngeren Versuche, der vorsokratischen Denkexperimente Herr zu werden, aus der Überlieferung der parmenideischen Lehre zu rekonstruieren versucht? Parmenides' Darstellungsstil, auf den im Folgenden noch näher einzugehen sein wird, spricht nicht eben für ein rein akademisches Erkenntnisinteresse. Allzu nachdrücklich streicht er die existenzielle Relevanz seines Themas heraus. Es geht tatsächlich um Sein oder Nichtsein, ganz real, nicht nur als Gegenstand theorie-interner Reflexionen. Parmenides hat sich, so die Legende, verschiedentlich als Gesetzgeber beliebt gemacht (vgl. Laertius 1967, S. 171; Rapp 2007, S. 92). Auch das unterstreicht die reale praktische Relevanz seines Denkens. Rapp allerdings ist „ein Zusammenhang zwischen seiner politischen Aktivität und seiner philosophischen Lehre [...] nicht ersichtlich" (2007, S. 92). Nun beruft sich Parmenides aber ausdrücklich gerade auf Dike, die Göttin der Gerechtigkeit, als Zeugin des Wahren. So wird man sich seriöserweise wohl doch fragen müssen, ob ihn nicht gerade deren Thesen über Sein und Nichtsein zum Gesetzgeber befähigten, sowie auch, was Gesetzgebung unter diesen Voraussetzungen heißen könnte, und, welche Rückschlüsse diese juridische Befähigung wiederum umgekehrt für die Deutung der Seinslehre zulässt oder gar erforderlich macht. Jedenfalls nähren seine Erfolge in der Welt der Praxis doch Zweifel daran, dass Parmenides tatsächlich nur eine Ontologie theoretisch-akademischer Art vorschwebte.

Dike drängt Parmenides zu einer Entscheidung für das Sein und gegen das Nichtsein. Da ist, von dieser Entscheidung zu abstrahieren und einen externen und neutralen Reflexionsstandpunkt gegenüber dem Sein und dem Nichtsein einzunehmen, um von dort aus über Zusammenhang oder wechselseitigen Ausschluss beider nachzudenken, letztlich keine Option. Vom Sein des Seins und dem Nichtsein des Nichtseienden hängt nach Parmenides auch das Sein des Denkens, wie er es versteht oder Dike ihn lehren will, selbst ab, insbesondere natürlich das Denken des Seins und last but not least sogar auch das Sein des Seins, „denn dasselbe ist Denken und Sein" (DK 28 B 3). Das ist nun in der Tat eine Provokation des wissenschaftlichen Sachverstands. Was heißt dann Denken und was Sein? Nach Rapp lässt sich das Problem relativ einfach lösen. Er rät, sich davon, dass „Sein selbst nichts anderes als Denken" sei, nicht zu „idealistischen Fehldeutungen" (Rapp 2007, S. 111) verleiten zu lassen. Denn da verweist Parmenides' Identität von Sein und Denken schlicht auf eine Selbstverständlichkeit des rationalen Diskurses, nämlich,

„dass das Denken einer Sache die von unserem Denken und Sagen unabhängige Wirklichkeit des Gedachten impliziert [...], weil ausschließlich Seiendes gedacht werden kann" (Rapp 2007, S. 112).

Wie er die Sache sieht, versucht Parmenides die Menschheit über *„die Abhängigkeit des Denkens vom Seienden"* aufzuklären und, „dass das Denken immer Seiendes oder Wirklichen ‚zum Gegenstand' haben müsse" (Rapp 2007, S. 115). Damit wird das Denken als rezeptive *adaequatio intellectus ad rem*, dem, was ist, nachgeordnet und in dieser Form festgeschrieben. Das Denken darauf zu verpflichten, einen *Gegenstand* haben zu müssen, das ist eine wegweisende Weichenstellung. Es legt das Denken einerseits auf Abstraktion von der Wirklichkeit fest und andererseits das Sein als Seiendes auf Gegenständlichkeit. Das klingt mir doch eher nach einer Apologie der ganz normalen wissenschaftlichen Rationalität von heute als nach einer Erschließung des parmenideischen Ansinnens. Ich fürchte, so kommen wir nicht weiter. Denn es gibt noch Weiteres, was gewissermaßen entsorgt werden muss, um diesen Deutungsansatz rechtfertigen zu können.

Parmenides selbst sieht sich zu einem tiefgreifenden Umdenken herausgefordert, um überhaupt die Befähigung, Sein zu denken, zu erlangen. Zugestanden wird ihm von Dike allein, dass er dazu besonders prädestiniert sei:

„Keinerlei schlechte Fügung (moira) entsandte dich, diesen Weg zu kommen (denn fürwahr außerhalb von der Menschen Pfade ist er), sondern Recht und Gesetz." (DK 28 B 1. 25ff.).

„Der wohlgerundeten Wahrheit unerschütterliches Herz" „erfahren" (DK 28 B 1. 29) zu können, wie es ihm nun versprochen ist, scheint – ob man es nun glaubt oder für rational hält oder nicht –, solange man im rein Menschenmöglichen verharrt, nicht möglich zu sein, sondern erst durch eine Transgression, die das Göttliche, personifiziert in Dike, – zumindest quasi – leibhaftig gegenwärtig werden lässt. Auch diese für Parmenides offenbar so wesentliche Differenz zwischen dem Menschlichen und dem Göttlichen spielt für Rapps Rekonstruktion der parmenideischen Ontologie keine Rolle. Mutmaßlich ist sie für sein säkulares Wissenschaftsverständnis rational nicht hinreichend greifbar. Parmenides' Schilderung des ausgesprochen rauschhaften, ekstatischen Weges, der ihn zu seiner Göttin geführt hat, im Proömium, das der sog. eigentlichen Lehre vorangeht, ist nach Rapp, wohl wegen des *mythischen* Charakters dieser Transgression aus dem Irdischen ins Überirdische, für die vermeintlich eigentliche Philosophie und ihren *Logos* ohne Belang. Für ihn dient, dass „die Lehre als göttliche Offenbarung inszeniert wird", dem Zweck, den „Wahrheitsanspruch" seiner Lehre systematisch zu überhöhen und epistemisch prägnant vom „Bereich des Scheins" bloßen Meinens zu unterscheiden (Rapp 2007, S. 93; anders z.B. Schadewaldt 1978, S. 312–320). Für Parmenides selbst ist das indes erkennbar keine schlichte Überlegenheitsinszenierung. Diese menschlich-göttliche Differenzierung hat für ihn vielmehr substanzielle Bedeutung. Er spitzt sie sogar noch zu in einen Hiatus zwischen Sterblichkeit und Unsterblichkeit: Wie

> „nichtwissende Sterbliche einherschwanken[d], Doppelköpfe [...] treiben [die Menschen] dahin stumm zugleich und blind, die Verblödeten, unentschiedene Haufen, denen das Sein und Nichtsein für dasselbe gilt und nicht für dasselbe und für die es bei allem eine gegenstrebige Bahn gibt" (DK 28 B 6. 4 ff.).

Spätestens damit ist die Ontologie zugleich auch Anthropologie. Doch was ist von dieser Diagnose über die Menschheit, soweit Parmenides sie kannte und erlebt hatte, zu halten? Würden die Sterblichen sich darin wiedererkennen, würden sie diese Diagnose teilen, wenn sie ihrer gewärtig würden? Was evoziert das verwerfliche Nichtsein? Wovon ist beim ‚Sein' die Rede? Und: „Unaussprechbar und undenkbar ist, dass NICHT IST ist" (DK 28 B 8. 8f.) – was heißt hier Denken und was ist Undenkbarkeit? Welche Bedeutung und Relevanz misst Parmenides der Sprache bei? Und was ist nun eigentlich das Problem, das Dikes Anempfehlungen, jenseits allein rein theoretisch relevanter Überlegungen, so dringlich macht?

Gibt es Sein wirklich, wie Rapp meint, ohne Denken und umgekehrt Denken nur mit Sein? Ist Sein als solches überhaupt wie jede x-beliebige, womöglich schon sinnlich fassbare Wirklichkeit zu erkennen und zu denken? Kann das Denken des Seins überhaupt der Totalität des Seins äußerlich gegenübergesellt und so gedacht werden? Vielleicht hat der Idealist Hegel doch recht, wenn er in *reinem* Sein, solange und insofern es „ohne alle weiteren Bestimmung" ist, „in seiner unbestimmten Unmittelbarkeit" „die reine Unbestimmtheit und Leere" und eben nichts anderes als „leere[s] Denken" (W.d.L. I: A. Sein, S. 82; vgl. auch Heidegger 1954) sieht. – „Ist ist" (DK 28 B 2. 3ff.), heißt es bei Parmenides. Worauf will er mit dieser subjekt- und prädikats-, also definitiv gegenstandslosen Verbform des Seins hinaus? Wenn wir entsprechend auch die Dasselbigkeit von Denken und Sein einmal in „dasselbe ist, zu denken, und, zu sein", verbalisieren, dann wird spürbar, wie dramatisch der parmenideische Problemaufriss eigentlich ist und wie existenziell es darauf anthropologisch ankommt, sich über derartig ontologische Fragen nicht im Irrtum zu befinden.

3 Der ekstatische Logos der Wahrheitsfindung zwischen Leib, Seele, Tag und Nacht

Doch, bevor wir diesen Fragen weiter nachgehen, folgen wir zunächst einmal dem Weg, der Parmenides seiner eigenen Auskunft nach in die Sphäre transhumaner und metaphysischer Erkenntnis geführt hat, um die Methode zu erschließen, die diese Überschreitung gangbar macht, sowie, wer oder was das Tor zu der göttlich-rechtlichen Wahrheit, derer er teilhaftig wird, aufstößt.

„Die Rosse, die mich dahintragen, zogen mich fürder, soweit nur die Lust mich ankam, als mich auf den Weg, den vielberühmten, die Dämonen (die Göttinnen) führend gebracht, der über alle Wohnstätten hin trägt den wissenden Mann. Auf dem wurde ich dahingetragen; auf dem nämlich trugen mich die vielverständigen Rosse, den Wagen ziehend und die Mädchen wiesen den Weg" (DK 28 B 1. 1–5).

Ein Rausch, von Anfang an, ein delirisch-ekstatischer Exzess. So beginnt das Proömium und damit das parmenideische Philosophieren. Kein Wort darüber, wie es dazu überhaupt kam. Diese Phantasmagorie als solche scheint einer Begründung oder einer Herleitung aus der ‚Normalität' nicht zu bedürfen. Wie Träume, die den Träumer auch immer plötzlich beschäftigen, ihre ganze Erzählung, meist ein Drama, in ein zeitloses Sich-Ereignen zusammenschmelzen und nie über ihren Anlass und Ausgangspunkt aufklären. Parmenides träumt, vielleicht, und findet sich im Traum als Akteur in einer bzw. *der* mythischen Welt-Sprache seiner Kultur. Was nun geschieht, eine Art Himmelfahrt ins Übersinnliche, stellt sich dabei betont körperlich-sinnlich, gar nicht intellektuell-spirituell, und darin sehr konkret dar, exemplarisch etwa auch in dem, wie es nun direkt weitergeht:

„Die Achse in den Naben entsandte der Pfeife Ton, sich glühend erhitzend (denn von doppelt gewirbelten Kreisen wurde sie beiderseits getrieben)" (DK 28 B 1. 5ff.).

Glühende Hitze, wirbelnde Kreise, ein Sturmlauf ohne Bodenhaftung, ohne festen oder einen anderen Grund als diesen Wirbel selbst plus Pferdestärke und in der Spur gehalten von den dämonischen Göttinnen und der Erfahrung, dem animalischen Wissen der „vielverständigen" Pferde. Das ganze Gespann droht auseinanderzufliegen. Pfeifend, glühend, wirbelnd – das Material ist durch die Reibung zwischen dem rotierend beweglichen und dem unbeweglich starren Teil der Bewegung an seiner Belastungsgrenze. Für den „wissenden Mann" kann das nur über die Maßen beunruhigend sein, Schrecken einflößend auf der einen Seite, vielleicht aber zugleich auch hinreißend, wie die ganze vorwärts drängende Bewegung, in begeisterter Leidenschaft überwältigt vom Exzess der tobenden Elemente. Und das Wissen dieses Mannes, über das ja näher keine weitere Auskunft gegeben wird, besteht dann wesentlich wohl allein darin, eben zu wissen, dass es recht so ist, wenn Bodenständigkeit sowie Selbstbehauptungsreflex und Überlebenswille mit dieser Entwurzelung dermaßen elementar dispensiert werden. Das Vertrauen in die Zuverlässigkeit der dämonischen Pferde, des dämonischen Wagens, der dämonischen Begleiterinnen und des dämonischen Weges wird allerdings gestützt durch die Erinnerung daran, dass dies immerhin ein „vielberühmter Weg" ist und diese surreale oder ‚metaphysische' Himmelfahrt ihn nicht prinzipiell überraschen musste.

Denn die olympische Mythologie kennt in vielfältiger Weise irdisch-überirdische Verkehrswege. Und Parmenides ist nicht der einzige, der dieses Phänomen in die Philosophie über- und hineinnimmt. Man denke etwa an Platons Höhlengleichnis in der Politeia (Platon Pol. VII: 514a-517a) oder das Bild der Seelenwanderung im Phaidros, das sich des gleichen Bildes eines von Pferden gezogenen Wagens bedient (Platon Phaidr.: 235c-256e). Das Proömium des Parmenides evoziert natürlich besonders den Mythos um Bellerophon und Pegasos, sein geflügeltes Pferd, das hier allerdings vom einem Reit- zu einem Zugpferd einer, wenn man sich den beschriebenen Wagen plastisch vorstellt, doch erheblichen Last wird, einer Belastung (Gravitation), die sich in der *virtuell reality* dieses dematerialisierenden Exzesses nun aber einer fulminanten Erleichterung (Leviation) unterzogen sieht. Vor allem aber wird der Mythos des Helios heraufbeschworen, der mit seinem Sonnenwagen durch den Himmel stürmt und damit das Urbild abgibt für alle Arten des Lichtes und aller Erleuchtung oder Aufklärung wie eben auch jener, um die es im Folgenden dann ausdrücklich geht.

Bevor wir Parmenides auf seinem Wege weiter folgen – halten wir noch einen Augenblick inne. Was nämlich bedeuten die Verdoppelungen, die es in der Darstellung gibt? Erst „die Rosse, die mich dahintragen", und dann: „Auf dem [dem Weg, d. Verf.] wurde ich dahingetragen; auf dem nämlich trugen mich die vielverständigen Rosse". Mir scheint, die räumlich vorwärts drängende Bewegung bekommt damit noch eine andere, eine intensivierende, vergegenwärtigende Dynamik. In dieser Bewegung, die immer mehr hinein in die Gegenwärtigkeit des Geschehens führt, spiegelt sich die aktive Beteiligung dessen wieder, der diese berauschende Erfahrung macht und von ihr berichtet. Er versucht, sich dieser leidenschaftlich entfesselten, schrecklich schönen Reise, nachdem er sie nun mal zugelassen hat, auch nach Kräften hinzugeben. Ihrer Dynamik standzuhalten, d.h. sich hinreißen zu lassen, statt dagegenzuhalten, und sich ihr anzuvertrauen, das ist, so scheint es bis hierher, sein Beitrag zum Gelingen des sinnlich-geistigen Exzesses.

Wohin trägt es Parmenides nun? Nehmen wir den Faden wieder auf:

„Die Achse in den Naben entsandte der Pfeife Ton, sich glühend erhitzend (denn
von doppelt gewirbelten Kreisen wurde sie beiderseits getrieben)",

und daran schließt sich nun, den Satz vollendend, an:

„so oft sich zum Geleit beeilten die Heliadenmädchen, die das Haus der Nacht vorher verließen, lichtwärts, wobei sie vom Haupte mit den Händen die Hüllen zurück-
stießen. – Dort (am Hause der Nacht) ist das Tor der Bahnen von Tag und Nacht"
(DK 28 B 1. 6–13) usw.

Was man bereits erahnte, erfüllt sich nun in den ‚Heliadenmädchen'. Helios, wie
erwartet, definiert Arrangement und Thema: Die Scheidung von Tag und Nacht,
von Licht und Dunkel, von Schlafen und Wachen, von Ver- und Enthüllung. Wie
stellt sich das nun aber genauer dar? Aus dem Hause der Nacht geht es lichtwärts, aus der Nacht, in die Parmenides zuvor wohl schlafend eingetreten ist. Aus
dem Einschlafen folgt dann aber ein Erwachen eigener Art. Es weckt nicht der
von Natur aus auf die Nacht folgende Tag. Allein um den zirkulären natürlichen
Wechsel von Tag und Nacht geht es nicht. Das wäre eh auch kaum zureichend,
man kann seine Tage auch wie im Schlafe, bewusstlos verbringen. Man muss dem
Tage schon, was des Tages ist, auch von sich aus entgegenbringen. Und sollte das
nicht entsprechend auch für die Nacht gelten? Die Neuzeit ist spätestens seit der
Aufklärung eindeutig auf Erhellung und Bewusstsein ausgerichtet, bis wir heute
beim Rationalitätstypus eines auf Dauer gestellten Tagesbewusstseins gelandet
sind. Doch die Romantik, prononciert z.B. Novalis (vgl. dazu Enkelmann 2017b,
S. 185–194), hatte zwischendurch schon mal darauf hingewiesen, dass *Aufklärung*
und *Bewusstsein* dann doch nur um einen guten Sinn für Umnachtung zu haben
und nur aus dem Dunklen zu gewinnen ist.[1]
    Ähnlich finden wir das bei Parmenides. Erst wird der Tag mit seiner Form der
Realitätsvergewisserung verlassen. Er verdunkelt sich, bleibt hinter dem Eintritt
in die Nacht zurück, löscht sich aus und dann erwacht die Nacht, wird licht in
ihrer ganz eigenen Art. Und das ist nicht das normale Tageslicht. Zur Darstellung
kommt eher eine sehr spezielle Erhellung der Nacht selber in Form einer Art
Enthüllung des Lichtes: Die Heliaden-, die Licht- und Sonnenmädchen stoßen
vom Haupte mit den Händen die Hüllen zurück. Was man für Helle hätte halten

---

1   Vgl. dazu auch die „Dialektik der Aufklärung" M. Horkheimers und T.W. Adornos
     (1969), die den umgekehrten Umschlag von Aufklärung in Verblendung entfaltet.

mögen, entbirgt eine andere, lichtere Dimension oder Form, die im gewohnten sozusagen natürlich gegeben anmutenden Lichtschein verborgen bleibt. Ein Licht des Kopfes, eine Enthüllung oder Erhellung des Hellen aus der Kraft des Denkens. – Alles, so scheint mir, findet hier in der Nacht, im Dunklen statt. Doch ist hier niemand nachtblind. Die Akteure bewegen sich wach durch die Nacht und niemandem bleibt verborgen, was in dieser Dunkelheit geschieht. Wir haben es damit zunächst mit einem Erwachen nicht *aus* der Dunkelheit, sondern *in* sie, zu tun. Und eben das ist es aber dann, was aus der Dunkelheit herausführt. Das Dunkel verdunkelt *sich* als Dunkelheit, die Nacht umnachtet *sich* als Nacht. Und: Licht erhellt *sich*. Wohin führt das?

„Dort (am Hause der Nacht) ist das Tor der Bahnen von Tag und Nacht, und Türsturz und steinerne Schwelle umfasst es (hält es auseinander); das Tor selbst, das ätherische, hat eine Füllung von großen Türflügeln; davon verwaltet Dike, die vielstrafende, die wechselnden Schlüssel" (DK 28 B 1. 11–14).

Wieder treffen wir, diesmal mit der Darstellung des Türstocks auf eine überaus materielle Formation, deren Türen bzw. Tore zwar groß, aber ätherisch sind und dennoch offenbar im Stande, am Überschreiten einer normalerweise unüberwindlichen Schwelle zu hindern, wenn Dike sie nicht öffnet mit dem jeweils passenden, also nicht immer gleichen Schlüssel. Eines derart massiven wie zugleich ätherischen Ensembles bedarf es offenbar, um die Bahnen der Nacht und der Dunkelheit von jenen des Lichts und des Tages zu scheiden. So einfach und selbstverständlich, wie es die Natur vorzugaukeln scheint, ist aus der Finsternis offenbar nicht ins Licht zu gelangen. Da gibt es einen entschiedenen Hinderungsgrund, über den nicht die Natur allein oder, mythisch, Helios die Entscheidungsmacht ausübt, den zu beseitigen vielmehr Dike, die Göttin der Gerechtigkeit, allein den Schlüssel in der Hand hat. Daraus lässt sich schließen, um wirklich Klarheit zu gewinnen, wann man im Finstern wandelt und wann einem ein Licht aufgeht, gilt es, beidem, der Finsternis oder dem Licht, vor allem letzterem *gerecht* werden zu können.

Ohne dieses Vermögen umschließt das „Haus der Nacht" Tag und Nacht gleichermaßen und diminuiert diesen fundamentalen Unterschied der Daseinsweise zugunsten eines letztlich differenzlosen Gleichmaßes des Seins. Auf *Aufklärung* hoffen zu dürfen, bedarf es – nach der Geburt der Philosophie aus dem Mythos weiß das im Prinzip jeder – etwas mehr, als sich einfach dem Naturgeschehen anzuvertrauen in der Gewissheit, dass auf jede Nacht wieder ein Tag folgen wird. Doch hier wird gerade der Mythos bemüht, diese *Aufklärung der Aufklärung*, die sich etwa im Deutschen Idealismus in ihrer Weise aus der Philo-

sophie heraus erneuerte, plastisch werden zu lassen und erfahrbar zu machen
als etwas, das ganz offensichtlich sehr viel mehr bedarf als einer rein intellektuellen Kunstfertigkeit. Sie erscheint bei Parmenides als eine durchgreifende so-
matisch-psychische und -mentale Herausforderung, die nicht auf die Kontinuität
einer tragenden Rationalität bauen kann. Die Realitätstüchtigkeit, die die Zeiten
vor dieser Nacht trug und sicherlich auch nicht ohne Verstandeskräfte auskam,
vergeht in dieser Nacht, in der Parmenides in den Mythos eintaucht und in ihm
eine Grenzüberschreitung zwischen Menschlichem und Göttlichem erlebt, die er
nicht als halluzinogene Traumgespinste abtut.

> „Ihr [der Dike, der Verf.] nun sprachen die Mädchen zu mit weichen Worten und
> beredeten sie kundig, daß sie ihnen den verpflöckten Riegel geschwind vom Tore
> wegstieße. Da öffnete dieses weit den Schlund der Türfüllung, auffliegend, wobei
> es die reich mit Erz beschlagenen Pfosten, die mit Zapfen und Dornen eingefügten,
> in ihren Pfannen wechselweise drehte. Da nun mitten durchs Tor lenkten die Mäd-
> chen stracks dem Geleise nach Wagen und Rosse" (DK 28 B 1. 15–21).

Wie bisher und nach wie vor stellt sich das Ätherische, verkörpert durch die sich
nun öffnenden Tore, erstaunlich physisch und materiell hart, *erzen*, dar. Nachdem
diese ätherische, physisch-metaphysische oder mentale Hürde, die sich offenbar
überaus somatisch Nachdruck zu verschaffen versteht, genommen ist, wendet
sich das Blatt:

> „Und es nahm mich die Göttin huldreich auf, ergriff meine rechte Hand mit der
> ihren und so sprach sie das Wort (epos) und redete mich an: ‚Jüngling, der du un-
> sterblichen Wagenlenkern gesellt (25) mit den Rossen, die dich dahintragen, zu
> unserem Hause gelangt, Freude dir! Denn keinerlei schlechte Fügung (moira) ent-
> sandte dich, diesen Weg zu kommen (denn führwahr außerhalb von der Menschen
> Pfade ist er), sondern Gesetz und Recht' " (DK 28 B 1. 22–28).

Eine weitere Transformation deutet sich an. Dike spricht. Zuvor hatten zwar auch
bereits die dämonischen Heliadenmädchen plötzlich gesprochen, indem sie Dike
„beredeten", die Tore zu öffnen. Doch indem Dike ihn nun direkt anspricht, beginnt wieder ein völlig neues Spiel. Der halluzinogene Exzess, der Parmenides
der Horizontalen irdischen Daseins entreißt und durch die Vertikale des Raums
in himmlische Sphären entführt, endet jetzt. Ab jetzt bestimmt die Sprache das
Geschehen in einer Weise, dass die zuvor immer noch räumlich determinierte
Welt in sie völlig aufgehoben erscheint. Welt wird Sprache. Zugleich mutet dieses
Erwachen des Parmenides zur Welt der Sprache – wenn auch nicht inhaltlich und

in der Deutung des Verhältnisses von Welt und Sprache – wie eine Rückkunft in gewohnte Alltagssprache an. Er hat damit sozusagen wieder Boden unter den Füßen, wenn von dergleichen Räumlichkeiten hier wie im Folgenden auch nicht eigentlich mehr die Rede ist. Es ist aus heutiger Sicht der metaphysische Boden des Logos, eines Denkens, das sich nunmehr wieder in Sprache verkörpert:

„Nun sollst du erfahren, sowohl der wohlgerundeten Wahrheit unerschütterliches Herz (30) wie auch der Sterblichen Schein-Meinungen, denen nicht innewohnt wahre Gewissheit. Doch wirst Du trotzdem auch dieses kennen lernen und zwar so, wie das ‚ihnen' Scheinende auf eine probehafte, wahrscheinliche Weise sein müsste, indem es alles ganz und gar durchdringt (DK 28 B 1. 29–32). Wohlan, so will ich denn sagen (nimm du dich des Wortes (mythos) an, das du hörst), welche Wege der Forschung allein zu denken ist: der eine Weg, daß IST ‚ist' und daß Nichtsein nicht ist […]" (DK 28 B 2. 1–3).

Spätestens nun, dass Dike, was hier in „Wort" übersetzt ist, „Mythos" nennt, nachdem sie dieses Wort zuvor bereits „Epos" genannt hatte, zeigt, dass es mit der landläufigen Vorstellung einer Ablösung des Mythos durch den Logos bzw. rationaler Weltauffassung, die keines „mythischen Aufwand[s]" (Mansfeld/Primavesi 2012, S. 38) mehr bedarf, um zu ihren Erkenntnissen zu kommen, nicht getan ist. Eher schon ließe sich von einer Verwandlung von Mythologie in eine Logomythie reden. Es gibt einen bleibenden Zusammenhang zwischen Mythos und Logos.[2] Bei Parmenides erscheint der Mythos nicht als allgemeines Realitätsverständigungsmedium, von dem sich der Logos löst. Vielmehr erscheint der Mythos als Ablösungs- und Transformationsmedium von der Realitätsverständigung alltäglicher Daseinsgestaltung und -vorsorge vielleicht nach jener Art, wie sie etwa Hesiod in „Werke und Tage" reflektiert. Und allem Anschein nach bedarf es einer existenziellen Derealisation der Realitätsgewissheit, wie es sich bei Parmenides in mythischer Weise als Weg aus der Bodenständigkeit ins Bodenlose darstellt, um sich die Sphäre zumindest jenes Logos zugänglich zu machen, der sich hernach durch Dike erschließt, und in diesem eine neue Fundierung zu finden.[3]

---

2   Vgl. dazu auch das sog. „Älteste Systemprogramm des Deutschen Idealismus" (Schelling/Hegel/Hölderin) in: Hegel 1971, S. 234ff.

3   Vgl. zum Proömium des Parmenides insgesamt auch Burkert 1969.

4   Denken denken

Was heißt das nun für das Denken des Denkens, wenn dieser mythologische
Transformationsprozess existenziell dazu gehört, um es überhaupt einer ent-
bundenen Autonomie seines Erkennens und seiner weltbildenden Schöpferkraft
zuzuführen? Logisch ist es zunächst durchaus nachvollziehbar, dass der Versuch, sich über die Konditionen die Realität zu verständigen, erforderlich macht,
überhaupt erstmal diese Freiheit gegenüber dieser Realität zu erringen. Es bedarf einer Entbindung aus der Eingebundenheit in diese Realität. Es bedarf einer
Abstraktion, die Parmenides als eine Art Aufhebung der Gesetze der Schwerkraft
oder des Kippens der Horizontale in eine vertikale Richtung darstellt. Alles, was
Recht ist und worauf Verlass zu sein scheint, gerät aus den Fugen und es stellt sich
heraus, dass man damit keineswegs unbedingt Gott und der Welt verloren sein
muss. Ganz im Gegenteil, wie sich noch herausstellen wird.

Denken ist Abstraktion, das ist heute eine Selbstverständlichkeit. Abstraktions-
fähigkeit zu vermitteln, ist ein entscheidendes Lernziel jeglicher Schulbildung.
Jedoch wird dies rein intellektuell-kognitiv und denktechnisch verstanden.
„Mens sana in corpore sano" – das Ideal gilt noch immer. Doch sind das heute
zwei ganz unterschiedliche Aktionsfelder. Nicht so bei Parmenides. Die Entbindung des Denkens, die Abstraktion von der Erdverbundenheit findet durchaus, wenn auch halluzinogen und traumverloren, somatisch statt. Vom Physischen ins Metaphysische, aus dem *kosmos aisthetos* in den *kosmos noetos* führt
der Weg nicht durch eine abstrakte, rein kognitive Art der Abstraktion, die das
soma einfach hinter sich lässt, vergisst, vergleichgültigt oder ignoriert, sondern
über eine Art Levitation und Neuverkörperung des *soma* aus der halluzinogenen
Einbildungskraft des Traumes, aus dem Parmenides nach dem gleichfalls neu-
artigen Erwachen, das er erlebt, nicht einfach wieder zur Tagesordnung über-
geht und zurückkehrt, wie das wohl nicht erst heute die meisten machen würden,
so sie sich nicht in psychoanalytischer Behandlung befinden. *Irrealität* wird zur
neuen Realitätsbasis – wie auch schon Odysseus in der Unwirtlichkeit des Meeres
eine zuvor unerahnte neue Wirtlichkeit des Daseins entdeckte (vgl. Enkelmann
2006). Und damit wird zugleich auch, was zuvor als rational gelten musste, der
Zumutung ausgesetzt, sich dem nach diesen Maßstäben Irrationalen zu über-
antworten. Ins Denken zu gelangen, bedarf demnach einer Entrückung, die in
gewisser Weise zugleich verrückt macht und erfordert, eine entfesselte Fiktiona-
lisierung der Realitätstüchtigkeit zu bestehen und sich auf eine verwirrende
Dialektik irrationaler Rationalität und rationaler Irrationalität einzulassen. Der
Aszensus der Himmelfahrt des Parmenides ist damit zugleich stark deszensisch
untermalt.

Damit heißt Denken auch: Entscheiden, sich zu entscheiden, worauf man sich einlassen will, mit Haut und Haaren. Alles und Nichts – einen neutralen, teilnahmslosen Beobachtungsstandpunkt gibt es jedenfalls dann nicht, wenn man sich auf die parmenideische Denkbewegung und ‚Abstraktion' einlassen will. Die üblicherweise stoizistisch gedeutete Maxime wissenschaftlichen Arbeitens, *„sine irae et studio"*, ohne Zorn und Eifer ans Werk denkender Erkenntnis zu gehen, erscheint hier in einer dionysischen Variante.[4] Ruhe bewahren im Excess, nicht zurückschrecken, wenn die Selbstbehauptung taumelnd in einen sich plötzlich unter ihr auftuenden Abgrund zu stürzen droht, nicht zürnen, wenn die gewohnte Welt aus den Fugen gerät, und sich nicht ereifern, wenn die rationale Kontrolle der Leidenschaften versagt – das beschreibt eine ganz andere als stoische Art, *sine irae et studio* Abstraktion zu vollziehen, *zu denken* und zu versuchen, in der Meta-physik des Denkens einen neuen, auch physisch sich materialisierenden Grund zu finden. Folgt man der parmenideischen Philosophie, gibt es keine Ontologie ohne anthropologischen Rückkopplungseffekt. Etwas zu denken, macht den, der es versucht, zu einem anderen Menschen. Es stellt seine Natur buchstäblich auf den Kopf und gebiert ihn wieder in einem *kosmos noetos*.

Kommen wir, bevor wir uns Dikes Lehre vom Sein und Nichtsein widmen, noch einmal kurz „am Hause der Nacht" auf das ätherische „Tor der Bahnen von Tag und Nacht", umfasst von „Türsturz und steinerne[r] Schwelle", mit seinen zunächst so verschlossenen „großen Türflügeln" zurück, von welchen allein „Dike, die vielstrafende, die wechselnden Schlüssel" in Händen hält. Nur die hier durch die Göttlichkeit und Unsterblichkeit der Dike als irreduzibel ausgewiesene und allein in sich selbst begründete Gerechtigkeit also hilft hier weiter. Aber was führt zu dieser so undurchdringlichen Verschlossenheit zwischen Umnachtung und Aufklärung? Woran könnte das erinnern? Könnte das auf etwas anspielen, das heute unter die Folgen eklatanter oder auch schleichender Traumatisierung verhandelt wird, mit denen aufgrund der unerträglichen Grauenhaftigkeit, aufgrund schlicht untragbarer, nicht zu begleichender Verschuldungen oder auch nur aufgrund der dafür ungünstigen Lebensumstände nicht anders fertig zu wer-

---

4   Vgl. Hegel 1972b, S. 46, Ph.d.G.: „Das Wahre ist [...] der bacchantische Taumel, an dem kein Glied nicht trunken ist". Für Hegel gibt es in der Bewegung des Zusichkommens des Denkens übrigens auch dieses Moment, dass „das Denken" darüber „seinen festen gegenständlichen Boden" „verliert" (a.a.O., S. 60). Und auch er plädiert dafür, „die Einsicht" nicht als „ein für die Sache äußerliches Tun" (a.a.O., S.43) zu halten und als Maß aller Wissenschaftlichkeit zu fixieren, weil so, so Hegel an anderer Stelle, „die Wirklichkeit selbst auf eine unwirkliche Weise dar[ge]stellt" (a.a.O., S. 23) wird, und weist darauf hin, „dass die Wahrheit nicht eine ausgeprägte Münze ist, die fertig gegeben und so eingestrichen werden kann" (a.a.O., S. 40).

den ist, als sich das Bewusstsein darum zu verschlagen? Nur nicht daran denken oder vielleicht sogar am besten gar nicht mehr denken, sich lieber ins Leben
stürzen, sich ganz Arbeit und Wiederaufbau hinzugeben wie nach 1945 im deutschen Wirtschaftswunder oder besinnungslos eine durchgreifende Repression
affirmieren wie etwa in Nordkorea, wenn sie nur verschont vor der Wiederkehr
unerträglicher Erinnerungen. Vielleicht ließe sich auch an jene schleichenden
Bewusstseinseintrübungen denken, mit denen man unbemerkt ein Leben oder
gar über Generationen die Frustrationen über die Verluste an liebgewonnenem
Gewohnheiten in der unvermeidlichen Affirmation dynamischer und immer so
begehrenswert anmutender, zugleich aber eben auch mit Zwangsnotwendigkeit
durchsetzender Entwicklungsfortschritte verkapselt und weggedrängt werden.
Auch diese erzwungene Distanzlosigkeit dieser Affirmationsmaschine kostet in
einer nur schwerst zu behebenden Weise – wie eine undurchdringliche Mauer –
Bewusstsein. Behalten wir das im Auge.

5 Zum Zusammenhang von Sein, Gerechtigkeit und Denken

Kommen wir nun zu Dikes Reduktion der bunten Vielfalt der Wirklichkeit, ihrer
komplexen Kausalitäten und der mal vernichtenden, mal beglückenden Dramatik
der darunter liegenden Geschichte auf die binäre Logik (vgl. Burckhardt/Höfer
2015, S. u.a. 15) von Sein und Nichtsein. „IST ist" und „Nichtsein" ist „nicht"
(DK 28 B 1. 3). Und: „Dasselbe ist Denken und Sein" (DK 28 B 3). Überzeugt
sein zu dürfen, dass es das, was es zu geben scheint, tatsächlich und überhaupt
gibt, also unerachtet dessen, dass man sich darüber täuschen kann, was genau
es ist und ob man es richtig erkennt, mag beruhigend sein. Das dürfte normalerweise aber auch ohne größeren intellektuellen Aufwand evident sein. Es gibt
Sein. Jedwede Befürchtung, gerade in dieser einigermaßen existenziellen Frage
einer grundlegenden Illusion aufzusitzen, erscheint so ziemlich unbegründet. Die
Probleme fangen normalerweise, wie gesagt, erst an, wenn es darum geht, das,
was es gibt, auch im Einzelnen richtig zu erkennen und zu deuten. Aber das Sein
als solches? Was ist das Problem? Wozu ist diese Erkenntnis nötig? Warum ist,
Sein und Nichtsein unterscheiden zu können und sich daraufhin auch für das
Richtige zu entscheiden, so wichtig? Und was droht, wenn man sich darüber im
Unklaren befindet? Und warum bedarf es einer exzessiven mythischen Himmelfahrt „außerhalb der Menschen Pfade" (DK 28 B 1. 25), um diese ‚Wahrheit' zu
begreifen?

Des Seins des Seins gewiss zu sein und über Verfahren zu verfügen, mit dem eigenen Sein und allem, was einen umgibt, zum eigenen Vorteil umgehen zu können, heißt nun noch nicht automatisch, auch zu wissen, von welcher Art es als solches ist, und schützt nicht davor, sich gründlich eben darüber zu täuschen. Parmenides' Dike nun liefert eine Reihe näherer Bestimmungen oder Eigenschaften des Seins. Rapp listet diese „Merkmale des Seienden" (2007, S. 115) akribisch auf: Es ist „unentstanden und unvergänglich" (2007, S. 117ff.), „unteilbar, homogen, kontinuierlich" (2007, S. 120ff), „unveränderlich und unbeweglich" (2007, S. 122ff.), „einzig" (2007, S. 125ff.) und „einer Kugel gleich" (2007, S. 127ff.). Und er erschließt diese Bestimmungen ausführlich in ihrer ontologischen Bedeutung (2007, S. 115–129). So nachvollziehbar diese Erschließungen auch sind, kann man dennoch fragen, *was* das als Sein ist und *was* diese Eigenschaften hat. Nach Hegel dürfte man diese Frage zwar so gar nicht stellen. Das Sein ist pur und als solches reine Unbestimmtheit, also nichts. Das kann man so sehen, und mit welchem Gewinn man das kann, zeigt Hegel in eindrucksvoller Weise. Er nimmt das Sein als Allgemeinbegriff, als eine Totalität, als das Ganze – alles und nichts –, und fasst das dramatisch, indem er es auf die Nichtigkeit rückverweist, die es verharrend in dieser Form der Unmittelbarkeit hat,[5] und so eins in eins gesetzt finden sich beide dann vereint im Werden. Aber wie macht es Parmenides, mit welchem Begriff operiert er?

Eine gegenüber Rapps Liste weitere Bestimmung des Seins des Seins liegt darin, dass es Dike ist, die darüber Aufklärung zu geben vermag. Daraus lässt sich folgern, man kann dem Sein *gerecht* werden. Und, das anzunehmen, ist nur sinnvoll, wenn das Sein demgegenüber nicht stumpf, abweisend und gleichgültig ist. Es trägt die Gerechtigkeit in sich, die damit im Umkehrschluss als solche *seiend* ist und nicht nur ein anthropomorpher oder moralischer Anspruch, der dem Sein als solchem nur zugemutet wird oder dem man sich gegenüber ihm abverlangen muss. Das Sein ist so in den Stand versetzt, sich selbst gerecht werden zu können. Dass „IST ist", wie Parmenides sich ausdrückt, ist so nicht nur für uns oder an sich, sondern vor allem auch für sich. Sein wird sich gerecht, wenn auch nicht ohne uns zumindest Mitseiende. Das macht das Sein zu einer Art Beziehungsbegriff. Und das bringt Parmenides im Grunde auch schon mit seiner Verdopplung „IST ist" zum Ausdruck.

---

5   Wobei Hegel dieses Sein, das zugleich Nichts ist, nicht der Subjekt-Objekt-Spaltung unterlegt. Aus einem nur objektiv gefassten Sein wäre so mit dem Subjektiven oder der Wahrnehmung des Seins willkürlich etwas abgeschnitten und vorenthalten, was es darin, *das* Sein zu sein, derart schmälerte, dass es diesen Namen kaum mehr verdiente.

Nehmen wir aber doch auch Hegels Allgemeinbegriff des Seins noch einmal
auf. Denn ähnlich sieht es auch Parmenides' Dike. Sie ergänzt und modifiziert
ihre Auskunft „Dasselbe ist Denken und Sein" mit weiteren Setzungen:

> „Dasselbe ist Denken und der Gedanke, daß IST ist; denn nicht ohne das Seiende,
> indem es als Ausgesprochenes ist, kannst du das Denken antreffen. Es ist ja nichts
> [...] außerhalb des Seienden [...]" (DK 28 B 8. 34–37).

Auch hier also erscheint das Sein als eine Totalität, der gegenüber entsprechend
dann auch das Denken an sich keine äußerliche Position einnehmen kann. Die
heute landläufigen Vorstellungen der Trennung von Sein und Denken, nach denen
sich das Denken als *adaequatio intellectus ad rem* äußerlich, von einem je externen Standpunkt aus, auf Seiendes bezieht, wäre demnach, welche Erfolge sich
damit auch immer erzielen lassen, letztlich illusionär. Denken und Sein stellen
sich damit als ein wechselseitiger Selbstbezug dar.

Sein als solches lässt sich im Unterschied zu diesem oder jenem einzelnen
wahrnehmlichen Seienden nur denken, denkend erkennen und ggf. aus dem Denken wahrnehmen. Es ist nirgends greifbar. Man kann seiner als solchem nicht
ansichtig werden. Es gehört als Universalie, als das Ganze dem *kosmos noetos*
an: „Dasselbe ist Denken und der Gedanke, dass IST ist" (DK 28 B 8. 34). Sein
entzieht sich damit allem Ansinnen, den *kosmos aisthetos* etwa qua empirischer
Wissenschaft zum einzig Wahren zu generalisieren. Dennoch, Kants Standard,
dass Begriffe ohne Anschauung leer sind, sollte man sich dadurch nicht hinter-
gehen lassen, nicht prinzipiell zumindest, wenn auch die Reduktion des Sinnlichen auf *Anschauung* und die damit einhergehende Generalisierung der Sinnlichkeit auf Gegenstandssinnlichkeit sicher problematisch ist und gerade mit
Parmenides nicht zu halten sein wird. Die Versinnlichung des Seins-Denkens
wird uns also noch beschäftigen müssen.

Nun impliziert aber die wechselweise Dasselbigkeit von Denken und Sein
nicht nur die Frage, wie das Sein zu denken ist, sondern auch, dass das Sein
denkt: „Nicht ohne das Seiende, indem es als Ausgesprochenes ist, kannst Du
das Denken antreffen" (DK 28 B 8. 36f.) – das Sein ist ausgesprochenes Denken
oder Verkörperung und Erscheinung des Denkens. Das heißt nun aber nicht, das
Sein sei nur eine Einbildung menschlichen Denkens, sondern eher, dass die Vorstellung, nur Menschen dächten, eine Einbildung ist. Nicht, weil es Menschen
gibt, gibt es den Gedanken in der Welt, sondern umgekehrt, weil es den Gedanken
in der Welt gibt, denkt der Mensch. Was ihn auszeichnet, ist, sich eben darauf zu
verstehen, das Sein in seinem Gedanken zu erfassen. Man mag sich hier an den
Deutschen Idealismus erinnern sehen. Hegel etwa sagt von der Natur, sie sei „in

sich vernünftig" (R.Ph., S. 15), und: „Das ‚was ist' zu begreifen, ist die Aufgabe der Philosophie, denn das ‚was ist' ist die Vernunft [...]; so ist [...] die Philosophie, ihre Zeit in Gedanken erfasst' " (R.Ph., S. 26). Betreffs der Natur würde, mit Einschränkungen, die Naturwissenschaft das auch so sehen, wenn sie auch den Gedanken bzw. die Vernunft in der Natur gewissermaßen außer Gedanken setzt und zu quasi gedankenlosen Natur*gesetzen* objektiviert. Philosophisch würde man die Fixierung auf Gesetzlichkeit wohl als eine *regulative* Reduktion der Einheit von Sein und Denken sehen und den *spekulativen*, den schöpferischen Charakter dieser Einheit stärker betonen. Jedenfalls mit dem Subjekt-Objekt-Trennungsschema wird man hier nicht weiterkommen.

Damit stellt sich nun aber die Frage: Welche Art Denken ist es, das Sein in seinem Sein zu sich bringt, damit aufschließt und begreiflich macht? Und was heißt speziell gegenüber dem Sein des Seins Erkenntnis? Was sagt Parmenides selbst über das Denken? Anders als in Bezug auf das Sein gibt er da wenig Auskunft und schon gar keine Beschreibungen. Man muss sich mit seinen Ausführungen zur These, „dasselbe ist Denken und Sein" (DK 28 B 3), zufriedengeben, sowie damit, dass sich dieser Selbigkeit außerdem noch das Sprechen (vgl. DK 28 B 8. 36f.) beigesellt, – und mit dem Proömium, dieser rauschhaft ekstatischen Himmelfahrt, die Parmenides überhaupt erst die Chance erschließt, dieses existenziellen Ausmaßes an Gerechtigkeit, wie Dike sie ihm zugänglich macht, gewahr zu werden. Aus deren Bestimmung des Seins ergibt sich des Weiteren: Denken heißt nicht nur Abstraktion, sondern zugleich Konkretion. Es gibt, wie schon gesagt, keinen Standpunkt außerhalb des Seins: Es lässt sich nach Parmenides nur, so man dessen inne wird, also sozusagen aus der Binnensicht, aus einer Art *Erinnerung* – allerdings nicht der Vergangenheit, sondern der Gegenwart – denken.[6] Nur *aus* dem Sein lässt sich das Sein denken – was dann dasselbe bedeutet, wie aus dem Denken das Sein sein und in ihm sich selbst gerecht werden zu lassen.

6   Sein, Raum und Zeit

Ontologisch wird das ‚Sein' als Begriff üblicherweise nicht dahingehend befragt, in welcher Weise es erlebbar sein könnte und wovon mit diesem Begriff in diesem Sinne eigentlich die Rede ist oder sein könnte. Zu sehr ist man, einem rein innerrationalen Diskurs verpflichtet, mit den logischen Implikationen dieses Begriffs beschäftigt, als dass man auf den Gedanken verfiele, diesen Begriff mit der Frage,

---

6   Vgl. systematisch zu dieser Differenz auch Arendt 1967/2002, S. 329–340.

was er sozusagen konkret in der Welt der Erscheinungen benennen könnte, in eine andere Kategorie zu übersetzen. Wie ereignet sich Sein? Was bleibt, wenn man von allen qualitativen resp. gegenständlichen Bestimmungen dessen, was aus allem, was es gibt, eine Welt macht, absieht, dann als pures Sein? – Zeit, ließe sich denken. Indem Gegenwart gegenwärtig ist, ist Sein seiend. Konkreter, realer geht es kaum. Denn Welt als Zeit wahrgenommen, löst die gegenständige Veräußerung von allem, was es gibt, auf.

Mit der Erschütterung bodenständigen Vertrauens in die Verlässlichkeit territorial gegenständlicher Räumlichkeit der Daseinssphäre im Exzess der Aufhebung der Schwerkraft fing es für Parmenides an. Danach verlor die Räumlichkeit als existenzielles Paradigma in Dikes Sprechen, im von ihr sprachlich heraufbeschworenen Epischen und im Mythischen des Mythos, als Medium der Realitäts- und Wahrnehmungsvergewisserung seine basale Relevanz. Und in dem, was nun inhaltlich als Logos, denkend zur Sprache kommt, vollendet sich der Transformationsprozess. Raum wird hier zur Zeit. Entsprechend heißt es dann bei Parmenides in der Tat auch: Das IST „war nie und wird nie sein, weil es im ‚Jetzt' (Hervorh. v. Verf.) zusammen vorhanden ist als Ganzes" (DK 28 B 8. 5). Das Jetzt nimmt dabei also die Form einer Allgegenwart an.

Wir sehen hier, dass die Entgegenständlichung der Welt in ihrer Verzeitlichung auch die Zeit selbst ergreift. In deren Vergegenwärtigung hebt sich alle Uhrzeit und Zeiteinteilung zwischen Gegenwart, Vergangenheit und Zukunft auf. Damit wird noch einmal, nun in der und für die Zeit, die Vorherrschaft des Paradigmas des Räumlich-Gegenständlichen gebrochen und dispensiert; denn die Möglichkeit der Zeiteinteilung und Zerstückelung in Tagen, Stunden, Minuten oder Sekunden verdankt sich einer Vergegenständlichung und Verräumlichung des Zeitverständnisses. – Damit wird eine noch ganz andere Dimension der parmenideischen Daselbigkeit von Denken und Sein deutlich, als der ontologische Diskurs im Blick hat. Und es zeichnet sich eine Antwort auf die oben gestellte Frage nach der Versinnlichung dieser Einheit ab. Gewöhnlicher, also räumlich-gegenständlich codierter Sinnlichkeit bleibt diese Welt-Zeit-Erfahrung einer Allgegenwärtigkeit von Gegenwart – alias Ewigkeit, nun aber nicht als ewiger Zeitraum vorgestellt – verschlossen. Zeit kann man nicht sehen, hören oder anfassen, aber man kann sie denken. So, wie die Uhrzeit und die Vorstellung von deren Einteilbarkeit einen bestimmten Zeitgedanken realisiert, mit der Folge, dass man in eben dieser Erscheinung von Zeit dann auch lebt. Diese Art, Zeit zu denken, gründet in einer gleich ihrer Sinnlichkeitsform gegenständlich orientierte Rationalitäts- und Erkenntniscodierung, die ohne Gegenstand nicht auskommen und verloren ist. Sie erfasst Zeit allerdings nicht in ihrem Wesen als Zeit, sondern verräumlicht sie. Die Möglichkeit der Zeiterfassung in Tagen, Stunden, Minuten oder Sekunden ist, so nützlich sie auch sein mag, verdinglichtem Bewusstsein geschuldet – oder droht Bewusstsein zu verdinglichen.

Zeit zeitlich zu denken, erfordert daher zugleich, das Denken anders zu denken. Parmenides' Gleichsetzung von Denken und Sein wirft damit auch hier mit der Zeitfrage noch einmal die Frage auf: was ist Denken oder was könnte das *auch* sein, ggf. auch jenseits wissenschaftlich legitimierter und akzeptabler Formierungen? Bei Parmenides entgegenständlicht es sich in eine unter bestimmten Umständen zunächst übersinnliche meta-physische, sich dann, sobald *dieses* Denken greift, aber auch versinnlichende *Vergegenwärtigung der Gegenwart*. In dieser Gegenwart ist dann Denken und Sein in der Tat ein und dasselbe. Denn Gegenwart ist kein Gegenstand, sondern eben vergegenwärtigte und gegenüber dieser Vergegenwärtigung entsprechend nicht mehr äußerliche Zeit: „IST ist" so. Durch analytische oder sonst wie reflexionsgeübte Rationalität lässt sich die Option des Denkens zwar konstruieren und herbeidenken, aber nicht auch einlösen. Diese Einlösung anzustreben, bedarf es, wie Parmenides es in seiner Weise darstellt, einer Überschreitung und Aufhebung der Abstraktivität dieses Modus des Denkens und eine Entrückung von einem Realitätsbegriff in einen anderen: Durch eine Abstraktion der Abstraktion in die Konkretion.

Die moderne Kunst ist in weitreichenden Hinsichten von diesem Gedanken getragen. Schon der Impressionismus, mehr noch aber die „gegenstandslose" Kunst Kandinskys (Kandinsky 1952) oder die Metaphysik von Malewitschs „schwarzen Quadrats auf weißem Grund" und ganz dezidiert das „Radical Painting" die reine Farbmalerei von Yves Klein oder Marc Rothko u.a. haben auf dieser ‚Baustelle' gearbeitet. In der Philosophie ließe sich aber auch an Aristoteles' Unterscheidung zwischen wahrem und scheinbarem Reichtum denken, bei dem man – wie er in Bezug auf jenen Midas, dem alles, was er in Angriff nahm, zu Golde wurde, launig anmerkt – Hungers sterben könnte (vgl. Aristoteles Pol I 9, 1257b). Denn das ist der Fall, wenn es nicht gelingt, Sachwerte in erfüllte Gegenwart zu verwandeln. Gegenwart und Reichtum, die je sich selbst gerecht werden – man versteht, wieso Dike hier im Spiel ist und Parmenides ein gefragter Verfassungsgeber in den Poleis war. Gegenwartsverlust ist in der Tat der Anfang vom Ende jeder Kultur.[7]

---

7   Vgl. zu diesem Komplex der Zeitökonomie die systematischen Kontextualisierungen (Einstein, gegenstandslose Kunst, Derrida, Blumenberg, Avanessian, Esposito) in Enkelmann 2017a sowie zur Zeitlogik der Aufhebung der Vergänglichkeit Enkelmann 2010, S. 31–38, aber auch S. 39–46 und Heidegger 1979, Blumenberg 2001.

7   Die Sterblichen

Das Proömium schildert einen Exzess des sich Losreißens oder Entbindens von
der alltäglichen Realität, die sich mit dem, was es durch Dike, die Göttin der Gerechtigkeit und seine Bezeugerin des Wahren, zu lernen gilt, offenbar nicht deckt.
Im Gegenteil:

> „Nötig ist zu sagen und zu denken, dass nur das Seiende ist; Denn Sein ist, Nichts
> dagegen nicht; das heiße ich dich wohl beherzigen."

Zu warnen ist nach Dike hingegen vor Wegen, auf denen

> „nichts wissende Sterbliche einherschwanken. Doppelköpfe. Denn Ratlosigkeit
> steuert in ihrer Brust den hin und her schwankenden Sinn. Sie [...] treiben dahin
> stumm zugleich und blind, die Verblödeten, unentschiedene Haufen, denen das
> Sein und Nichtsein für dasselbe gilt und nicht für dasselbe und für die es bei allem
> einen gegenstrebige Bahn gibt" (DK 28 B 6).

Der Exzess aus dem vielleicht Allzumenschlichen und Irdischen ins Göttliche
und Überirdische, der Parmenides ein Verständnis des Seins eingetragen hat,
das die Vergänglichkeit der Zeit in der Vergegenwärtigung der Gegenwart auf-
zuheben vermag, wird von Dike nun als solcher auf einen eigenen Begriff, nämlich der Differenz zwischen Sterblichkeit und Unsterblichkeit gebracht. Die Differenz zwischen dem Menschlichen und dem Göttlichen als Differenz zwischen
den Sterblichen und den Unsterblichen zu fassen, ist für die Antike ein geradezu
selbstverständlicher Topos. Hier wird damit nun die Frage nach Sein und Nichtsein anthropologisch konkret. Dass die Menschen von Dike als Sterbliche titu-
liert werden, geschieht kaum zufällig oder einfach aus Gewohnheit. Denn vom
Seienden wird ziemlich deutlich gerade das Gegenteil gesagt: „Wie könnte [...]
Seiendes zugrunde gehen, wie könnte es entstehen" (DK 28 B 8. 19), es ist „unveränderlich" (DK 28 B 8. 26).

Man könnte diesen zeitlichen Begriff der Unvergänglichkeit auch in Unsterblichkeit übersetzen. Das Einzige, das dem entgegenstehen könnte, ist, dass das
Sein eben mit der Sterblichkeit gerade gar nichts oder so wenig zu tun hat, dass es
diese Negation noch zu sehr an eben das bände, wovon es gerade frei ist. Es geht
mit dem Sein und dem Nichtsein, wenn man die hier verwandten Sprachgebungen
der Sterblichkeit auf der einen und der Unvergänglichkeit auf der anderen Seite
ernst nimmt, also auch um Leben und Tod. Und der Aussicht auf den Verlust des
Lebens steht mit dem unvergänglichen Sein eine Idee von Unverlierbarkeit des-

selben gegenüber. Aus dem Erwartungshorizont des sterblichen Lebens folgt eine bestimmte Vorstellung von solch einem ewigen Leben, nämlich, dass das Leben, wie man es kennt, eben nicht endet. Mit diesem Ansinnen, das Leben auf Dauer zu stellen, wird die Differenz zwischen Sterblichkeit und Unsterblichkeit aber einfach eingezogen und nivelliert, womit, was *Ewigkeit* sein könnte, in Differenz zu seinem Gegenteil, der Vergänglichkeit, dann aber endgültig unzugänglich gemacht ist.

Inwiefern agieren die Sterblichen nun also normalerweise „gegenstrebig", das Sein für Nichtsein haltend und auch wieder nicht? Welcher Realität also wird Parmenides entrückt und warum lässt sich, was ihm diese Entrückung an neuer Erkenntnis einhandelt, nur auf diese Weise der Entrückung aus dem sterblichen Leben erreichen? Was steht der Lebenserfahrung der Vergegenwärtigung der Gegenwart entgegen, sodass sie den Sterblichen so unzugänglich ist und sie dieser Vergegenwärtigung auch ihrer selbst entfremdet sind? Was ist mit diesen Sterblichen, den ganz normalen Menschen also? Was treibt sie in das Verhängnis, dass ihnen „das Sein und Nichtsein für dasselbe gilt und nicht für dasselbe und für die es bei allem eine gegenstrebige Bahn gibt"?

Eines haben sie alle gemeinsam: Eines Tages werden sie sterben. Ihnen steht der Tod bevor. Das ist ihrer Überzeugung nach ein unhintergehbares anthropologisches *factum brutum* ihrer Existenz. Tot zu sein, bedeutet, nicht zu sein. Der Tod ist das *Nichtsein*. Der Fehlschluss derer, die hier die „Sterblichen", genannt werden, wäre dann, dieses Nichtseiende seiend zu setzen: Sein und Nichtsein gilt für dasselbe. Und gleichzeitig versuchen sie, sich dawider zu behaupten: Es gilt ihnen also zugleich nicht für dasselbe. Und beides wendet sich gegeneinander und blockiert sich gegenseitig – das ist die gegenstrebige Bahn – mit der Folge, dass für die Sterblichen, solange sie leben, weder ihr Sein *gegenwärtig* wird, das damit nicht ist, noch das Nichtsein, was damit ist.

Das nun wäre genau das, was man heute den Kampf ums Überleben nennt und als geradezu naturwissenschaftliche *ultima ratio* alles Lebens gilt. Parmenides indes problematisiert diese Generalisierung des Kampfes gegen Tod und Vergänglichkeit, das ihn tragende menschliche Selbstbild und die dahinterstehende Vorstellung von der Natur des Lebens. Keine Frage, man muss sich selbst behaupten können und ist immer wieder mal mehr oder weniger dramatischen Situationen ausgesetzt, in denen man froh sein kann, wenn man sie übersteht. Wenn sich aus solchen, womöglich existenzbedrohenden Ausnahmezuständen allerdings angesichts vermeintlich unhintergehbarer Sterblichkeit der eigenen Existenz eine generelle Lebenseinstellung bildet und diese Endzeitvision untergründig den Horizont definiert, aus dem sich dann ableitet, was individuell und institutionell als opportun zu gelten hat, dann ist das Nichtsein oder der Tod zum bestimmenden

Herrn über das Geschehen geworden. Und dann spielt es irgendwann auch nicht einmal mehr eine Rolle, wer derjenige Einzelne oder von welcher Art dasjenige System eigentlich ist, der und das sich da selbst behauptet. Dann ist dafür auch kein Preis mehr zu hoch. Auch das ist eine Form, in der das Leben das Leben und Sein Sein und noch manches mehr – wie etwa auch die Herrschaft von Gesetz und Recht – kostet.[8]

Die „Sterblichen" sind Menschen, die ihr Leben ganz für dessen Erhaltung einsetzen, wie wenn dies schon ein Selbstzweck wäre. Doch liefern Selbstbehauptungsreflexe noch nicht einmal auf ihrer ureigensten Baustelle der Gegenwehr gegen akuten oder latent permanenten Angriff aufs Leben die optimale Handlungsoption. Not macht erfinderisch, heißt es. Doch gerade auch das ist in dieser Allgemeingültigkeit, wenn man sich den Weltenlauf so ansieht, kaum belegt. Im Gegenteil, Not macht apathisch und, wie es bei Parmenides heißt: Sie „verblödet". Es ist schon immer speziellen, eher luxuriösen Umständen geschuldet, wenn Not jenen Exzess erlaubt, der den Erfindungsgeist weckt. Ohne ein Moment an jener Muße, welche die antike Philosophie daher zu Recht zum Humus nachhaltiger Lösungen erklärt hat (vgl. Aristoteles, Metaphs. I 1, 981b, auch 982b), bleibt es bei der blanken Reproduktion der Misere: Das Leben kostet das Leben. Wer bewusst oder unbewusst von Verlustängsten geplagt ist und die Sterblichkeit, den Tod, also das Nichtsein zum unhintergehbaren *fundamentum inconcussum* der *conditio humana* macht, wird oder macht sich verrückt, nach Parmenides. Er korrumpiert und beraubt sich gerade dessen, worum es ihm vor allem zu tun ist, nämlich seines Seins, im täglichen Einsatz dafür, auch morgen noch sein und sich sich leisten zu können. Alles, was sonst noch geschieht, wird demgegenüber entwertet. Ein ewiger Aufschub statt Unsterblichkeit, ewiger oder Allgegenwart. Alle Wohlfahrt bleibt eine bloße Kompensation, eine Entschädigung für einen auch mit äußerster ökonomischer Raffinesse nicht behebbaren Mangel der Existenz: Wie gewonnen, so zerronnen.

Damit tritt nun auch mit großer Klarheit zutage, was das ‚ontologische' Problem ist, das Dike einen so dringlichen Ton anschlagen lässt und das so unbedingt eine entschlossene Entscheidung für die *ars moriendi* erforderlich macht. Es geht um nicht weniger als darum, Barbarei in *Zivilisation* zu überführen. Man ahnt,

---

8   Vgl. Platon, Phaidon; Agamben 2002; vgl. zu den systematischen Folgen des Ausschluss des Todes aus der Ökonomie Baudrillard 1979 und besonders 1991. Vgl. auch Hegel, Ph.d.G., S. 36: „[...] nicht das Leben, das sich vor dem Tode scheut und vor der Verwüstung rein bewahrt, sondern das ihn erträgt und in ihm sich erhält, ist das Leben des Geistes" und, so wäre hinzuzufügen, damit der Gegenwart. Vgl auch das legendäre „Herrschaft und Knechtschaft"-Kapitel in Ph.d.G.: B IV.A., S. 145–154. Vgl. zur Anthropologie der Sterblichkeit auch Buchheim 2010.

warum Städte in Parmenides als Berater bei der Gesetzgebung große Hoffnungen setzten. – Parmenides eiskalt? Wohl eher nicht.

8 Epilog

Der Tod markiert eine Grenze, doch eine Grenze kann es nur geben, wo sich auch etwas hinter der Grenze befindet, andernfalls, von ihr zu reden, gar nicht möglich ist. Man kennt dieses Jenseits als eine *post mortem* befindliche Glaubensrealität aus den christlichen Vorstellungswelten. Parmenides geht einen anderen Weg. Er mobilisiert stattdessen die allein schon mit diesem *Gedanken* der Grenze an sich bereits implizit vollzogene Überschreitung derselben als real durchführbare Option des Lebens zwischen Sein und Nichtsein bzw. Leben und Tod sowie Sterblichkeit und Unsterblichkeit oder dem Menschlichen und dem Göttlichen. Die Überschreitung als solche ist nach seiner Philosophie das Wesentliche. Darauf gilt es, sich einzulassen, um schlicht den Todesbann als nihilistische Bannung das Seins durch das Nichtsein zu lösen.

Anthropologie wird so mit Parmenides zu einer Art Transzendenzwissenschaft. Und sie wird, wenn man so will, damit im Grunde auch ihrer selbst gerecht. Denn, den Logos des Menschseins erschließen zu wollen, erfordert immer oder ist je schon eine Überschreitung unmittelbaren Menschseins. Im Lichte der parmenideischen Aufklärung könnte man sich nun aber fragen, ob die Anthropologie als Wissenschaft nicht Gefahr läuft, sich ihres transzendenten Beobachtungsstandpunktes doch vielleicht allzu selbstgewiss zu sein, und sich wie Parmenides eigentlich Rechenschaft darüber ablegen müsste, wie sie ihn erklomm. Andernfalls befördert sie notgedrungen ein Menschenbild der Realsetzung von Abstraktion, das Vorstellungen oder Überzeugungen Vorschub leistet, Simulationen des Menschlichen in Form von Maschinenintelligenz oder der zukünftig mögliche Download des eigenen Gehirns auf den Computer das Original besser repräsentieren könnte als dieses selbst.[9] Das Philosophieren des Parmenides wäre von daher, so unzeitgemäß es als historische Figuration des Denkens ist, dann doch zugleich aber an der Zeit – kommender anthropologischer Erkenntnis-Möglichkeiten für das Anthropozän.

---

9 Inspirierend zu diesem Komplex: Hofstadter 1991, besonders, S. 137 ff, S. 397 ff., S. 632 ff..

Literatur

Agamben, Giorgio. 2002. *Homo sacer. Die souveräne Macht und das nackte Leben.* Frankfurt a.M.: Suhrkamp.

Arendt, Hanna. 1972/2002. *Vita activa oder vom tätigen Leben.* München: Piper.

Aristoteles. 1973. *Politik* (Pol.). Hrsg. u. übers. v. Olof Gigon. München: Dt. Taschenbuch-Verl.

Aristoteles. 1982. *Metaphysik* (Metaphys.), Bücher I(A)-VI(E). Hrsg. v. Horst Seidl, übers. v. Hermann Bonitz. Hamburg: Meiner.

Blumenberg, Hans. 2001. *Lebenszeit und Weltzeit.* Frankfurt a,M.: Suhrkamp.

Buchheim, Thomas. 1994. *Die Vorsokratiker. Ein philosophisches Portrait.* München: Beck.

Buchheim, Thomas. 2010. Sterbliche, Unsterbliche. Über die Lage des Menschen in der vorsokratischen Philosophie. In *Philosophische Anthropologie in der Antike,* Hrsg. Ludger Jansen, Christoph Jedan, 32–68. Frankfurt a.M./Paris: Ontos.

Burckhardt, Martin, Dirk Höfer. 2015. *Alles und Nichts. Ein Pandämonium digitaler Weltvernichtung.* Berlin: Matthes & Seitz.

Burkert, Walter. 1969. Das Proömium des Parmenides und die Katabasis des Pythagoras. *Phronesis 14:* 1–30.

Diels, Hermann, Walther Kranz. 2004–2016. *Fragmente der Vorsokratiker, Band I-III, gr.-dt.,* Zürich: Weidmann.

Enkelmann, Wolf Dieter. 2006. Europa – nichts als ein Versprechen. Eine Nacherzählung. *Merkur. Deutsche Zeitschrift für europäisches Denken 692, Heft 12.*

Enkelmann, Wolf Dieter. 2010. *Jacques Derrida, Ressourcen und der Ursprung der Ökonomie.* Marburg: Metropolis.

Enkelmann, Wolf Dieter. 2017a. Vier Skizzen zur Ökonomie der Zeit. In *Die Welt kostet Zeit. Zeit der Ökonomie, Ökonomie der Zeit.* Hrsg. Birger P. Priddat und Verena Rauen. 101–114. Marburg: Metropolis.

Enkelmann, Wolf Dieter. 2017b. Novalis. Die Geister der Nacht In *Denken handelt. Philosophie für Manager,* Hrsg. Wolf Dieter Enkelmann und Daniel Kratz. Marburg: Metropolis.

Hegel, Georg Wilhelm Friedrich. Das älteste Systemprogramm des deutschen Idealismus. In *Hegel, G.W.F., Werke in 20 Bdn.; Bd. 1,* 234–236. Frankfurt a.M.: Suhrkamp.

Hegel, Georg Wilhelm Friedrich. 1970. Phänomenologie des Geistes (Ph.d.G.). In *Werke in 20 Bdn.; Bd. 3,* Frankfurt a.M.: Suhrkamp.

Hegel, Georg Wilhelm Friedrich. 1969. Wissenschaft der Logik I (W.d.L I). In *Werke in 20 Bdn., Bd. 5,* Frankfurt a.M.: Suhrkamp.

Hegel, Georg Wilhelm Friedrich. 1986. Grundlinien der Philosophie des Rechts (R.Ph.). In *Werke in 20 Bdn., Bd. 7,* Frankfurt a.M.: Suhrkamp.

Heidegger, Martin. 1954. Moira (Parmenides, Fragment 50). In Ders., *Vorträge und Aufsätze,* 223–248. Pfullingen: Neske.

Heidegger, Martin. 1979. *Sein und Zeit.* Tübingen: Niemeyer.

Hesiod. 1996. *Werke und Tage (griechisch/deutsch).* Hrsg. u. übers. v. Otto Schönberger, Stuttgart: Reclam.

Hofstadter, Douglas Richard. 1991. *Gödel Escher Bach. Ein endlos geflochtenes Band.* München/Stuttgart: Klett-Cotta.

Horkheimer, Max und Theodor W. Adorno. 1969. *Dialektik der Aufklärung.* Frankfurt a.M.: Fischer.

Kandinsky, Wassily. 1952. *Über das Geistige in der Kunst.* Bern: Benteli.

Laertius, Diogenes. 1967. *Leben und Meinungen berühmter Philosophen.* Hamburg: Meiner.

Mansfeld, Jaap, Oliver Primavesi. 2012. *Die Vorsokratiker. Griechisch/ Deutsch.* Stuttgart: Reclam.

Nietzsche, Friedrich 1980. Die Philosophie im tragischen Zeitalter der Griechen. Nachgelassene Schriften 1870–1873. In *Sämtliche Werke in 15 Bdn., Bd. 1,* Hrsg. Giorgio Colli, Mazzino Montinari, 800–872. München/Berlin/New York: de Gruyter.

Platon 1974. Phaidon (Phaid.) In *Werke Bd. 3, hg. v. G. Eigler, übers. v. Friedrich Schleiermacher,* 1–208. Darmstadt: WBG.

Platon 1981. Phaidros (Phaidr.) In *Werke Bd. 5, hg. v. G. Eigler, übers. v. Friedrich Schleiermacher, F. Kurz,* 1–194. Darmstadt: WBG.

Platon 1971. Politeia (Pol.) In *Werke Bd. IV, hg. v. G. Eigler, übers. v. Friedrich Schleiermacher.* Darmstadt: WBG.

Rapp, Christof. 2007. *Vorsokratiker.* München: Beck.

Schadewaldt, Wolfgang. 1978. *Die Anfänge der Philosophie bei den Griechen.* Frankfurt a.M.: Suhrkamp.

Teil IV
Sophistik

Entscheidende Schwächen sterblichen Daseins

Sophistische Perspektiven auf das Menschsein

Lars Leeten

1

Sterblichkeit ist in der frühgriechischen Welt nicht nur ein wesentliches Charakteristikum des Menschen, sondern geradezu ein Synonym von Menschlichkeit. Das Menschliche wird bestimmt, indem es mit dem Göttlichen kontrastiert wird, dessen Charakteristikum die Unsterblichkeit ist. Das Sein des Menschen ist in dieser Perspektive zuallererst durch einen Mangel gekennzeichnet: Als ‚Sterbliche' (*brotoi*) sind die Menschen vergängliche, hinfällige, schwache Wesen und damit durch einen Abgrund von den ewigen, unsterblichen, starken Göttern getrennt. Ein Mensch zu sein, bedeutet, mit einer unheilbaren Schwäche geboren zu sein; es bedeutet, gleich mit der Geburt ein „Todeslos" (*moros*) gezogen zu haben, wie Heraklit es ausdrückt (DK 22 B 20). Die entsprechenden Motive sind in der vorplatonischen Literatur leicht zu finden: Philolaos soll gesagt haben, dass die Menschen „zum Besitz der Götter" gehören (DK 44 B 15). Pindar beschreibt es so, dass das menschliche Vermögen gegenüber göttlicher Macht ein ‚Nichts' (*ouden*) ist (*Nemeische Oden*, VI.1–4). Und bei Demokrit heißt es trocken: „Man muss erkennen, dass das menschliche Leben schwach (*aphaurēn*) und kurz (*oligochronion*) ist und mit vielen Plagen und Schwierigkeiten einhergeht" (DK 68 B 285).

Dabei schwingt mit, dass dem Menschen ein bestimmter Platz im *kosmos* zukommt und er sich in die Ordnung der Dinge einfügen sollte. Die delphische Weisheit ‚Erkenne dich selbst' (*gnōthi sauton*) könnte man in diesem Sinne lesen: als Aufforderung, sich darauf zu besinnen, *was* man ist und was einem folglich zukommt und was nicht. Dabei ist die Einsicht in das eigene Menschsein in erster Linie ein Wissen um die eigene Endlichkeit, Schwäche, Fehlbarkeit und Minder-

© Springer Fachmedien Wiesbaden GmbH, ein Teil von Springer Nature 2019
V. Bachmann und R. Heimann (Hrsg.), *Grenzen des Menschseins*,
https://doi.org/10.1007/978-3-658-27166-4_6

wertigkeit. Es ist das Wissen darum, dass man den Göttern prinzipiell unterlegen ist. Eine solche Selbsterkenntnis schützt davor, das rechte Maß zu verlieren und mit den Göttern konkurrieren zu wollen. ‚Nichts im Übermaß' (*mēden agan*) lautet vielleicht nicht zufällig ein weiteres delphisches Gebot. Der Gedanke vom schwachen Menschen, der notwendig hinter den unsterblichen Göttern rangiert und sich entsprechend unterzuordnen hat, ist tief eingeschrieben in die frühgriechische Kultur, von der die griechische Philosophie in der vorsokratischen Zeit ihren Ausgang nimmt.

Von der *Sophistik* freilich könnte man meinen, dass sie sich nicht recht in diese Tradition fügen will. So möchte es jedenfalls scheinen, wenn man die Gelehrten vor Augen hat, die bei Platon die Bühne betreten. In der traditionellen Deutung ist die sophistische Bewegung eher ein Beispiel dafür, wie es aussieht, wenn man seine Begrenztheit vergisst, wenn man nicht mehr weiß, was man ist und das rechte Maß verliert. Aus platonisch-sokratischer Sicht sind die Sophisten auf den ersten Blick eine Gruppe eitler Professoren, deren herausragendes Erkennungsmerkmal ihre Selbstüberschätzung ist. Die *Hippias*-Dialoge und der *Protagoras* liefern besonders amüsante Beispiele dafür. Anstoßpunkt der Auseinandersetzung ist die Frage des *Wissens*, und zwar genauer des Wissens um die ‚wichtigen' Dinge und um das ‚Gutsein': Während den Kontrahenten des Sokrates typischerweise die arrogante Gewissheit eigen ist, dass ihnen göttliche Weisheit zu Gebote steht, zeichnet sich Sokrates durch das Bewusstsein aus, nur über „menschliche Weisheit" (*anthrōpinē sophia*) zu verfügen (Platon, *Apologie* 20d). In dem Szenario, das Platon bietet, scheint der Sophist also derjenige zu sein, der über vollendete *sophia* zu verfügen meint, während der *philosophos* derjenige ist, für den solche Weisheit immer nur ein Ideal bleibt, dem man nachstrebt. Letzterer kennt sein Maß, während ersterer sein Maß aus dem Blick verloren hat und daher anmaßend oder maßlos ist. Der berühmte Satz des Protagoras, dass der Mensch „das Maß aller Dinge" (DK 80 B1) sei, könnte als Motto dafür verstanden werden: Das sophistische Denken stellt in dieser Perspektive ein Denken dar, das den Gedanken der Endlichkeit und Mangelhaftigkeit des Menschen aller Tradition zum Trotz in den Wind schlägt und sich nicht darum schert, wie die Götter die Dinge eingerichtet haben. Diese Anmaßung ist geradezu das Erkennungsmerkmal des *sophistēs*.

Dass die wirkliche Geschichte eine andere gewesen sein muss, ist nichts Neues. Dennoch sind die traditionellen Vorurteile gegenüber der Sophistik bis heute so wirksam, dass es nach wie vor schwer fällt, ein Bild zu zeichnen, das die wirklichen Anliegen von Gelehrten wie Protagoras, Antiphon oder Gorgias jenseits der platonischen Karikaturen sichtbar werden lässt. Das Folgende könnte man als Beitrag zu der weiterhin nötigen kritischen Arbeit an den klassischen

Einteilungen der Philosophiehistorie verstehen, welche die Kontinuitäten zwischen der Sophistik und der nicht-sophistischen Vorsokratik sowie den Einfluss der Sophistik auf die sokratisch-platonische Philosophie notorisch verstellen. Die Vorstellungen vom Menschsein, die insbesondere Protagoras und Gorgias voraussetzen und die wichtige Vorgaben für ihre Lehren liefern, sind ein guter Leitfaden dafür, weil sie darauf aufmerksam machen können, wie tief die Sophistik tatsächlich in der intellektuellen Kultur ihrer Zeit verwurzelt ist. Die ‚anthropologischen‘[1] Vorstellungen der Sophisten weichen kaum von denen ab, die sich im 5. Jahrhundert auch sonst finden: Der Mensch ist das sterbliche, das endliche Wesen, das als schwach, krank und hinfällig gelten muss, wenn man den Maßstab des Göttlichen daran hält.

Dass die Opposition von Menschlichem und Göttlichem bei Platon so eng mit der Frage des Wissens verbunden ist, ist dabei sicher kein Zufall: Aus Sicht des 5. Jahrhunderts liegt eine entscheidende Schwäche der Sterblichen gegenüber den Unsterblichen darin, dass es ihnen an göttlicher Einsicht fehlt (vgl. Lesher 2008). Die menschliche Minderwertigkeit ist wesentlich dadurch bedingt, dass zeitliche Wesen keinen Überblick darüber haben, was war, ist und sein wird. Dieser Akzent auf der *epistemischen Endlichkeit* des Menschen ist ebenfalls ein wiederkehrendes Motiv in den vorplatonischen Schriften. Das „menschliche Wesen" (*ēthos anthrōpeion*), so soll Heraklit gesagt haben, „hat keine Einsichten (*gnomas*), das göttliche aber hat sie" (DK 22 B 78). Bei Parmenides sind die Sterblichen die ‚Nichtswissenden‘ (*brotoi eidotes ouden*, DK 28 B 6). Von Alkmaion ist der Gedanke überliefert, dass „die Götter über das Unsichtbare wie über das Sterbliche Gewissheit (*saphēneian*) haben", während den Menschen nur „das Erschließen" (*tekmairesthai*) bleibt (DK 24 B 1). Und Xenophanes erklärt: „Die Götter haben den Sterblichen nicht von Anfang an alles gezeigt, sondern mit der Zeit finden sie suchend das Bessere" (DK 21 B 18). Es ist also nicht unbedingt immer die endliche Lebenszeit, die von den antiken Weisen beklagt wird, sondern häufig eher die Begrenztheit des Wissens, die die Vergänglichkeit mit sich bringt. Diese Begrenztheit führt dazu, dass der Mensch den Wechselfällen des Lebens gegenüber schutzlos ist; epistemische Endlichkeit bedeutet notwendig Verwundbarkeit. Für das Folgende werde ich davon ausgehen, dass dieser Gedanke auch für die sophistischen Lehren Geltung beansprucht. Wie sich zeigt, erscheint dadurch vieles, was man über diese Lehren hört, in einem anderen Licht. Der Blick auf die anthropologischen Setzungen liefert so gleichzeitig einen Leitfaden für

---

1 Die Rede von ‚Anthropologie‘ darf man für die Antike freilich nicht zu terminologisch auffassen: vgl. dazu etwa Buchheim 2010, S. 31f.

den Versuch, das Verhältnis der Philosophiehistorie zur sophistischen Bewegung zu entdramatisieren.

Es ist wohl nützlich, zunächst kurz an den wahren Kern der alten Geschichte vom windigen Rhetoriker zu erinnern, der seine Pseudoweisheit an jeden verkauft, der dafür bezahlen kann.[2] Tatsächlich dürfte es in der zweiten Hälfte des vorplatonischen Jahrhunderts, im Kontext der attischen Demokratie, zum ersten Mal dazu gekommen sein, dass sich die bis dahin vorwiegend von Dichtern und Tragöden bestrittene Bildungskultur professionalisierte und Formen institutionalisierten Unterrichts entstanden. Dass das ‚gute Reden' (*eu legein*) dabei einen wesentlichen Teil des Lehrplans ausmachte, ist angesichts der Hochschätzung diskursiver Fähigkeiten in dieser Zeit äußerst wahrscheinlich. Dass die entsprechenden Lehrer – die *sophistai* – allerdings auf eine wahrheitsindifferente Form der Rhetorik und auf ‚bloße Überredung' zielten, dürfte ein Mythos sein. Wie sich schon daran andeutet, dass das Wort *rhētorikē* erst im 4. Jahrhundert v. Chr., und zwar bei Platon, zum ersten Mal auftaucht (vgl. Schiappa 1989), ist die rein instrumentelle Redekunst eine spätere Erscheinung. Tatsächlich dürfte die Erziehung an zeitgenössischen Vorstellungen der *aretē* orientiert und auf die Ausbildung eines staatsbürgerlichen Gutseins angelegt gewesen sein, auf ein vorbildliches Reden und Handeln. Dabei muss dieses Bildungsideal im Zusammenhang der attischen Demokratie verstanden werden, in der die allmähliche Ablösung von aristokratischen Gesellschaftsformen ihren vorläufigen Höhepunkt gefunden hatte. Ein eindrückliches Zeugnis vom Selbstbild der Athener bietet Thukydides' Bericht von Perikles' Rede auf die Gefallenen: Liebe zum Schönen, Schlichtheit, Sorge, Umsicht, Überlegtheit, innere Freiheit – das sind Perikles zufolge die kennzeichnenden Charaktereigenschaften der Athener (Thukydides, *Der Peloponnesische Krieg* II 40). Nicht Raffinesse, sondern ein vornehmer Charakter ist die wesentliche Anforderung. Solche Ideale dürften auch die sophistische Bildungskultur geprägt haben, deren frühe Repräsentanten der Regierung des Perikles eng verbunden waren (vgl. Kerferd 1999, S. 17–22). Protagoras hätte kaum so hohes Ansehen in Athen genießen können, wenn er diesen Vorstellungen nicht entsprochen oder gar, wie so oft kolportiert wird, eine Kunst der Hinterlist kultiviert hätte, die die falsche Sache zur richtigen macht. Bei Prodikos, der vielleicht ein Schüler des Protagoras war, wird dieselbe Sittlichkeit greifbar: In der Erzählung von Herakles am Scheideweg legt die Göttin der *Aretē* dar, dass der Weg zum Guten lang und mühevoll ist und lebenslangen Fleiß erfordert (DK 84

---

2   Die diesem Artikel zugrunde liegende Sophistikdeutung habe ich an anderer Stelle ausführlicher erörtert: vgl. Leeten 2016; zur neueren Forschung vgl. exemplarisch Cole 1995, Schiappa 1999 oder Gagarin 2001.

B 2). Dass dieser Gedanke noch für Sokrates Geltung hat, der sich gelegentlich als Schüler des Prodikos präsentiert (Platon, *Protagoras* 341a oder *Charmides* 163d), wird schon daran deutlich, dass er selbst es ist, der diese Geschichte bei Xenophon vorträgt.

Auch hinsichtlich ihrer anthropologischen Vorstellungen erweisen sich die sophistischen Gelehrten bei genauerer Betrachtung als Teil einer intellektuellen Kultur, die sich ebenso in Dichtung oder Historiographie finden lässt und die bis Sokrates wirkt. Geht man von den Textbefunden aus, wird man bald darauf aufmerksam, dass der Mensch auch hier ein begrenztes, hinfälliges, schwaches Wesen ist. Bei Protagoras etwa findet man nicht nur den berühmten *homo-mensura*-Satz, sondern auch die Bemerkung, dass er „über die Götter nichts sagen kann", wegen ihrer „Verborgenheit und weil das Leben des Menschen kurz ist" (DK 80 B 4). Der Gedanke der epistemischen Endlichkeit scheint hier wiederum durch. Wie Heraklit vom ‚Todeslos' spricht, so spricht Palamedes bei Gorgias davon, dass „allen Sterblichen am Tag ihrer Geburt der Tod zuerkannt wird" (DK 82 B 11a[1]); ganz ähnlich ist auch bei Prodikos ist vom „vorherbestimmten Ende" die Rede (DK 84 B 2[33]). In einem Fragment der Schrift *Peri Homonoias* schließlich schreibt Antiphon ähnlich wie Demokrit in der oben zitierten Passage, dass das menschliche Leben „klein, schwach, vorübergehend und mit großen Schmerzen verbunden" sei (DK 87 B 51). Diese Beispiele vermitteln einen Eindruck davon, dass die Sophistik mit dem traditionellen Menschenbild des 5. Jahrhunderts v. Chr. keineswegs bricht, sondern die Motive des kurzlebigen, unwissenden, schwachen Menschen in sich aufnimmt.

Welche Rolle spielen diese Motive aber in den sophistischen Lehren genau? Wie kann diese Vorstellung vom Menschen ein Element der sophistischen Bildungskultur sein? Dieser Frage sei hier exemplarisch an *Protagoras* (2) und *Gorgias* (3) nachgegangen. Dabei zeigt sich, dass die so häufig als ‚Rhetorik' karikierten Diskurspraktiken dieser Gelehrten gerade auch als Versuche ausgelegt werden können, mit epistemischer Endlichkeit umzugehen. In dieser Sicht ist die Sophistik nicht durch den Anspruch auf privilegiertes Wissen, sondern vielmehr durch das Bewusstsein gekennzeichnet, dass ewige Wahrheiten nicht zu haben sind. Diese Selbstbeschränkung auf ‚menschliche Weisheit' darf als weiterer Beleg dafür gelten, dass das sophistische Denken durch die *Sokratik* keineswegs abgebrochen, sondern im Gegenteil fortgeführt wird (4).

2

Protagoras markiert den Beginn der sophistischen Lehrkultur. Sokrates berichtet, dass die Athener im Grunde nie aufgehört haben, ihn in Ehren zu halten (vgl. Platon, *Menon* 91e). Das schon erwähnte Fragment über die Götter ist einer der wenigen Sätze von Protagoras, die als authentisch gelten dürfen.[3] Er lautet:

> „Von Göttern kann ich nichts wissen (*ouk echō eidenai*), weder wie/dass sie sind (*hōs eisin*), noch wie/dass sie nicht sind (*hōs ouk eisin*); denn es gibt vieles, das dem Wissen entgegensteht, wie die Verborgenheit (*adēlotēs*) und dass das Leben des Menschen kurz ist." (DK 80 B 4)

Wiederum ist von der Kürze des menschlichen Lebens die Rede; und die Begrenztheit des menschlichen Verstehens (*eidenai*) wird mit der Begrenztheit des menschlichen Lebens in unmittelbaren Zusammenhang gestellt. Sterblichkeit geht mit Nichtwissen einher. Die für die frühgriechische Anthropologie so zentrale Ausdeutung der menschlichen Sterblichkeit als epistemischer Endlichkeit ist also auch bei Protagoras greifbar: Der Mensch ist ein sterbliches, zeitliches Wesen, dem der Blick aufs Ganze des Seins fehlt, das nicht weiß, was war und was noch kommt, und dadurch den Geschicken weitgehend ausgeliefert ist. In diesem Sinne geht Sterblichkeit mit Verwundbarkeit einher.

Was Protagoras angeht, liefert dieses Motiv einen alternativen Ausgangspunkt zu der so oft beanspruchten Behauptung vom übersteigerten Relativismus: Die Lehre, dass wir aufgrund der Kürze unseres Lebens von den Göttern nichts wissen können, präsentiert sich im Lichte der anthropologischen Setzungen der Zeit nicht als Anleitung zum Subjektivismus, sondern als Gebot der Zurückhaltung in der Rede über göttliche Dinge. Es geht darum, auf eine ganz bestimmte Grenze des Wissens aufmerksam zu machen: Über das Göttliche können wir nichts sagen, weil sich unsere Einsicht auf die Welt der menschlichen Angelegenheiten beschränkt. Die *pragmata*, um die sich die protagoreische Lehre dreht, sind die weltlichen Dinge, die für die Sterblichen nicht in Verborgenheit (*adēlotēs*) liegen, sondern für sie von Belang und zugänglich sind. Gewissheit freilich ist auf diesem Feld nicht zu haben: „In jeder Sache" (*peri pantos pragmatos*), so ein weiterer Satz des Protagoras, gibt es „zwei einander entgegengesetzte Reden" (*dyo logous antikeimenous allēlois*, DK 80 A1[51]). Wie man die Angelegenheiten der menschlichen Praxis betrachten soll, ist wesentlich strittig. Aber sie sind die einzigen Dinge, über die man überhaupt etwas sagen kann.

---

3   Zu den Fragen der Überlieferung vgl. ausführlich Schiappa 2003.

Die protagoreische Redelehre ist also nicht auf das Feld der Doxa beschränkt, weil sie es auf Eristik abgesehen hat, sondern einfach deswegen, weil es so der menschlichen Situation der epistemischen Endlichkeit entspricht. Vor diesem Hintergrund bekommt sodann auch der berühmte ‚Satz des Protagoras' einen anderen Klang:

„Aller Dinge Maß ist der Mensch (*pantōn chrēmatōn metron estin anthrōpos*), der seienden, wie/dass sie sind (*tōn men ontōn hōs estin*), der nichtseienden, wie/dass sie nicht sind." (*tōn de ouk ontōn hōs ouk estin*, DK 80 B 1)

Auch hier darf das Kontrastverhältnis von Menschen und Göttern mitgedacht werden: Dass der Mensch das Maß ist, bedeutet, dass es *nicht* die Götter sind. So jedenfalls scheint Platon es verstanden zu haben, der später schreiben wird: „Gott ist wohl am meisten das Maß aller Dinge (*pantōn chrēmatōn metron*) für uns, und viel mehr als, wie man sagt, irgend ein Mensch" (Platon, *Nomoi*, 716 c). Die Alternative zum menschlichen ist der göttliche Maßstab; während Protagoras, entsprechend seiner Devise, dass man über das Göttliche nichts wissen kann, vor diesem Maßstab zurückschreckt, markiert er für Platon gerade, dass das Menschliche im Verhältnis zu einem unerreichbaren Höheren zu verstehen ist, hinter dem es notwendig zurückbleiben muss.

Wie ist der *homo-mensura*-Satz vor diesem Hintergrund zu verstehen?[4] Angesichts des Gesagten ist zunächst davon auszugehen, dass die ‚Dinge' (*chrēmata*), von denen Protagoras an dieser Stelle spricht, ganz alltägliche Dinge sein müssen. Der Mensch kann nicht für die ‚göttlichen Dinge' das Maß sein – etwa indem es von ihm abhängt, wie sie sind oder gar, ob es sie gibt oder nicht. Für diese Lesart spricht, dass das in der Regel mit ‚Dinge' übersetzte griechische Wort *chrēmata* einen ganz mundanen Sinn hat: Zwar kann es sich, wie *pragmata*, auf ‚Dinge' im allgemeinen beziehen. Aber wenn Sextus *chrēmata* später eigens als *pragmata* erläutert (DK 80 A 14 [216]), so zeigt dies nicht nur, dass die Ausdrücke zwar synonym verstanden werden konnten, sondern eben auch, dass sie nicht notwendig immer schon bedeutungsgleich waren. Im alltäglichen Verständnis gehört das Wort zunächst in das semantische Feld des ‚Gebrauchens' (*chrēsthai*) und des ‚Gebrauchs' (*chreia*); die Pluralform *chrēmata* bedeutet gewöhnlich ‚Güter', ‚Waren' oder ‚Vermögen'. Der Ausdruck könnte also durchaus einen spezifischen Klang haben und sich auf Dinge des menschlichen Verkehrs beziehen. Fest steht,

---

4 Die folgende Deutung wird freilich nichts daran ändern, dass sich der Sinn des *homo-mensura*-Satzes nicht abschließend klären lässt. Für einen Eindruck der Vielfalt der möglichen Interpretationen vgl. exemplarisch Neumaier 2004.

dass es ungereimt wäre, wenn der *homo-mensura*-Satz im Kontext einer spekulativen Theorie gestanden hätte, der es um ein ontologisch verstandenes ‚Sein‘ oder ‚Nichtsein‘ geht. Wenn Protagoras das Wissen des Menschen auf nicht-göttliche Dinge beschränkt und also einen Standpunkt der radikalen Immanenz bezieht, dann muss der Gedanke vom menschlichen Maß im Hinblick auf solche Angelegenheiten erläutert werden, die in der Lebenspraxis von Belang und möglicherweise Gegenstand von Konflikten sind. Der Mensch kann nur ‚Maß‘ aller derjenigen ‚Dinge‘ sein, mit denen er *umgeht* und über die er sich *streitet*. Dass der Mensch das ‚Maß aller Dinge‘ ist, würde dann gerade auch bedeuten, dass er über einige Dinge, wie beispielsweise die Götter, *nichts* sagen kann.

Diese Interpretation wird plausibler, wenn man hinzunimmt, dass die klassische, zum ersten Mal von Platon formulierte Deutung genau besehen recht gewaltsam ist: Sokrates erläutert den Satz des Protagoras so, dass er das jeweilige Ich zum Richter darüber mache, was etwas ist oder nicht ist (vgl. Platon, *Theaitetos*, 151e-163a): Meine Wahrnehmung (*aisthēsis*) ist immer die Wahrnehmung *meines* Seins; deswegen ist sie ‚wahr für mich‘ (ebenda, 160c). Diese Lesart, in der der Satz zum frühen Ausdruck eines verschärften Relativismus wird, funktioniert freilich nur solange, als man akzeptiert, dass das *metron*, das eigentlich das ‚Maß‘ im Sinne der ‚Maßeinheit‘ ist, ohne weiteres mit dem *Messenden* gleichgesetzt werden kann. Bei Platon wird aus dem ‚Maß‘, dem Kriterium, kurzerhand der ‚Richter‘ (*kritēs*, ebenda). Aus dem Menschsein als Maßeinheit wird der individuelle Mensch als urteilendes Subjekt (vgl. van Berkel 2013). So sieht es dann so aus, als wäre jeder Mensch sich selbst sein Maß, wo tatsächlich nur gesagt sein könnte, dass das Menschsein in allen menschlichen Angelegenheit ein Maß ist, das nicht überschritten werden kann.

Die hippokratische Schrift ‚Von der alten Medizin‘, verfasst von einem protagoreischen Arzt, vermag diese Deutung weiter zu unterstützen: In ihr wird geltend gemacht, dass es am Ende die ‚Wahrnehmung des Körpers‘ (*aisthēsis tou somatos*) ist, an der sich entscheidet, ob ein Heilverfahren etwas taugt. Mit Blick auf Protagoras ist herauszuheben, dass die *aisthēsis* dabei ganz ausdrücklich als das *Maß* medizinischer Erkenntnis eingeführt wird: „Man muss ein Maß (*metron*) suchen", so heißt es dort, man wird aber „kein anderes Maß finden", um „Genauigkeit" (*akribes*) zu erreichen, als die „Wahrnehmung des Körpers" (*De vetere medicina*, IX.3). Die Heilkunst muss auf die Basis von Kriterien gestellt werden, die im Menschen liegen, und sich, so könnte man den Gedanken verstehen, an einer letztlich sinnlichen Unterscheidung von Gesundheit oder Krankheit, Kräftigung oder Schwächung, Linderung oder Erschwerung orientieren. Protagoras' Lehre scheint dies für das Feld der Erkenntnis insgesamt geltend gemacht zu haben. In dieser Hinsicht ist zu beachten, dass es im gewöhnlichen Verständnis Quantitäten oder Intensitäten sind, die gemessen werden, nicht aber die Existenz von Gegenständen. Der *homo-mensura*-Satz würde dann ausdrücken, dass der Mensch selbst am Ende die Vergleichsgrundlage für die Bestimmung eines graduierbaren Seins der Dinge des menschlichen Umgangs ist. Man könnte diesbezüglich auch von einem *prädikativen* Sein sprechen; das *hōs estin* wäre in diesem Fall mit ‚wie sie sind' zu übersetzen (vgl. Kerferd 1999, S. 86). Genauer wäre eine lebenspraktische Qualität angesprochen: Nicht *dass* etwas ‚der Fall ist', sondern was es in praktischer Hinsicht ist oder was etwas *wert* ist – dafür liefert der Mensch das Maß. Im Feld der Ökonomie ist dieser Gedanke leicht zu plausibilisieren: Etwas *ist* nur dadurch ein Wert, dass es eine bestimmte Rolle in unserem Leben spielt und ihm Wert *beigemessen* wird. Auf diese Weise könnte der Mensch auch dort die Bewertungskriterien liefern, wo bestimmt werden muss, was etwas ‚ist' oder ‚nicht ist'.

Diese Lektüre verträgt sich gut mit Sokrates' Präsentation der protagoreischen Position: Für Sokrates bedeutet der Satz des Protagoras, dass Erkenntnis (*epistēmē*) nichts anderes ist als Wahrnehmung (*aisthēsis*); nur sei die Ausdrucksweise eine andere (vgl. Platon, *Theaitetos* 151ef.). Dass der Mensch das „Maß von allem" (*pantōn metron*) ist, so drückt Sokrates es auch aus, bedeutet, dass er das Maß „des Hellen, des Schweren und des Leichten" ist, und dass es nichts gibt, wo es nicht so zugeht (ebenda, 178b). Erkenntnisfragen sind immer von der Art, ob etwas warm ist oder kalt, schwarz oder weiß, bitter oder süß. Das prädikative Sosein unmittelbar aufgefasster Phänomene liefert das Paradigma von Erkenntnis überhaupt. Die Pointe dabei würde nach dem Gesagten aber darin liegen, dass sich auf dem Feld der konkreten *pragmata*, die im Leben des Menschen von Belang sind, keine ‚Erkenntnis' (*epistēmē*) oder ‚Genauigkeit' (*akribeia*) erreichen lässt, die das sinnliche Auffassen übertrifft.

Formulieren wir ein Zwischenergebnis: Dass der Mensch bei Protagoras zum ‚Maß' (*metron*) wird, muss nach dem Gesagten nicht auf die anmaßende Behauptung hinauslaufen, dass sich der gesamte Kosmos um den Menschen dreht. Wie das Fragment ‚Über die Götter' und die hippokratische Schrift *De vetere medicina* belegen, war für Protagoras auch der Gedanke charakteristisch, dass die *conditio humana* eine Situation der epistemischen Endlichkeit und radikalen Immanenz ist. Der Mensch hat letztlich nichts, an das er sich halten kann, außer seiner eigenen, schwachen und immer sinnlich konstituierten Auffassung. Wenn wir uns nun Gorgias von Leontinoi zuwenden, treten ganz ähnliche Motive hervor. Auch hier hat die Endlichkeit den Sinn einer epistemischen Begrenztheit. Insbesondere das gorgianische Thema von der unbegrenzten ‚Macht des Logos' präsentiert sich vor diesem Hintergrund von einer anderen Seite.

3

In der *Lobrede der Helena* – neben der *Verteidigung des Palamedes* eine der
beiden erhaltenen Reden des Gorgias – finden sich zwei Stellen, die einen Ein-
blick in die zugrunde liegenden anthropologischen Prämissen erlauben. Es ist das
Ziel dieser Rede, ein gutes Wort für Helena einzulegen, die seit ihrer Entführung
nach Troja traditionell einen zwiespältigen Ruf in Griechenland genießt. Gorgias
weist in dieser Sache darauf hin, dass ein Gott seine Finger im Spiel gehabt haben
könnte: „Ein Gott aber", so schreibt er, „ist stärker (*kreisson*) als der Mensch, an
Kraft, Weisheit und auch in den anderen Dingen" (DK 82 B 11[6]). Das Verhältnis stellt sich als eines der Kräfte dar: Menschen sind schwächer als Götter.[5]
Aber die epistemische Endlichkeit ist dabei wieder zentral: Die Schwäche des
Menschen gründet nicht zuletzt darin, dass es ihm an göttlicher Einsicht fehlt.
Später in der Rede ist im selben Zusammenhang von der „menschlichen Krankheit" (*anthrōpinon nosēma*) die Rede (ebenda, [19]). Sofern Gorgias also eine allgemeine Annahme über den Menschen macht, ist es wiederum die Annahme,
dass er hinter den Göttern rangiert und im Vergleich zu ihnen defizitär, schwach,
hinfällig und von minderer Weisheit ist.

Ähnlich wie bei Protagoras wirkt diese anthropologische Grundprämisse auf
die gesamte Form der Lehre des Gorgias zurück: Diese gibt sich als ein Denken der *Doxa* zu erkennen, das sich gerade nicht für das Ewige und Unwandelbare interessiert, sondern zutiefst auf die Welt des menschlichen Meinens ein-
lässt. Vorausgesetzt dabei ist eine Skepsis gegenüber der Einlösbarkeit zu hoch
angesetzter Wahrheitsansprüche und gegenüber der Ontologie des eigentlichen
Seins, für die Parmenides steht. Von Parmenides weiß man, dass er die „wirk-
lich-überzeugende Wahrheit" scharf von den „Meinungen der Sterblichen"
(*brotōn doxai*) unterscheiden wollte; die zentrale Einsicht habe demzufolge zu
sein, ‚dass es ist', und dass es sich nicht so verhält, ‚dass es nicht ist' (DK 28
B 1). Gorgias' berühmt-berüchtigte *Rede über das Nichtseiende* darf man als
meontologische Antithese dazu verstehen. Doch es ist ein Missverständnis, wenn
man sie so auffasst, wie Sextus Empiricus sie referiert: dass Gorgias in dieser
Rede zeigen wollte, ‚dass *nichts* ist'. Die Rede gewinnt vielmehr erheblich an
Verständlichkeit, wenn man sie als Ausdruck einer generellen Ontologieskepsis
liest: Die Pointe ist, dass sich über ‚das Sein' selbst, wie es ohne Bezug zum

---

5   Das Verhältnis zwischen Mensch und Gott wird auch an einer Stelle in der Leichen-
     rede für die im Krieg gefallenen Athener angedeutet, an der Gorgias über die Ver-
     storbenen sagt, sie hätten „als Göttliches die *Aretē*", „als Menschliches die Sterblich-
     keit" *(to thnēton)* besessen (DK 82 B 6).

menschlichen Auffassen ist, nicht sinnvoll sprechen lässt. Wenn Gorgias zeigt, dass, „auch wenn etwas wäre, es für den Menschen unerkennbar (*agnōston*) und undenkbar (*anepinoēton*) wäre" (DK 82 B 3 [77]), dann ist dies eine Demonstration, dass der Mensch nicht versuchen sollte, göttliche Einsichten zu gewinnen, sondern sich gerade auf das beschränken sollte, was Parmenides die ‚Meinungen der Sterblichen' genannt hätte. Der Mensch hat keine Einsicht in das, was unabhängig von der wechselhaften Erscheinungswelt, in der er lebt, so ist, wie es ist; er ist prinzipiell von Ontologie abgeschnitten. Die anthropologische Prämisse von der Schwäche des Menschen prägt die Grundvoraussetzungen der gorgianischen Lehre so tiefgreifend, dass diese selbst zu einem Denken der Doxa wird. Was man in Gorgias' Schriften findet, schließt sich unter diesem Gesichtspunkt tatsächlich recht gut auf. Mit Blick auf zwei Leitmotive sei das ausgeführt: den gorgianischen *logos* und den *Bildungsgedanken*. Beide Motive lassen sich von der Grundvoraussetzung menschlicher Mangelhaftigkeit her gut begreifen.

Erstens: Die sophistische Bewegung, der Gorgias gewöhnlich zugeordnet wird, wurde auch als Aufklärungsbewegung, als *fifth-century-enlightenment* beschrieben. Der geschichtliche Hintergrund wurde unter Stichwörtern wie ‚Säkularisierung' oder ‚Demokratisierung' häufig diskutiert. Charakteristisch für diese Bewegung ist, dass sie Redelehren entwickeln, was man häufig so verstanden hat, dass die Sophisten nicht Philosophie, sondern Rhetorik gelehrt hätten. Auch Gorgias ist als Redelehrer bekannt, und es ist offenkundig, dass der gorgianische Logos ein zutiefst sinnlicher und sinnlich-wirksamer Logos ist. Er ist, wie Gorgias selbst es in der Helena-Rede sagt, ein „Körper" (*sōma*, DK 82 B 11[8]). Genauer ist der gorgianische Logos ein Klangkörper und ein Bildkörper, er manifestiert sich in hörbaren und sichtbaren Gestalten. Er ist nicht Ratio, sondern *Rede*. Das ist das große Thema der *Lobrede der Helena*: Die Praxis der Rede, die Gorgias hier ins Auge fasst, hat sowohl etwas von Musik als auch von Malerei, sie vollzieht sich als ein Komponieren von Klängen und Bildern. Die Wendung *logon plattein* (DK 82 B 11[11]) charakterisiert dies recht treffend: Eine Rede muss gebildet werden; sie ist eine Sprachplastik, eine konkrete Gestaltung, in der sich die Kraft der Dichtung mit der Macht der Bilder vereint. Dabei scheint diese Kraft auf den ersten Blick geradezu grenzenlos. Eine Rede, die überzeugend wirkt, die *Peitho* hat, schreibt Gorgias in der Helena-Rede, kann „die Seele prägen, wie sie will" (DK 82 B 11[13]).

Nimmt man die anthropologische Grundüberzeugung vom Menschen als Mangelwesen ernst, so ist zu sagen, dass Gorgias die sinnlichen *logoi*, die in der Helena-Rede vorgeführt werden, keineswegs willkürlich ins Spiel bringt, etwa um mutwillig einen radikalen Relativismus zu schüren. Sie kommen vielmehr ausdrücklich aufgrund der Situation epistemischer Endlichkeit ins Spiel, in der sich der Mensch Gorgias zufolge befindet. In der Helena-Rede heißt es nämlich auch (DK 82 B 11[11]): Wenn „alle" ein Wissen über „alles" in Vergangenheit, Gegenwart und Zukunft hätten, dann „wäre derselbe Logos nicht mehr auf dieselbe Weise" (*ouk an homoiōs homoios ēn ho logos*). Das ist aber nicht der Fall; ein solches göttliches Wissen vom zeitlosen Sein haben wir nicht. Infolgedessen müssen „die meisten in den meisten Dingen", wie es an derselben Stelle weiter heißt, die *Doxa* zum „Ratgeber" (*symboulon*) für ihre Seele machen. Der Mensch kann sich nicht an das Sein selbst halten; er bleibt verwiesen auf die Erscheinungswelt. Aus demselben Grunde sind die meisten anfällig für irreführende oder lügnerische Reden. Ganz ähnlich hatte das schon Pindar gesagt, der für Gorgias eine wichtige Inspirationsquelle war. Weil es ihnen an höherer Einsicht fehlt, sind sterbliche Wesen Täuschungen und Falschheiten gegenüber weitgehend wehrlos (Pindar, *Olympische Oden* I.28f.).

Versteht man die gorgianische Konzeption von dieser Seite her, so ergibt sich eine interessante Akzentverschiebung: Wo es bei Gorgias um die schier grenzenlose ‚Macht der Rede' geht, geht es eigentlich immer auch um die menschliche *Ohnmacht*, für die Helena stellvertretend steht. Mit der zitierten Passage, dass die Peitho „die Seele *prägen* kann, wie sie will" (DK 82 B 11[13]), wird eine menschliche Schwäche zum Ausdruck gebracht. Dass sich bei Gorgias alles im Medium wahrnehmbarer *logoi* abspielt, ist eine direkte Konsequenz aus der Prämisse, dass der Mensch keine Einsicht in das Unwandelbare hat. Die Prämisse, dass der Mensch sich mit *Doxa* zufriedengeben muss, wirkt so auf die Form der Reflexion selbst zurück: Wir können ein zeitloses Sein nicht begreifen, und die Rede kann nichts Seiendes transportieren. Wie der Mensch ein Wesen der *Doxa* ist, so ist er auch ein Wesen, das stets auf sinnliche *logoi* verwiesen bleibt. Und das heißt, dass er konstitutiv täuschbar ist und bleibt. Zum Abgeschnittensein von jeder göttlichen Einsicht ins Sein, zum Ontologiemangel, gesellt sich die epistemische Verwundbarkeit des Menschen.

Zweitens: Gorgias' Redelehre betreibt die menschliche Täuschung nicht, sondern ist eine Reaktion auf menschliche Fallibilität, auf die anthropologische Situation der epistemischen Endlichkeit. Es ist deutlich geworden, dass das Problem des Mangels an Weisheit und der Täuschbarkeit eine anthropologisch so grundlegende Voraussetzung ist, dass es nicht durch eine *technē* der Rede behoben werden kann. Eine formal gedachte Rhetorik würde an der menschlichen Fallibilität nichts ändern. Wie also könnte Gorgias auf diese Problemlage reagiert haben? An dieser Stelle sollte man daran denken, dass die Sophistik eine Bewegung war, die im Zeichen der *paideia* stand. Im vorplatonischen Jahrhundert entsteht durch das Zurücktreten der traditionellen Standesethik Raum für den Gedanken, dass Personen durch ihr eigenes Zutun erst werden, wer sie sind. In der Sophistik wird diese Möglichkeit zum ersten Mal bewusst, wie Hegel gesehen hat. Tatsächlich steht Gorgias bei Platon in dem Ruf, „Menschen zu erziehen" (Platon, *Apologie* 19e). Die Natur kann also nach Gorgias verfeinert werden. Auch in der Helena-Rede finden sich Spurenelemente davon, etwa wenn das „Vermögen *erworbener* Weisheit" ausdrücklich *neben* die *eudoxia* der Abstammung tritt (DK 82 B 11[4]).

Vor diesem Hintergrund scheint es sinnvoll, Gorgias' Redepraxis als eine Bildungspraxis aufzufassen. Die gorgianische Redelehre zielt auf eine Arbeit am Ethos, und sie ist in diesem Sinn eine Ethik. Gorgias' Antwort auf die Mangelhaftigkeit des Menschen ist dann nicht, dass der Mensch rhetorisch aufrüsten muss, sondern dass er an sich zu arbeiten hat. Diese Stoßrichtung der gorgianischen Redelehre könnte man in das allgemeine Szenario stellen, dass die Sophistik typischerweise einem Primat des Praktischen verpflichtet war: Nicht erst Sokrates, sondern schon die sogenannten Sophisten haben die Weisheit ‚vom Himmel auf die Erde' geholt. Dass das bezugslose, parmenideische Sein, selbst wenn es wäre, für den Menschen ‚unerkennbar' wäre, bedeutet in diesem Zusammenhang nicht zuletzt, dass es für den Menschen *auf anderes ankommt* als auf dieses Sein. Es wäre ein Hinweis, dass man sich als Mensch um die menschlichen Dinge zu kümmern hat, um die gewöhnliche Wirklichkeit der alltäglichen Angelegenheiten.

Halten wir wiederum fest: Wie Protagoras trotz seiner Rede vom Menschen als ‚Maß aller Dinge' die traditionellen Motive der menschlichen Endlichkeit keineswegs verabschiedet, sondern entschieden eine Position der epistemischen Endlichkeit und Immanenz vertritt, so ist die Grundvoraussetzung der Begrenztheit des Menschseins auch bei Gorgias prägend für die Form der Lehre selbst. Auch hier ist der Mensch letztlich auf eine schwache, stets aufs Ästhetische verwiesene Auffassung gebunden und konstitutiv täuschbar. Die auf den ersten Blick so verwirrend unbegrenzte Macht des Logos wird bei Gorgias erst durch diese menschliche Ohnmacht verständlich. Bei allen Differenzen im Kleinen, scheinen die anthropologischen Grundprämissen der beiden Sophisten doch im überraschend hohen Maße übereinzustimmen. Abschließend sei gefragt, welche Konsequenzen für die philosophische Geschichtsschreibung sich aus diesen beiden Fallbeispielen ziehen lassen.

4

Hans Blumenberg hat 1971 in seinem Aufsatz „Anthropologische Annäherung an die Rhetorik" vorgeschlagen, die antike Rhetorik als Konsequenz der anthropologischen Überzeugung zu verstehen, dass die menschliche Lebenssituation wesentlich eine des Mangels ist. Für diese ‚rhetorische Anthropologie' ist, wie Blumenberg meint, die Prämisse typisch, dass der Mensch ohne definitive Wahrheiten auszukommen hat, in einer Welt der Doxa lebt und sich in ihr bewähren muss. „Der Mensch als das arme Wesen bedarf der Rhetorik als der Kunst des Scheins, die ihn mit seinem Mangel an Wahrheit fertig werden lässt" (Blumenberg 2001, S. 407). Die Rhetorik versetzt das Mangelwesen Mensch in die Lage, sich in unter Bedingungen der Unbeständigkeit zu behaupten und ohne ein Wissen vom Sein auszukommen.

Das Vorhergehende macht darauf aufmerksam, dass diese Interpretationslinie auch für die alte Sophistik – welche allerdings nicht zur ‚Rhetorik' im späteren disziplinären Sinn gezählt werden darf – fruchtbar zu sein scheint. Sowohl die Position des Protagoras als auch Gorgias' Redelehre haben Züge einer ‚Anthropologie' im Sinne Blumenbergs. Die Wendung ‚Kunst des Scheins' hat freilich etwas Irreführendes, sofern sie suggeriert, dass es um eine *Erzeugung* von Schein geht: Tatsächlich sollen die sophistischen Logoslehren eher zum *Umgang* mit der Welt der Doxa befähigen – dem Umgang also mit stetig wechselnden Situationen, dem Mangel an Verlässlichkeit und begrenzter Übersicht. Die Sterblichkeit des Menschen, seine Schwäche und Unwissenheit, bringt eine Verwundbarkeit mit sich, die in irgendeiner Weise kompensiert werden muss. An diesem Leitfaden könnte man die sophistische Bildungskultur und ihre diskursiven Praktiken auslegen. Wer das sophistische Anliegen einer Steigerung menschlicher Handlungsfähigkeit ins Zentrum stellt und die sophistische Lehre als Sache der Selbstbehauptung deutet (vgl. Buchheim 1986), sollte dabei also nicht vergessen, dass damit keine individualistische Selbstbehauptung gegenüber unliebsamen Konkurrenten, sondern primär die Entfaltung menschlichen Lebens unter widrigen Umständen und in Ermangelung göttlicher Hochwertigkeit gemeint ist. Die Ethik der Sophistik hat nichts von *survival of the fittest*. Es geht vielmehr um eine Ethik für endliche Wesen und um die Frage, wie das Leben gelingen kann, wenn das eigene Wesen hinter den unsterblichen Göttern zurückbleibt.

Aus dem Gesagten geht hervor, dass sich dies insbesondere auf die *Form* auswirkt, die eine philosophische Lehre angesichts dessen annimmt. In den wenigen überlieferten Schriften der Sophisten lassen sich nur wenige anthropologische Grundannahmen ausmachen – aber die ganze Art und Weise des Denkens und der Typus des Wissens, der hier begegnet, sind dennoch durch diese Annahmen nachhaltig geprägt. Dabei ist daran zu denken, dass essentialistische Bestimmungen ‚des Menschen' weder für Protagoras noch für Gorgias in Frage kämen, weil sie dem menschlichen Logos die Fähigkeit, das Sein zu denken oder zu sagen, nicht zutrauen. Beide könnten aus anthropologischen Gründen das Sein des Menschen nicht zum Thema machen und müssen Anthropologie, wenn man so will, stets schon ‚in pragmatischer Hinsicht' betreiben. Dass eine solche praktische Form des anthropologischen Denkens zu Protagoras' und Gorgias' Zeit durchaus bewusst ins Auge gefasst wurde, kann man ebenfalls gut an der Schrift *Über die alte Medizin* belegen, in der die Behauptung vertreten wird, dass sich die Erkenntnis darüber, „was der Mensch ist" (*ti estin anthrōpos*), aus nichts anderem gewinnen als „aus der Heilkunst" (*De vetere medicina* XX.2). Man muss, so der Verfasser des Traktats, Medizin „in ihrer Gesamtheit richtig und umfassend" betreiben, wenn man wissen will, „was der Mensch ist, aus welchen Gründen er entsteht und alles Übrige […]." Das heißt, dass es sich nicht um ein abstrakt-allgemeines oder generisches Wissen handelt, sondern letztlich um ein Wissen darüber, „was der Mensch ist im Verhältnis zu den Speisen und Getränken, die er zu sich nimmt, was er ist im Verhältnis zu seiner übrigen Lebensweise und was jedem durch die einzelnen Dinge widerfährt" (ebenda, XX.3). Das Wissen vom Menschen ist ein Wissen des Einzelnen.

Das sophistische Denken ist also insofern ‚anthropologisch', als es von der menschlichen Situation nicht etwa absieht, sondern sich im Gegenteil von Beginn an im Bewusstsein der menschlichen Situation *vollzieht*. Viele Klischees über die sophistische Bewegung könnten sich erledigen, wenn man diesen Gedanken ernst nimmt. Der Sophist ist keineswegs durch Anmaßung gekennzeichnet, durch den dreisten Anspruch auf Wissen. Gerade die Züge des sophistischen Denkens, die man gern als Beleg eines schrankenlosen Relativismus nimmt und die dem Vorurteil von der ‚sophistischen Rhetorik' entgegenzukommen scheinen, erweisen sich bei genauerem Hinsehen als Konsequenzen aus der kulturgeschichtlich tief verankerten Überzeugung, dass der Mensch sich in manchen Dingen zurücknehmen sollte. Dass der Mensch laut Protagoras nichts über die Götter sagen kann, sondern sich an das ‚Maß des Menschen' halten soll, verdankt sich ebenso wenig einer mutwilligen Relativierung von Erkenntnisstandards wie das gorgianische Insistieren darauf, dass menschliches Denken auf die Welt der Doxa beschränkt bleibt und daher leicht in die Irre geführt werden kann. In beiden Fällen handelt es sich gerade nicht um einen Aufruf zur Selbstermächtigung, sondern um eine Mahnung zum Eingeständnis eigener Endlichkeit.

Es kommt hier natürlich nicht darauf an, die Ehre der Sophisten zu retten. Viel wichtiger ist die Frage, welche Konsequenzen das Gesagte für die Art und Weise hätte, wie die Geistesgeschichte geschrieben wird. Offenbar hat die sophistische Bewegung für die Herausbildung der disziplinären Philosophie, die gewöhnlich durch die sokratische Lehre markiert wird, eine viel größere Rolle gespielt als ihr üblicherweise eingeräumt wird. Die eingangs skizzierte Auffassung, dass sich Sokrates' Eingeständnis, nur über ‚menschliche Weisheit' zu verfügen, gegen eine Gruppe von arroganten Gelehrten richtet, die das Maß des Menschseins verloren haben und göttliches Wissen beanspruchen, ist eigentlich nur durch Platons Darstellung begründet. Philosophiehistorisch dürfte sie grundfalsch sein. Tatsächlich ist der Beginn der klassischen griechischen Philosophie ohne die Sophistik nicht denkbar. Vor allem methodisch schöpft sie aus den sophistischen Diskursverfahren, nicht aus der Vorsokratik. Es gibt eine kontinuierliche Entwicklung von der Antilogik zur Dialektik, von Zenon und Protagoras zu Platon. „For Plato, though he does not like to say so, antilogic is the first step on the path that leads to dialectic" (Kerferd 1999, S. 67). Beide Methoden reagieren auf eigene Weise auf das Problem, dass diskursunabhängige Wahrheiten für den Menschen nicht greifbar sind. Das Vorangegangene dürfte deutlich gemacht haben, dass die sophistischen und sokratischen Vorstellungen vom Menschsein, die eng mit dieser methodischen Ausrichtung verknüpft sind, ebenfalls große Übereinstimmungen aufweisen: Auch die Sophisten wussten darum, dass sich Anmaßung und Maßlosigkeit für sterbliche Wesen nicht gehört. Sie waren bereits mit der Grundsituation der epistemischen Endlichkeit vertraut, welche später im sokratischen Nichtwissen ihren prominenten Ausdruck finden wird. In der Empfehlung, sich nicht um die ‚himmlischen', sondern um die ‚irdischen' Dinge zu kümmern, wie sie für die gesamte Sophistik prägend ist, bahnt sich die Zurückführung der Philosophie ‚vom Himmel auf die Erde' an, für die Sokrates später berühmt werden wird. Die Sokratik ist die Fortsetzung der Sophistik mit anderen Mitteln.

Literatur

Blumenberg, Hans. 2001. Anthropologische Annäherung an die Aktualität der Rhetorik. In *Ästhetische und metaphorologische Schriften*, 406–431. Frankfurt/M.: Suhrkamp.

Buchheim, Thomas. 1986. *Die Sophistik als Avantgarde des normalen Lebens*. Hamburg: Meiner.

Buchheim, Thomas. 2010. Sterbliche Unsterbliche. Über die Lage des Menschen in der vorsokratischen Philosophie. In *Philosophische Anthropologie in der Antike, Hrsg.* L. Jansen und C. Jedan, 31–68. Frankfurt am Main u.a.: Ontos Verlag.

Cole, Thomas. 1995. *The Origins of Rhetoric in Ancient Greece*. Baltimore/London: Johns Hopkins University Press.

Diels, Hermann, und Walther Kranz. Hrsg. 1952. *Die Fragmente der Vorsokratiker. 3 Bde. 6. Aufl.* Berlin: WBG.

Gagarin, Michael. 2001. Did the Sophists Aim to Persuade? *Rhetorica* 19: 275–291.

Hippocrates. 1984. Bd. I. Gr.-engl. Übers. v. W.H.S. Jones. Cambridge, Mass./London: Loeb.

Kerferd, George B. 1999. *The Sophistic Movement*. Cambridge, Mass.: Cambridge University Press.

Leeten, Lars. 2016. Verliert die Philosophie ihren Erzrivalen? Ein Blick auf den aktuellen Stand der Sophistikforschung. *Allgemeine Zeitschrift für Philosophie* 41/1: 77–103.

Lesher, J.H. 2008. The Humanizing of Knowledge in Presocratic Thought. In *The Oxford Handbook of Presocratic Philosophy*, Hrsg. P. Curd und D. W. Graham, 458–484. Oxford: Oxford University Press.

Neumaier, Otto (Hrsg.). 2004. *Ist der Mensch das Maß aller Dinge? Beiträge zur Aktualität des Protagoras*. Paderborn: Bibliopolis.

Platon. 1990. *Werke in acht Bänden*. Gr.-dt. Übers. v. Friedrich Schleiermacher, hrsg. v. Gunther Eigler. Darmstadt: WBG.

Pindar. 1967. *Siegesgesänge und Fragmente*. Gr.-dt. Übers. v. Oskar Werner. München: Tusculum.

Schiappa, Edward. 1989. Did Plato Coin *Rhētorikē*? *American Journal of Philology* 120: 460–473.

Schiappa, Edward. 1999. *The Beginnings of Rhetorical Theory in Classical Greece*. New Haven/London: Yale University Press.

Schiappa, Edward. 2003. *Protagoras and Logos. A Study in Greek Philosophy and Rhetoric*. 2. Aufl., Columbia: University of South Carolina Press.

Sophokles. 2007. *Dramen*. Gr.-dt. Düsseldorf: Artemis & Winkler.

Thukydides. 1993. *Der Peloponnesische Krieg*. Gr.-dt. 2 Bde. Übers. v. Georg Peter Landmann. München/Zürich: Artemis & Winkler.

van Berkel, Tazuko A. 2013. Made to Measure: Protagoras' *metron*. In *Protagoras of Abdera: The Man, His Measure (Philosophia Antiqua 134)*, Hrsg. J. M. van Ophuijsen, M. van Raalte und P. Stork, 37–67. Leiden/Boston: Brill.

Teil V
Mysterien

Wege zur Unsterblichkeit

Diotimas Eroslehre in Platons „Symposion"

Raul Heimann

---

1 Einleitung. Unsterblichkeit in Platons „Symposion"

Die Frage nach der Unsterblichkeit der menschlichen Seele gilt schon in der Antike als ein „Markenzeichen" der platonischen Philosophie (vgl. Erler 2007, S. 379; Sedley 2009, S. 145). Auch die gegenwärtige Forschung sieht in der sogenannten Unsterblichkeitslehre einen Kern seiner Philosophie. Sie sei notwendiger Bestandteil der Anamnesis-, Zweiwelten- und Aufstiegslehre (vgl. Erler 2007, S. 380). Gleichwohl tut sich die Forschung schwer, die verschiedenen Aussagen des platonischen Sokrates miteinander zu vereinbaren. Im „Gorgias" bekennt sich Sokrates zu einem Mythos über das Schicksal der menschlichen Seele nach dem Tod (Gorg. 523a ff), während er in der „Apologie" sein Nichtwissen in Bezug auf das Leben nach dem Tod äußert (Apol. 40c). In den mittleren Dialogen „Phaidon" (69e-107b), „Phaidros" (245c-246a) und „Politeia" (608c-611a) finden sich verschiedene Beweise der Unsterblichkeit der Seele, die jedoch jedes Mal von Sokrates relativiert werden. Gerade die im „Phaidon" dargestellte, existentielle Zuversicht des Sokrates im Angesicht seines Todes lässt die Frage nach seiner tatsächlichen Überzeugung zur Unsterblichkeit immer wieder aufkeimen[1].

---

[1] Sedley identifiziert drei Arten von „Unsterblichkeit" in Platons Werk (vgl. Sedley 2009, S. 145ff). Während im „Phaidon" die Unsterblichkeit der menschlichen Seele schlechthin zukomme („essential immortality"), werde sie im „Timaios" durch die Entscheidung für das Geistige erworben („conferred immortality") und schließlich im „Symposion" und in der „Politeia" durch die individuelle Vereinigung mit den Ideen verdient („earned immortality"). Die Frage nach dem sachlichen Zusammenhang der drei Arten bleibt indes unbeantwortet.

© Springer Fachmedien Wiesbaden GmbH, ein Teil von Springer Nature 2019
V. Bachmann und R. Heimann (Hrsg.), *Grenzen des Menschseins*,
https://doi.org/10.1007/978-3-658-27166-4_7

Bemerkenswert ist, dass die gegenwärtige Forschung das „Symposion" nur selten zur Frage nach dem sokratisch-platonischen Verständnis der Unsterblichkeit heranzieht. Dabei spielt die Unsterblichkeit eine zentrale Rolle in der von Sokrates vorgetragenen und explizit geteilten Eros-Lehre der mantineischen Priesterin Diotima (Symp. 201d-212a)[2]. Zur Orientierung sei kurz an die Stellung von Diotimas Unsterblichkeitslehre im „Symposion" erinnert: Sechs Lobreden auf den Eros werden gehalten, davon fünf vorsokratische Reden (Symp. 201d-212a) und eine sokratische Rede, die die Lehre der Diotima wiedergibt (Symp. 198a-212c). Den Abschluss bildet eine Lobrede auf Sokrates, in der dieser als leibhaftiger Eros erscheint (Symp. 215a-222b)[3]. Die sokratische Rede lässt sich nach dem Muster der eleusinischen Mysterien unterteilen in (a) Reinigung, in der Sokrates die Voraussetzung der Eros-Vorstellungen seiner Vorredner widerlegt (Symp. 198b-201c), (b) Belehrung, die die Eros- und Unsterblichkeitslehre der Diotima wiedergibt (Symp. 201d-209e) und (c) Erhebung mit der Schilderung des Aufstiegs zur Schau des Schönen als Erfüllung der Eros- und Unsterblichkeitslehre (Symp. 209e-212b)[4].

Die Stellung der Unsterblichkeitslehre im Werk Platons ist in der Forschung kaum weniger umstritten als ihr Gehalt. Sedley findet in Diotimas Lehre zwei Formen der Selbstverewigung, biologisch durch Fortpflanzung und intellektuell durch Belehrung (vgl. Sedley 2009, S. 158). Frede sieht hingegen in der Selbstverewigung durch unsterblichen Ruhm den roten Faden des ganzen Textabschnittes (vgl. Frede 2012, S. 151), da Diotima Fortpflanzung und Belehrung mit diesem Ziel in Verbindung bringe. Sier geht über beide Ansätze hinaus und sieht in diesen drei menschlichen Bestrebungen (Fortpflanzung, Erziehung, Ruhm) Diotimas Beschreibung von drei faktischen Formen der Selbstverewigung. Weil diese aber von unreflektierten Wertmaßstäben ausgingen, verfehlten sie ihr Ziel der Unsterblichkeit (vgl. Sier 1997, S. 122). Erst eine Änderung der Blickrichtung hin zur Reflektion der Wertmaßstäbe ermögliche den Aufstieg zur Schau der

---

2   Möglicherweise liegt der Grund für diese Vernachlässigung darin, dass hier die Unsterblichkeit nicht im Zusammenhang einer Seelentheorie thematisiert wird. Erler schreibt in seinem sonst umfangreichen Kapitel zur Seelenlehre Platons lediglich: „Schon im ‚Symposion' ist von Unsterblichkeit die Rede, ohne dass freilich die Seele erwähnt würde" (Erler 2007, S. 380). Landmann dagegen sucht hinter der Eros-Theorie eine Seelentheorie Platons mit dem Gedanken, dass das, was Platon Diotima über Eros sagen lässt, dieser zur menschlichen Seele sagen wollte (vgl. Landmann 1956).

3   Zu den diskutierten Möglichkeiten, die Reden zueinander ins Verhältnis zu setzen, vgl. Zehnpfennig, 2000, S. XII-XXIX.

4   Auf diesen Zusammenhang der eleusinischen Mysterienlehre und der Einteilung der sokratischen Rede weist Zehnpfennig hin (2007, S. 197).

transzendenten Idee des Schönen und dessen praktische Umsetzung (vgl. Sier 1997, S. 172; auch Landmann 1956, S. 186). Die alte Frage, wie ein Wissen von einer jenseitigen Idee möglich sein soll und wie diese diesseitig praktisch wirken kann, bleibt in dieser Deutung ungelöst. Einen möglichen Ansatz zur Lösung des Problems bietet Zehnpfennig. Sie weist auf einen fundamentalen Unterschied zwischen den sokratischen Vorrednern, die sich in den beschriebenen faktischen Formen der Selbstverewigung wiederfinden, und der Aufstiegsschilderung der Diotima hin. Während die Vorredner von der eigenen Fülle ausgehen und deshalb in der Selbstbezogenheit verharren würden, betone Diotima den existentiellen Mangel des Menschen. Dessen Einsicht bedeute eine grundlegende Änderung der Blickrichtung und ermögliche erst den Transzendenzbezug (vgl. Zehnpfennig 2007, S. 192f). Danach ginge es im Aufstieg zur Schau des Schönen weniger um die Reflexion vermeintlich schon immer besessener Wertmaßstäbe, sondern um eine existentielle Selbständerung. Dadurch bliebe das Schöne zwar absolut, sei aber nicht mehr getrennt vom Aufgestiegenen (vgl. Zehnpfennig 2007, S. 203). Was aus dieser Deutung des Aufstiegs für die Frage nach der Unsterblichkeit der Seele folgt, führt Zehnpfennig nicht weiter aus. Diese Aufgabe möchte der vorliegende Beitrag übernehmen.

Konkret soll geklärt werden, wie sich Diotimas Unsterblichkeitslehre aus der Perspektive der existentiellen Mangelhaftigkeit der menschlichen Natur darstellt. Aus dieser Perspektive lässt sich die Lehre, soviel sei an dieser Stelle bereits angedeutet, als eine Darstellung verschiedener Stufen des menschlichen Unsterblichkeitsstrebens verstehen. Entsprechend soll die Unsterblichkeitslehre in drei Schritten entfaltet werden: 1) Die verschiedenen Dimensionen der menschlichen Natur und ihrer Mangelhaftigkeit: An ihnen soll gezeigt werden, dass sie den existentiellen Ausgangspunkt für die verschiedenen Formen des Unsterblichkeitsstrebens darstellen. 2) Die herkömmlichen Formen, Unsterblichkeit in den genannten Dimensionen anzustreben: All diese Formen erweisen sich als defizitär, weil dasjenige, das die Unsterblichkeit jeweils garantieren soll, selbst mangelhaft ist. 3) Die Umkehr zur Einsicht in den je eigenen Mangel und der Aufstieg zur Schau des Schönen: Erst diese ermöglichen die Erfüllung des Unsterblichkeitsstrebens und des Menschseins im Allgemeinen.

Vor dem Einstieg in die Untersuchung soll kurz auf die Frage eingegangen werden, wessen Unsterblichkeitslehre Platon im „Symposion" eigentlich darstellt. Die beiden Grundmöglichkeiten sind, dass Platon als Autor des „Symposions" auch der Erfinder der Diotima und ihrer Unsterblichkeitslehre ist[5] oder

---

5 Während z.B. Sier (1997) und Sedley (2009) die Unsterblichkeitsformen von der Ideenlehre her zu erklären versuchen, vermutet Landmann (1956) sogar einen eige-

dass die Unsterblichkeitslehre ein von Sokrates referierter Teil der traditionellen Mysterienlehre ist[6]. Eine Entscheidung zwischen beiden Möglichkeiten wird dadurch erschwert, dass sich Sokrates ausdrücklich zu der Lehre Diotimas bekennt[7], so dass die Lehre vom Text her mit gleichem Recht beiden zugeschrieben werden kann. Die Frage nach der Autorenschaft der Lehre lässt sich wohl letztlich auf die Frage nach der Historizität der Figur Diotima reduzieren, denn nur wenn die Priesterin tatsächlich lebte, kann Platon ihr eine Lehre zuschreiben. Einerseits ist diese Frage jedoch mit historischen Mitteln kaum zu klären, weil es außerhalb von Platons Werk keine Hinweise auf sie gibt. Andererseits leistet eine Antwort auf diese Frage keinen Beitrag zum Verständnis des Sachgehalts der Lehre[8]. Im Folgenden werde ich mich daher auf die systematische Rekonstruktion der Unsterblichkeitslehre beschränken und die Frage, wem diese Lehre historisch zuzuschreiben ist, offen lassen[9].

2   Sterblichkeit des Menschen

2.1   Streben des Menschen

Die Unsterblichkeitslehre ist ein Teil von Diotimas Eroslehre. Während die Eroslehre die dynamische Grundverfasstheit des Menschen fokussiert, betrifft die

---

nen „Traktat von den drei Unsterblichkeiten", der als Vorlage für die Diotima-Rede gedient haben könnte.

6   Diese Sicht vertritt z.B. Zehnpfennig (2007, S. 190ff). Sie weist auf den religiösen Charakter des Aufstiegs und der Schau hin, die philosophisch von Sokrates noch überstiegen werden.

7   Am Ende seiner Rede positioniert sich Sokrates deutlich: „Solches also, Phaidros und auch ihr anderen, sprach Diotima, und sie hat mich überzeugt. Davon überzeugt, versuche ich aber auch die anderen zu überzeugen. [...] und jetzt und immerdar verherrliche ich die Macht und die Tapferkeit des Eros, so sehr ich es nur vermag" (Symp. 212b). Zu den weiteren Arten von Sokrates' Zustimmung zur Diotima vgl. Kranz 1926, S. 445.

8   Auf die sachliche Irrelevanz der Frage nach der historischen Diotima weisen schon Kranz (1926, S. 440f) und Zehnpfennig (2007, S. 196) hin. Für beide verkörpert Diotima eine wesentliche Einsicht, um die es auch Sokrates geht.

9   Der Einfachheit wegen gehe ich mit dem Text davon aus, dass Sokrates die Unsterblichkeitslehre von einer mantineischen Priesterin namens Diotima gehört, übernommen und wiedergegeben hat. Die Frage nach einer möglichen Differenz zwischen Diotima und Sokrates lässt sich erst von einem sachlichen Verständnis der Lehre her beantworten, nicht umgekehrt.

Lehre von der Sterblichkeit und Unsterblichkeit die beiden Pole der Dynamik. Um das menschliche Streben nach Unsterblichkeit anthropologisch zu verorten, sei daher zunächst die grundsätzliche Struktur des Eros dargestellt. Sokrates zeigt in der Auseinandersetzung mit der Eros-Vorstellung des Agathon (Symp. 199c-201c), dass Eros als Begehren des Guten und Schönen selbst nicht das Begehrte besitzt, mithin nicht gut und schön sein kann (Symp. 201c). Eros ist nicht göttliche Fülle, wie es die fünf sophistischen Vorredner des Sokrates unterstellen[10], sondern seinem Wesen nach Mangel. Doch, wie Diotima betont, ist der Mangel nicht absolut, sondern Eros befindet sich durch seine Ausrichtung auf das Schöne und Gute „zwischen Sterblichem und Unsterblichem" (Symp. 202d). Das Ziel des Begehrens ist die Überwindung des Mangels durch den Besitz des Guten.

> „Denn durch den Besitz des Guten sind die Glückseligen glückselig, und es bedarf nun keiner weiteren Frage mehr, wozu denn einer glückselig sein will, sondern damit scheint die Antwort ihren Abschluss gefunden zu haben" (Symp. 205a).

Mit der Glückseligkeit ist also die motivationale Letztbegründung des erotischen Strebens benannt. Diese Struktur des Eros', das Begehren des Guten um der Glückseligkeit willen, bezeichnet zugleich eine anthropologische Grundstruktur, die „allen Menschen gemeinsam" (Symp. 205a) ist. Aus ihr leitet Diotima im nächsten Schritt das Streben nach Unsterblichkeit ab. Denn wer das Glück anstrebt, der wird „das Gute immer haben wollen" (Symp. 205a). Eine begrenzte Dauer des Besitzes des Guten würde einen Mangel bedeuten, der mit der Fülle des Strebensziels unvereinbar wäre.

> „Nach der Unsterblichkeit zu streben aber zusammen mit dem Streben nach dem Guten, ist notwendig zufolge des schon Eingestandenen, wenn denn die Liebe darauf zielt, das Gute für sich immer zu haben" (Symp. 206e-207a).

Das Streben nach ewigem Glück impliziert somit einerseits das Streben nach dem Guten und andererseits das Streben nach der Unsterblichkeit[11]. Das Gute ohne

---

10 Phaidros führt die Prämisse ein, dass Eros ein Gott sei: „Eros aber, einem so alten und gewaltigen Gott" (Symp. 177a), von der die nachfolgenden Redner Pausanias, Eryximachos, Aristophanes und Agathon trotz aller Differenzen nicht abweichen.

11 Auf diese Zweiseitigkeit des Telos als Eudämonie und Athanasie weisen Sier (1997, S. 91) und Frede (2012, S. 142) hin. Frede vermutet hier einen Fehlschluss von „etwas für immer Begehren" auf „Begehren der Ewigkeit" (Frede 2012, S. 146). Dieser be-

die Unsterblichkeit führt bestenfalls zu vorübergehendem Glück, die Unsterb-
lichkeit ohne das Gute schlimmstenfalls zu ewigem Unglück[12]. Der Besitz des
Guten und die Unsterblichkeit stellen zwei notwendige Bedingungen des ewigen
Glücks dar.

Für die folgenden Überlegungen lässt sich festhalten, dass Diotima in ihrer
Eroslehre die dynamische Verfasstheit des Menschen beschreibt. Als ein Mängelwesen, das das Gute und Schöne nie auf Dauer besitzt, strebt er nach der Fülle, die
den ewigen Besitz des Ermangelten bedeutet. Das Streben nach dem Guten und
der Unsterblichkeit sind zwei Seiten derselben anthropologischen Medaille[13].
Offen bleibt bisher, wie das Gute und die Unsterblichkeit inhaltlich zu verstehen
sind und wie sie für den einzelnen Menschen erreichbar sind. Konkret: wie findet
sich die formale Eros-Struktur inhaltlich in der Vielfalt möglicher Seinsweisen
des Menschen wieder? Um diese Frage zu beantworten, soll zunächst auf die
Sterblichkeit als den anthropologischen Ausgangspunkt für das Unsterblichkeitsstreben eingegangen werden.

2.2   Vergänglichkeit des Menschen

Diotima entfaltet die Sterblichkeit als dasjenige, das es zu überwinden gilt. Die
Sterblichkeit betrifft nach Diotima nicht nur den Menschen, sondern alle Lebewesen[14].

> „Denn auch von jedem einzelnen Lebewesen sagt man, es lebe und sei dasselbe,
> wie man von frühester Kindheit an bis ins Greisenalter jemanden als denselben
> bezeichnet. Dieser nun, der niemals dasselbe an sich hat, wird dennoch derselbe ge-
> nannt. Tatsächlich wird er fortwährend ein Neuer, und das Alte verliert er" (Symp.
> 207d).

---

steht allerdings nur dann, wenn das „Immer" auf das Begehren, nicht auf den Besitz
bezogen wird.

12   An dieser Überlegung wird deutlich, dass Unsterblichkeit und das Gute nicht identifiziert werden können, wie Frede es versucht (vgl. Frede 2012, S. 145).

13   Landmann sieht nur eine Seite der Medaille, wenn er die Unsterblichkeitssehnsucht
als das eigentliche Streben der Seele bezeichnet (vgl. Landmann 1956, S. 169)

14   Die Verortung des Eros in der gesamten Natur dient nach Frede dem Nachweis der
Allgemeinheit des Eros als eine Art Naturkraft (vgl. Frede 2012, S. 139).

Die Vergänglichkeit des Menschen lässt sich als der entscheidende Grund seines Mangels am Guten verstehen, denn dadurch verliert er beständig alles, was er hat, mithin auch das Gute. Dieser ständige Verlust des Guten zeigt sich auf allen Ebenen des Menschseins[15].

Auf der sinnlich-leiblichen Ebene sind „Haare, Fleisch, Knochen, Blut, kurz der ganze Körper" (Symp. 207c-d) ständiger Veränderung ausgesetzt. Der Besitz des Schönen und Guten dieses Bereiches, z.B. in Form von körperlicher Gesundheit und Wohlgeformtheit des Leibes, drohen beständig, verloren zu gehen und sind tatsächlich nicht von Dauer. Der Körper und seine Teile sterben ständig ab, so dass der Mensch schon auf dieser Ebene die eigene Sterblichkeit erfährt, ohne dass er als Ganzes stirbt. Deshalb wird ein Mensch trotz seiner Veränderungen „derselbe genannt" (Symp. 207d). Dies impliziert wiederum, dass der Mensch nicht identisch mit der körperlichen Erscheinung ist. Die Vermutung liegt nahe, dass gerade diese Erfahrung der Vergänglichkeit des je eigenen Körpers zum Bewusstsein einer nicht-körperlichen, seelischen Instanz als konstantem Bezugspunkt für die Erfahrung der Veränderungen führt.

Im nächsten Schritt betrachtet Diotima daher die seelische Dimension des Menschen. Doch auch hier findet sich bei genauerem Hinsehen keine Dauerhaftigkeit:

„die Gewohnheiten, der Charakter, Meinungen, Begierden, Lüste, Sorgen, Ängste – von diesem bleibt nie etwas in jedem sich gleich, sondern das eine entsteht, das andere vergeht" (Symp. 207e).

Analog zum Körper lassen sich die ständigen Veränderungen der Seele als Grund ihres Mangels an dauerndem Besitz des Guten ausmachen. Seien es ein guter Charakter oder Vorstellungen vom Guten und Schönen, nichts von alledem ist von Dauer. Erst die Begründung der seelischen Eigenschaften scheint eine Konstanz zu ermöglichen, die der seelische Bereich als solches nicht gewährleisten kann. Denn auch dieser bedarf eines übergeordneten Bezugspunktes, um von guten Charakteren und richtigen Vorstellungen sprechen können.

Dieser Bezugspunkt der seelischen Ebene lässt sich nach Diotima auf der geistig-epistemischen Ebene verorten. Die Erkenntnis objektiver Sachverhalte kann die subjektiven Meinungen darüber begründen und so einen sich selbst gleich-

---

15   Frede sieht in den nachfolgenden Bereichen vor allem Aspekte der Unsterblichkeit (vgl. Frede 2012, S. 148). Allerdings gehören diese Bereiche auch zur Sterblichkeit. Sofern der Mensch in seiner erotischen Grundstruktur an beidem teilhat, lässt sich eher von Aspekten des Menschseins sprechen.

bleibenden Maßstab zur Identifizierung seelischer Veränderungen bieten. Doch auch auf dieser Ebene stellt Diotima fest,

> „dass auch die Erkenntnisse nicht nur teils entstehen, teils vergehen in uns und wir niemals dieselben sind in Bezug auf die Erkenntnisse, sondern dass auch jeder einzelnen Erkenntnis dasselbe widerfährt" (Symp. 207e-208a).

Die Vergänglichkeit zeigt sich vor allem im Verhältnis des Menschen zu seinen Erkenntnissen, d.h. er kann sie vergessen. „Vergessen nämlich ist das Verschwinden einer Erkenntnis" (Symp. 208a). Die Erfahrung des je eigenen Vergessens ist zugleich eine Erfahrung der je eigenen Mangelhaftigkeit. Der Mangel der Vergänglichkeit betrifft nicht ihren Inhalt, sondern lediglich die Seite desjenigen, der die Erkenntnis hat. Insofern im Menschen die sinnliche und die geistige Dimension zusammen kommen, gehören Irrtum und Vergessen untrennbar zur menschlichen Natur. Ein dauerhafter Besitz des Guten und Schönen erscheint somit unmöglich. Von der Vergänglichkeit unberührt lässt Diotima allein den in der Erkenntnis erfassten Sachverhalt, hier das Gute und Schöne. Ohne die Konstanz eines Sachverhalts wären Begründungen von Vorstellungen und damit Erkenntnis unmöglich. Diese notwendig vorausgesetzten Sachverhalte sind der Maßstab, vor dem alles Sterbliche als mangelhaft erscheint. Sie sind in jedem menschlichen Streben zugleich als in allen Dimensionen fehlend und als letztes Ziel des Menschen notwendig vorausgesetzt.

Festhalten lässt sich: Diotima stellt die Sterblichkeit des Menschen in all ihren Dimensionen dar, von der körperlichen über die seelische bis zur geistigen[16]. Die Vergänglichkeit auf allen Ebenen des Menschen ist der Grund für die fehlende Dauer des Besitzes des Guten und somit für die Mangelhaftigkeit des Menschen. Die erfahrene Kluft zwischen realem Mangel und vorausgesetzter idealer Fülle ist das entscheidende Motiv für das individuelle Streben nach dem Besitz des Guten. Ohne den Mangel gäbe es keinen Grund für das menschliche Streben, ohne das Gute kein Ziel[17]. Das Streben nach dem Guten und nach der Unsterblichkeit lässt sich also als ein Versuch des Menschen verstehen, seine sterbliche Natur zu überschreiten. Wie lässt sich unter diesen anthropologischen Voraussetzungen Unsterblichkeit sinnvoll denken?

---

16 Frede spricht von physiologischen, psychischen und epistemischen Aspekten (vgl. Frede 2012, S. 148).

17 Für Frede trägt dagegen die auf den Menschen bezogene „Flusslehre" nichts zur Erklärung des Strebens nach Unsterblichkeit bei, da die Mängel oft nicht bewusst sind und daher nicht zum bewussten Streben führen (vgl. Frede 2012, S. 149).

3 Unsterblichkeit des Menschen

3.1 Göttliche Unsterblichkeit

Zwei prinzipielle Arten der Unsterblichkeit sind zunächst denkbar: die gleichbleibende Fortexistenz des Individuums und dessen dauernde Neuerzeugung. Diotima erklärt, warum nur die zweite dem Menschen möglich ist.

Nach den bisherigen Betrachtungen lässt sich leicht einsehen, dass sich das Sterbliche nicht dadurch erhält, „dass es schlechterdings immer dasselbe bleibt wie das Göttliche" (Symp. 208a). Was ist damit gemeint? Zum Bereich des Göttlichen zählt Diotima einerseits das Gute und Schöne, andererseits die Götter selbst, denn „wie könnte also ein Gott sein, wer des Schönen und Guten nicht teilhaftig ist" (Symp. 202d)? Das Göttliche, so lässt sich schließen, bleibt immer dasselbe, weil es immer gut und schön ist. Es ist nicht den Ambivalenzen und Vergänglichkeiten der sinnlichen Welt unterworfen. Diese unsterbliche Identität des Göttlichen mit sich ist im Streben nach dem Guten und Schönen stets vorausgesetzt, denn sonst wäre dessen ewiger Besitz unmöglich. Der Grund für die Sterblichkeit ist also nicht im Göttlichen zu suchen, sondern in der Verortung des Sterblichen in der vergänglichen Welt.

Gleichwohl gibt es verschiedene Versuche der Menschen, durch das Bewahren des vermeintlich Guten und Schönen der göttlichen Unsterblichkeit nahezukommen. Auch wenn Diotima selbst diese Versuche nicht erwähnt, weil es ihr um eine andere Art der Unsterblichkeit geht, gehören sie zu den menschlichen Arten, Unsterblichkeit zu erstreben. Genannt sei hier auf körperlicher Ebene z.B. die Praxis der Kosmetik oder die des im „Phaidon" erwähnten Einbalsamierens:

> „Wenn der Körper nämlich zusammengefallen ist und einbalsamiert wie die Einbalsamierten in Ägypten, so bleibt er unglaublich lange nahezu ganz, einige Teile des Körpers aber, Knochen und Sehnen und alles derartige, sind, auch wenn er verwest ist, dennoch sozusagen unsterblich" (Phaid. 80c-d).

Auf geistiger Ebene könnte man das Festhalten an bestimmten Gewohnheiten benennen, wie es zu Beginn des „Symposion" dem Erzähler Apollodoros zugeschrieben wird: „Immer bleibst du derselbe, Apollodoros, immer nämlich schmähst du dich selbst und die anderen [...]" (Symp. 173d). All diese Versuche, durch das Konservieren eines bestimmten Zustandes das Vergängliche unvergänglich zu machen, können nicht zum Ziel führen. Es bedarf einer ständigen Fürsorge, um die Veränderungen aufzuhalten. Diese Fürsorge besteht in nichts

anderem als einer ständigen Erneuerung: in diesem Sinne versteht Diotima die
für den sterblichen Menschen erreichbare Art der Unsterblichkeit.

3.2   Menschliche Unsterblichkeit

Nach Diotima wird dadurch „alles Sterbliche erhalten, [...] dass das Fortgehende
und Veraltende stets ein anderes Neues, von gleicher Art wie es selbst, zurück
lässt" (Symp. 208a-b). Diese Art des Unsterblichkeitsstrebens beschränkt sich
nicht nur auf den Menschen, sondern auf alles Lebendige. Es lässt sich sogar als
das Prinzip des Lebendigen schlechthin bezeichnen:

> „Denn in demselben Sinn wie dort sucht auch hier die sterbliche Natur, soweit sie
> es vermag, ewig zu sein und unsterblich. Sie vermag dies aber nur auf diese Weise,
> durch Erzeugung, dass immer ein neues Junges zurückbleibt anstelle des alten"
> (Symp. 207c-d).

Die universelle Geltung dieses Prinzips für das Lebendige unterstreicht Diotima
durch einen Verweis auf die Tierwelt, z.B. den Eifer „bei der Aufzucht der Nachkommenschaft" (Symp. 207b). In jeder der genannten Dimensionen des Menschen wirkt dieses Prinzip der Fortzeugung. Der Körper erneuert sich beständig:
„Tatsächlich wird er fortwährend ein Neuer, und das Alte verliert er" (Symp.
207d). Auch in der Seele „bleibt nie etwas in jedem sich gleich, sondern das eine
entsteht, das andere vergeht" (Symp. 207e). Zuletzt findet sich die Fortzeugung
auch im Geistigen in Bezug auf die Erkenntnisse, die

> „teils entstehen, teils vergehen in uns [...]. Denn was man Nachsinnen nennt, das
> bezieht sich auf eine entschwundene Erkenntnis, Vergessen nämlich ist das Ver-
> schwinden einer Erkenntnis, Nachsinnen aber wiederum bewirkt anstelle des ent-
> schwundenen ein erneutes Innewerden und erhält die Erkenntnis, so dass sie die-
> selbe zu sein scheint" (Symp. 208a).

Wie lässt sich diese Art der Unsterblichkeit verstehen?
Das Prinzip der Fortzeugung ist ein dynamisches Prinzip, d.h. es bezeichnet
die Art einer ständigen Veränderung. Diese Dynamik vollzieht sich im Zyklus
von Vergehen und Entstehen, Absterben und Aufleben. Sie beschreibt den fort-
dauernden Übergang von einem Individuellen zum nächsten. Während das Individuelle in jedem Zyklus untergeht und neu entsteht, erhält sich das Allgemeine,
das Diotima die ‚Art' nennt. Das Einzelne ist das Sterbliche, während das All-

gemeine den Charakter des Unsterblichen trägt. Das Besondere, Unverwechselbare des Individuums stirbt beständig ab. Das Allgemeine, Gattungsmäßige des Individuums überdauert. Ohne dieses Allgemeine wäre Fortzeugung nicht denkbar, denn es gäbe nichts, das sich in der Fortzeugung erhalten könnte. Somit lässt sich schlussfolgern, dass auch das Leben insgesamt ohne dieses Allgemeine, das sich in jedem Generationenwechsel erhält, nicht denkbar wäre, „denn auf diese Weise wird alles Sterbliche erhalten" (Symp. 208a). Freilich vollzieht sich dieses Streben nicht bewusst, wie Diotimas Verweis auf die Tiere verdeutlicht[18]. Es ist ein natürliches Streben, das das Leben erst möglich macht, denn ohne dieses Streben wäre das Leben ausgestorben, noch bevor es begonnen hätte[19]. Das Leben hat durch dieses Streben Anteil an dem Tod und der Unsterblichkeit. In diesem Sinn liegt dem Leben die Eros-Struktur des Zwischenwesens schon immer inne. Doch wenn alles Lebendige nach Unsterblichkeit strebt, wodurch zeichnet sich das Streben der Menschen aus? Kann der Mensch mehr, als das natürliche Unsterblichkeitsstreben alles Lebendigen ins Bewusstsein zu heben, wie es bisher durch Diotima geschehen ist?

Diese Frage lässt sich mit einem Rückblick auf den anfänglichen Grund des Strebens nach Unsterblichkeit beantworten: den Mangel am Besitz des Guten. Das bloße Bewusstsein der natürlichen Fortzeugungsprozesse kann dem Menschen nicht genügen, da es ihm lediglich seine eigene Sterblichkeit, seinen eigenen Mangel vor Augen führt. Es genügt nicht, die Fortzeugung der verschiedenen Teile des Menschen zu betrachten, da mit dem Ende des Menschen auch diese Prozesse enden. Die Unsterblichkeit des Sterblichen ist eine bedingte, denn sie bleibt auf das jeweils Allgemeine bezogen. Im Fall der Teile des Menschen ist es der Mensch im Ganzen, der der notwenige allgemeine Bezugspunkt der Veränderungen ist und in allen Erneuerungszyklen „derselbe genannt" (Symp. 207d) wird. Das Haar erneuert sich stets nur als Haar eines bestimmten Menschen, stirbt dieser Mensch, stirbt auch das Haar. Betrachtet sich der Mensch als allgemeinen Bezugspunkt seiner Teile, erscheint er sich in Bezug auf diese als unsterblich. Sieht er hingegen auf sich als ein lebendiges Individuum, dann erscheint auch dieses Ganze als sterblich. Analog zu seinen Bestandteilen ist es dem Menschen als Individuum nur durch den Bezug auf ein Allgemeines möglich, unsterblich zu werden[20]. Dieses Allgemeine, das das Individuum in seiner Vergänglichkeit tran-

---

18 Sier bezeichnet das Streben als unbewusst-instinktiv (vgl. Sier 1997, S. 125).

19 Frede spricht von der „natürlichen Unsterblichkeit alles Sterblichen" (Frede 2012, S. 147).

20 Diesen Punkt übersieht Frede, wenn sie in Diotimas Lehre lediglich eine „Ersetzungstheorie" sieht, die die Konstanz der Lebewesen garantiert (vgl. Frede 2012, S. 149).

szendiert, bezeichnet Diotima als das Schöne und Gute. Unsterblichkeit scheint, so lässt sich aus diesen Überlegungen schließen, für den einzelnen Menschen nur mittels des Schönen und Guten möglich zu sein. Das Individuelle an ihm stirbt, das Gute und Schöne lebt weiter. Als entscheidende Frage für die Erfüllung des Unsterblichkeitsstrebens bleibt demnach: wie muss der Mensch nach dem Schönen und Guten streben?

Diese Frage beantwortet Diotima, indem sie im Anschluss an ihre prinzipiellen Überlegungen zur Unsterblichkeit die verbreitetsten Versuche, Unsterblichkeit anzustreben, darlegt. Das Gute und Schöne wird in diesen Versuchen jeweils auf einer der drei genannten Ebenen des Menschen angesiedelt und zum Ziel des Strebens erhoben. Allerdings, das soll im Folgenden verdeutlicht werden, sind diese herkömmlichen Arten des Unsterblichkeitsstrebens letztlich zum Scheitern verurteilt, da sie das Unsterbliche nach Maßgabe des Sterblichen verstehen.

4   Herkömmliche Wege zur Unsterblichkeit

4.1   Fortpflanzung

Wer das Schöne vor allem im Bereich des Körperlichen ansiedelt, der wird die Schönheit des Leibes für die primäre halten und die Unsterblichkeit durch die körperliche Fortzeugung suchen:

> „Diejenigen nun, die in Bezug auf den Körper zeugungsbedürftig sind, wenden sich mehr den Frauen zu und sind auf diese Weise verliebt, indem sie durch Zeugung von Kindern Unsterblichkeit und Erinnerung und Glückseligkeit, wie sie meinen, für alle kommende Zeit sich erwerben" (Symp. 208e).

Diese sinnlich orientierten Menschen versprechen sich die je eigene Unsterblichkeit von der Fortpflanzung, d.h. von dem Fortleben in ihren eigenen Nachkommen. Wie ist diese Art der Unsterblichkeit genau zu verstehen?[21]

Dasjenige, das fortleben soll, betrifft vor allem den Körper mit seinen individuellen und gattungsspezifischen Merkmalen. Die geistige Dimension des Menschen spielt dem gegenüber eine geringere Rolle. Denn wenn das physische

---

21   In der Forschungsliteratur wird diese Form des Unsterblichkeitsstrebens oft stiefmütterlich behandelt mit dem Verweis, dass es Platon darum nicht gehe (z.B. Landmann 1956, S. 182). Dabei erscheint gerade diese Form als die verbreitetste unter den Menschen.

Fortleben angestrebt wird, dann ordnet sich das Geistige diesem Ziel unter. Dieses Ziel des Fortlebens wird erreicht, indem das Individuum bestimmte physische Merkmale an die Kinder weitergibt, wie z.b. den Gliederbau, die Gesichtszüge. Auf diese Weise trägt jeder Mensch die physischen Merkmale all seiner Vorfahren in sich und reicht sie an seine Nachfahren weiter. Was sich über die Generationenfolgen hinweg erhält, sind weniger die individuellen Merkmale als vielmehr die Gattungsmerkmale. Welches sind die entscheidenden Merkmale, die es im Fortpflanzungsstreben zu erhalten gilt?

Eine Antwort lässt sich in Diotimas Auskunft über die Rolle des Schönen in der Fortpflanzung finden. Alle menschliche Natur begehrt zu zeugen, sobald sie ein entsprechendes Alter erreicht hat. „Erzeugen aber kann sie im Hässlichen nicht, sondern nur im Schönen. Das Zusammensein von Mann und Frau nämlich ist Zeugung" (Symp. 206c). Die körperliche Schönheit des jeweils anderen Geschlechtes regt dabei Mann und Frau zu Zeugung und Empfängnis an. Die Art der Anregung beschreibt Diotima sehr plastisch: „Wenn sich also das Zeugungsbedürftige dem Schönen nähert, so wird es heiter und von Freude durchströmt, und es befruchtet und zeugt" (Symp. 206d). Beides gehört untrennbar zusammen: die Schönheit tritt dem Menschen von außen entgegen, die Zeugung ist die dadurch angeregte Tätigkeit. Ohne die körperliche Schönheit und ohne die Ansprechbarkeit durch diese wären die Menschen nicht zeugungswillig, denn das Unsterblichkeitsstreben bliebe ohne Gegenstand und damit unerfüllt. Die körperliche Schönheit stellt sich als notwendige Bedingung für die individuelle Zeugungstätigkeit und damit für den Fortbestand der Gattung Mensch dar. Diotima kann zurecht behaupten: „Eine Schicksal bestimmende und geburtshelfende Göttin also ist Schönheit für die Erzeugung" (Symp. 206d).

Wie lässt sich dieser enge Zusammenhang von Schönheit und Zeugung erklären? Als Ausgangspunkt für eine mögliche Antwort bietet sich das individuelle Streben nach Glück durch den ewigen Besitz des Guten und Schönen an. Wenn ein sinnlich orientierter Mensch einen Menschen des anderen Geschlechts als körperlich schön wahrnimmt, dann weckt dies sein Begehren nach dem Besitz dieses Schönen. Doch kann er die Schönheit des Gegenübers nicht einfach auf sich übertragen, noch kann er sie für immer bewahren. Als Lösung dieses Problems der vergänglichen Schönheit erscheint die Zeugung von Nachkommen mit diesem Menschen. Indem sich im erzeugten Kind die Merkmale beider Eltern vereinen, wird die Schönheit des geliebten Gegenübers gegen den individuellen Verfall bewahrt. Das entscheidende Merkmal, das es in der Fortzeugung jeder Generation zu erhalten gilt, ist also die körperliche Schönheit. Dieses Schöne erscheint demnach als allgemeiner Bezugspunkt für das individuelle Fortpflanzungsstreben. Das Streben vollzieht sich meist unbewusst, denn es treibt nicht nur Menschen an, von denen man annehmen könnte, „dass sie dies aus Überlegung tun" (Symp. 207b), sondern auch Tiere, denn „dem sterblichen Lebewesen wohnt dieses als etwas Unsterbliches inne, die Schwangerschaft und Zeugung" (Symp. 206c). Die aufopfernde Sorge von Tieren und Menschen um die Nachkommenschaft schreckt selbst vor dem eigenen Tod nicht zurück (Symp. 207b). Das zeigt, dass das Leben schon auf der sinnlich-körperlichen Ebene darauf angelegt ist, über seinen individuellen Zustand hinauszukommen, d.h. sich zu transzendieren.

Kann die physische Fortzeugung das Ziel der Unsterblichkeit erreichen? Relativierende Äußerungen Diotimas legen nahe, dass dies nicht der Fall ist[22]. Bereits die Beschränkung auf die körperliche Schönheit deutet die Beschränktheit der durch Fortpflanzung erreichten Unsterblichkeit an. Die Nachkommen, also diejenigen, die die Unsterblichkeit garantieren sollen, sind selbst sterblich. Selbst die Gattung Mensch ist, als eine Gattung unter vielen betrachtet, Teil der sinnlichen Welt und somit selbst sterblich. Das Problem der Sterblichkeit des Menschen ist nicht durch Fortpflanzung zu lösen. Zur Überschreitung der körperlichen Vergänglichkeit bedarf es eines Überschrittes in den spezifisch menschlichen Bereich: das Geistige.

4.2   Ruhm

Allein bei den Menschen beobachtet Diotima den Drang, „berühmt zu werden und sich einen unsterblichen Namen, der auf ewige Zeiten besteht, zu erwerben" (Symp. 208c). Der Ruhm lässt sich auf der geistig-seelischen Ebene verorten, denn er hält sich vor allem in den Erinnerungen, Erzählungen und Vorstellungen der Menschen. Von diesen Erinnerungen versprechen sich die nach Ruhm strebenden Menschen Unsterblichkeit. Für Diotima ist das Ruhmstreben dem Fortpflanzungsstreben übergeordnet, denn für den Ruhm sind Menschen bereit,

> „die größten Gefahren zu bestehen, mehr noch als für ihre Kinder, und ihr Vermögen zu opfern und alle Mühsal auf sich zu nehmen und dafür zu sterben" (Symp. 208c-d).

Gegenüber dem Ruhm gerät alles Sinnliche zum bloßen Mittel: der materielle Besitz und sogar das eigene Überleben. Als Beispiele nennt Diotima griechische

---

22   Z.B. „[...] indem sie durch Zeugung von Kindern Unsterblichkeit und Erinnerung und Glückseligkeit, *wie sie meinen* [kursiv RH], für alle kommende Zeit sich erwerben" (Symp. 208a).

Helden, die bereitwillig in den Tod gingen, wie z.B. Alkestis, Patroklos oder Kodros (Symp. 208d). Gemeinsam ist ihnen, dass „sie geglaubt hätten, eine unsterbliche Erinnerung an ihre Tugend werde bleiben, die wir nun auch haben" (Symp. 208d). Welche Art von Unsterblichkeit ist das?

Zunächst ist deutlich, dass dasjenige, worin sich diese Unsterblichkeit vollzieht, nicht das Körperliche am Menschen ist, sondern das Seelische. Indem die Nachfahren durch die Geschichten der Heldentaten sich der tugendhaften Taten erinnern und diese in der Vorstellung noch einmal erleben, leben diese Helden in ihnen fort. Genauer: etwas von den Helden dauert in den Geschichten fort. Dieses Etwas, um deren Willen die Geschichten erinnert werden, ist die „Unsterblichkeit der Tugend" (Symp. 208d). Um diese geht es den Helden, sie ist der allgemeine Bezugspunkt für deren individuelles Streben. Ähnlich wie im Bereich des Körperlichen stirbt auch hier die individuelle Seele mit ihren Vorstellungen und Erinnerungen ab und deren Allgemeines lebt fort. Durch ihre Tugend haben die Helden Anteil an der Unsterblichkeit der Tugend. Wie hängt das Ruhmstreben mit dem Schönen und dem Glücksstreben zusammen?

Zwar lässt sich vermuten, dass die physische Schönheit eines Gegenübers zur Heldentat anregen kann, wie es bereits Phaidros in seiner Eros-Rede andeutet[23]. Allerdings scheint diese Funktion des Schönen nicht von Diotima gemeint zu sein, da die sinnliche Schönheit zunächst zur Fortpflanzung anregt und damit nicht das spezifisch Geistige der Anregung erfasst. Eher lässt sich die Rolle des Schönen aus dem Zusammenhang des Guten und Schönen erfassen: insofern die Tugend das spezifisch menschliche Gutsein bezeichnet, ist es auch schön[24]. Es ist der Besitz der Tugend selbst, von dem sich die Helden ewiges Glück versprechen. Um das Glück dauerhaft zu besitzen, muss ein Mensch seine Tugend vor dem Verfall bewahren. Versucht er dieses durch erinnerungswürdige Taten, dann wird er ein unsterblicher Held, denn „nur für die Unsterblichkeit der Tugend und für solch ruhmreichen Ruf tun alle alles" (Symp. 208d). Diese Heldentaten können als jenes Schöne verstanden werden, das zu neuer Tugend in den folgenden Generationen anregt. Die Tugend des Helden bewahrt sich so über den Wechsel der Generationen hinweg in den Vorstellungen und Taten der Nachkommen. Durch die Tat bleibt die Unsterblichkeit des Helden zwar noch an die Sinnlichkeit gebunden, aber in dieser geht es um die Tugend, die nicht mehr sinnlich ist. Insofern löst sich der Held von der Fixierung auf das Sinnliche, bleibt aber von ihm abhängig. Kann der Ruhm also die Unsterblichkeit garantieren?

---

23 Frede sieht die Rolle des Schönen vor allem als Inspiration für geistige Tätigkeiten und Heldentaten (vgl. Frede 2012, S. 153).

24 „D.: Scheint dir das Gute nicht auch schön zu sein? S.: Gewiss" (Symp. 201c).

Diese Frage lässt sich mit einem Blick auf die Bedingungen des Ruhms beantworten. Der Ruhm hat zwei zentrale Bedingungen: die Heldentat und die Erinnerung daran durch die Nachfahren. In Bezug auf den Ruhm stellt die Heldentat
demnach ein Mittel zum Zweck dar, da die Helden sich nicht geopfert hätten,
„wenn sie nicht geglaubt hätten, eine unsterbliche Erinnerung an ihre Tugend
werde bleiben" (Symp. 208d)[25]. Für den Helden ist also entscheidend, dass seine
Tat als ein Werk der Tugend wahrgenommen und erinnert wird. Hieraus ergeben
sich zwei mögliche Probleme. Zum einen wird eine Tat, die als solche Teil der
sinnlichen Welt ist, nicht in jedem Fall wahrgenommen. Eine Tat der Tugend, die
niemand sieht und von der niemand hört, kann keine Heldentat sein. Ein Held
muss also stets dafür sorgen, dass seine Taten auch wahrgenommen werden.
Denn nur was wahrgenommen wird, kann auch erinnert werden. Wird die Tat als
Tugendwerk wahrgenommen und erinnert, dann kann sie jedoch noch vergessen
werden. Denn wie jede seelische Eigenschaft, sind auch Erinnerungen vergänglich, sowohl individuell als auch kollektiv. Helden sterben durch das Vergessen.
Das bedeutet, dass der Ruhm, der die Unsterblichkeit garantieren soll, selbst auf
Bedingungen beruht, die vergänglich, d.h. sterblich sind. Um diese Vergänglichkeit zu überwinden, bietet es sich an, dasjenige, das in den Erinnerungen fortleben
soll, die Tugend, direkter in den Nachkommen zu erzeugen, also ohne den Um-
weg über die Heldentat. Inwiefern dies die Erziehung als dritter herkömmlicher
Weg zur Unsterblichkeit leisten kann, bespricht Diotima im nächsten Schritt.

4.3   Erziehung

Zunächst unterscheidet Diotima die Zeugung bezüglich der Seele von der des
Körpers:

> „denn es gibt ja auch solche, die in der Seele Zeugungskraft haben, mehr noch als
> im Körper, und zwar für alles, was der Seele zu erzeugen und hervorzubringen zu-
> kommt" (Symp. 209a).

Dieses ist nach Diotima „Einsicht und alle andere Tugend", insbesondere „Besonnenheit und Gerechtigkeit" (Symp. 209a). Die Erzeugung von Einsicht und
Tugend geht über die Erzeugung von Erinnerungen an Heldentaten hinaus, weil
sie direkt auf die Erzeugung desjenigen zielt, an das die Heldentaten erinnern

---

25   Sier weist ebenfalls auf den Mittelcharakter der Tugend bei den Helden hin, die sich
       damit im Gegensatz zu den Philosophen befinden (vgl. Sier 1997, S. 129).

sollen. Wie diese Erzeugung der Tugend aussieht, beschreibt Diotima in einer Art Erziehungsideal, das sie in aller Kürze darstellt. An dessen Anfang steht ein Mensch, der die Tugend „von Jugend an in seiner Seele trägt als ein Göttlicher" (Symp. 209b). Der Besitz der Tugend wird vorausgesetzt, sein Ursprung bleibt bewusst unerklärt. Reift ein solch tugendhafter Mensch heran und begehrt, seelisch zu erzeugen, „dann geht dieser auch umher und sucht also, glaube ich, nach dem Schönen, in dem er erzeugen könnte" (Symp. 209b). Trifft er eine „schöne, edle und wohlgestaltete Seele" (Symp. 209b), dann führt er „sofort eine Fülle von Reden über die Tugend und darüber, wie ein guter Mann beschaffen sein und worum er sich bemühen muss" (Symp. 209b-c).

Durch diese Reden versucht der Tugendhafte, die Seele des Gegenübers zu erziehen, d.h. seine Tugend in ihr noch einmal zu erzeugen. Nimmt die geliebte Seele diese Erziehung an, dann entsteht

> „eine weit innigere Gemeinschaft miteinander und eine festere Freundschaft als eine auf Kinder gegründete, da sie ja schönere und unsterblichere Kinder miteinander haben" (Symp. 209c).

Diese Beschreibung verdeutlicht, dass Erziehung hier als eine Übertragung der Tugendvorstellungen des Erziehers auf den zu Erziehenden verstanden wird, denn tugendhaft ist der Erzieher ja bereits. Welche Art von Unsterblichkeit auf diese Weise erreicht werden kann, erklärt Diotima am Beispiel der Künstler und Politiker.

Die Erziehung des Menschen zur Tugend vollzieht sich nämlich nicht nur im Verhältnis zwischen Individuen, sondern auch im Verhältnis zur Gemeinschaft. Künstler wie „Homer, Hesiod und die übrigen vortrefflichen Poeten" (Symp. 209d) erziehen durch ihre Werke. Diese „Sprösslinge" verschaffen ihnen „unsterblichen Ruhm und unsterbliche Erinnerung, [...] da sie selbst unsterblich sind" (Symp. 209d). Die Unsterblichkeit der Dichter und ihrer Werke folgt aus der unvergänglichen Wirkung auf die Leser. Die Tugendvorstellungen der Dichter ‚leben' fortwährend in den Lesern wieder auf und erhalten sich somit über die Zeiten hinweg. Noch deutlicher wird dieses Unsterblichkeitsstreben bei den Politikern, wie Lykurg in Lakedaimon und Solon (Symp. 209d). Denn diese wirken mittels ihrer Staatsbildungen und Gesetze erzieherisch auf die Seelen der Menschen. Über Generationen hinweg erzeugen die Gesetze immer wieder bei den Menschen die Tugendvorstellungen der Gesetzgeber. In ihnen lebt der Erzieher fort. Das Ziel, an der Unsterblichkeit der Tugend teilzuhaben, ist also dasselbe wie das der Helden, aber der Weg über die Erziehung ist direkter und bewusster als der über die Heldentat. Analog zu den Helden bezieht sich die Unsterblichkeit nicht auf die individuellen seelischen Eigenschaften wie Erinnerungen oder Charaktereigenschaften, sondern auf das ihnen Wesentliche: ihre Tugenden. Diese sind einerseits überindividuell, da sie von vielen Individuen geteilt werden können, andererseits sind sie höchst individuell, da die Vorstellungen vom Guten und Schönen als Strebensziel das individuelle Leben bestimmen. Ein Mensch, der ganz in der Vermittlung und Umsetzung seiner Tugendvorstellung aufgeht, vereint das individuelle und das allgemeine Moment und hat auf diese Weise teil an der Unsterblichkeit dieser Tugend. Damit transzendieren die Tugenderzieher nicht nur den vergänglichen Bereich des Körperlichen, sondern auch die Deutungsbedürftigkeit der heroischen Tugendpraxis.

Die Frage, ob dieses Unsterblichkeitsstreben prinzipiell zum Erfolg führen kann, lässt sich durch einen Blick auf dessen Voraussetzung beantworten. Diese besteht darin, dass der Erzieher tatsächlich „Einsicht und alle andere Tugend" (Symp. 209a) hat, dass also seine vermittelte Vorstellung tatsächlich in der Tugend gründet. Ohne diese Begründung bleibt es bei individuellen Vorstellungen von Gerechtigkeit und Besonnenheit, die genauso vergänglich sind wie alles Sinnliche und genauso deutungsbedürftig wie jede Praxis. Wer jedoch die je eigene Tugend und Erkenntnis voraussetzen zu können glaubt, dem bleibt die je eigene Sterblichkeit der einzige zu überwindende Mangel. Der Besitz des Guten scheint kein Problem, nur dessen Dauer. Auf diese Weise kann sich der Mensch zwischen Tieren und Götter einordnen: die Tugendvorstellungen markieren den Unterschied zu den Tieren, die Sterblichkeit den Unterschied zu den Göttern.

Gerade diese eigentümlich sophistische Voraussetzung, die Tugend schon zu besitzen und nur noch praktisch umsetzen zu müssen[26], kritisiert jedoch Diotima an früherer Stelle.

> „Von den Göttern philosophiert keiner oder begehrt, weise zu werden; er ist es nämlich schon, wie auch sonst niemand, der weise ist, philosophiert. Ebenso wenig philosophieren die Unwissenden, noch begehren sie, weise zu werden. Denn eben dies ist ja das Schlimme an der Unwissenheit, dass sie, ohne schön und gut und vernünftig zu sein, sich selbst doch zu genügen meint" (Symp. 204a).

---

26   Zehnpfennig verweist auf diesen Tugendanspruch der sokratischen Vorredner: „Die unerotische und so auch unphilosophische Existenz ist diejenige, die sich mit sich selbst begnügt und in ihrer Ignoranz gar nicht merkt, dass sie von fundamentaler Bedürftigkeit ist. Das kennzeichnet die Lage der Vorredner" (Zehnpfennig 2007, S. 200).

Wer andere in der Tugend erziehen will, ist nach Diotima entweder ein gottgleicher Mensch, weil er die Tugend und ihre Erkenntnis schon immer hat, oder ein Narr, weil er sich selbst zu genügen meint, ohne gut und vernünftig zu sein. Das Streben, die je eigenen Tugendvorstellungen durch Erziehung fortzuzeugen, erscheint unter dieser Perspektive als ein Ausdruck von Hybris. Tatsächlich ist nicht das Gute und Schöne selbst der Bezugspunkt der bisherigen Arten des Unsterblichkeitsstrebens, sondern der individuelle Mensch, der sich die Vorstellungen vom Guten macht. Dieser ist der Bezugspunkt des Fortpflanzungsstrebens, denn es geht um das eigene Fortleben in den Nachkommen. Er ist der Maßstab des Ruhmstrebens, dem es in erster Linie nicht um die Tugend, sondern um das eigene Fortleben geht. Und er ist es, der in der Erziehung die Tugend für sich beansprucht. In allen drei herkömmlichen Arten des Unsterblichkeitsstrebens versucht das Individuum, sich zu erhalten. Allerdings kann es auf keiner der beschriebenen Ebenen die Unsterblichkeit erreichen, da jede Dimension selbst vergänglich ist. Jedes Mal fehlt dasjenige, durch das die Unsterblichkeit erreicht werden kann: die Tugend. Ohne die je eigene Wirklichkeit des Gutseins können lediglich „Schattenbilder der Tugend" (Symp. 212a) erzeugt werden und damit auch nur die Scheinunsterblichkeit eines sich in die Ewigkeit projizierenden Menschen.

5 Aufstieg zur Unsterblichkeit

5.1 Umkehr

Das Ziel der Unsterblichkeit verlangt vom Menschen eine Überschreitung seiner sterblichen Natur. Der entscheidende Mangel dieser Natur ist nach Diotima das Fehlen des Guten. Dieser Mangel kann weder äußerlich als ein Mangel an Gütern, wie Besitz oder Macht, noch körperlich als ein Mangel an guter Beschaffenheit des Leibes verstanden werden. In beiden Fällen wäre das Gute vergänglich und ambivalent. Der von Diotima gemeinte Mangel befindet sich vielmehr auf der Ebene des Verhältnisses zu den äußeren Gütern, denn dieses entscheidet darüber, ob die Güter zum Guten oder Schlechten ausschlagen. Der Mangel ist also vielmehr ein innerer, existenzieller Mangel an eigenem Gutsein oder Tugend. Diesen Mangel gilt es zu überwinden durch die Erzeugung der Tugend im Menschen. Das bedeutet, dass der individuelle Mensch auf allen Ebenen seiner Existenz das Gute verwirklichen müsste, um an dessen Unsterblichkeit teilzuhaben und seine Anlage zu verwirklichen. Die Tugend würde von einer nur notwendigen Bedingung der Unsterblichkeit zum eigentlichen Ziel: Unsterblichkeit wäre neben der Glückseligkeit nur eine Folge des Besitzes der Tugend. Wie lässt sich nach Diotima dieses geforderte Ziel erreichen?

Der erste und wichtigste Schritt zur Erzeugung der eigenen Tugend ist die Umkehr des bisherigen Verhältnisses zum Guten, nämlich die Einsicht, die Tugend nicht schon zu besitzen und ihrer erst noch zu bedürfen. Es geht um mehr als um eine fehlende praktische Umsetzung oder das fehlende Bewusstsein eines Guten, da in beiden Fällen das Gutsein vorausgesetzt ist. Es geht um die Einsicht in die fehlende Begründung von Theorie und Praxis in der je eigenen personalen Wirklichkeit[27]. Eine so verstandene Umkehr ist die entscheidende motivationale Bedingung für das Erzeugen der Tugend, denn „wer nun nicht glaubt, bedürftig zu sein, der begehrt auch nicht, dessen er nicht zu bedürfen glaubt" (Symp. 204a). Hat ein Mensch erst einmal diesen Mangel anerkannt, so allgemein und unkonkret dieses Eingeständnis an dieser Stelle auch noch ist, dann stellt sich im nächsten Schritt die Frage, wie er etwas werden kann, was er weder ist noch kennt?

Diotimas Verortung des Eros zwischen Mangel und Fülle deutet bereits an, dass der Mangel des Menschen nicht absolut und unüberwindbar ist. Insofern die Mangeleinsicht der notwendige erste Schritt zur Überwindung des Mangels ist, ist in ihr die Einsicht in das Ermangelte selbst schon angelegt. Trotz dieser prinzipiellen Möglichkeit der menschlichen Natur, bedarf der konkrete Mensch eines konkreten Ansatzpunktes für die je eigene Suche nach der Tugend. Dieser Ansatzpunkt scheint für Diotima das Schöne darzustellen. Anders als das Gute tritt es dem Menschen auf sinnlicher Ebene von außen entgegen. Das wahrgenommene Schöne hält dem Menschen die Möglichkeit und die Wirklichkeit des Ermangelten vor Augen und treibt das Begehren nach ihm an. Es bietet auf diese Weise dem Menschen einen Sachverhalt, auf den er seinen Blick richten kann und somit einen Ausweg aus der eigenen Mangelhaftigkeit. Dabei ist nicht das Schöne selbst das Ziel des Begehrens, sondern „die Erzeugung und Hervorbringung im Schönen" (Symp. 206e). Die Aufgabe des Suchenden besteht für Diotima also darin, das Schöne zu erfassen, um dann darin das Gute, die eigene Tugend, zu erzeugen. Indem also das Unsterbliche im Menschen erzeugt wird, kann er an dessen Unsterblichkeit teilhaben.

Diese Suche nach dem Schönen ist nicht nur ein intellektuelles Unterfangen, sondern umfasst alle Dimensionen des Menschen, die von dem fundamentalen Mangel betroffen sind. Der ganze Mensch muss sich von dem natürlichen Selbstbezug lösen und auf das fehlende Schöne ausrichten. Diese schrittweise und mühevolle Veränderung der Ausrichtung des Menschen bezeichnet Diotima als

---

27 Zehnpfennig betont den fundamentalen Charakter dieser Einsicht: „Die Diotima-These von der fundamentalen Bedürftigkeit des Eros bedeutet eine radikale Umwendung der Blickrichtung, da alle früheren Reden von der gegenteiligen Prämisse ausgegangen waren" (Zehnpfennig 2007, S. 192).

Aufstieg oder Hinauffahrt (Symp. 211c). Die Schilderung dieses Aufstiegs stellen „die letzten und höchsten Weihen" der Mysterienlehre Diotimas dar (Symp. 209e). Sie führen zum Ziel des menschlichen Unsterblichkeitsstrebens und begründen damit die bisherigen Darstellungen als vorläufig[28]. Aus diesem Grund soll der Aufstieg und das in ihm Erreichte in gegebener Kürze rekonstruiert werden.

5.2 Aufstieg zur Schau des Schönen

Die Grundstruktur des Aufstiegs beschreibt Diotima als eine „Stufenleiter" (Symp. 211c) mit jeder der drei betrachteten Dimensionen des Menschen:

> „von einem schönen Körper zu zweien und von zweien zu allen schönen Körpern, von den schönen Körpern sodann zu den schönen Lebensweisen und von den Lebensweisen zu den schönen Kenntnissen, bis man von den Kenntnissen endlich zu jener Kenntnis gelangt, die von nichts anderem Kenntnis ist als von jenem Schönen selbst" (Symp. 211c)[29].

Im Aufstieg transformiert der Mensch schrittweise seine Vermögen, so dass schließlich die Kenntnis bzw. Schau des Schönen erreicht wird[30].

Der Aufstieg beginnt auf der Ebene der Körper:

> „Es muss nämlich, wer den richtigen Weg zu diesem Ziel gehen will, in der Jugend damit beginnen, den schönen Körpern nachzugehen und zunächst, wenn der Führer ihn richtig führt, einen solchen Körper lieben [...]" (Symp. 210a).

---

28 Frede verzichtet im Zusammenhang der Unsterblichkeitslehre auf eine Darstellung des Aufstiegs (vgl. Frede 2012, S. 154f). Allerdings fragt sich, ob die Lehre ohne den Aufstieg überhaupt verstehbar ist, denn, so ließe sich mit Sier einwenden: „Diotima legt offen, was es bedeutet, mit dem menschlichen Begehren in richtiger und bewusster Weise ernst zu machen" (Sier 1997, S. 129).

29 Für Kranz ist diese kompakte Darstellung des Aufstiegs „eher vollendetes Mittel der Darstellung als Wiedergabe der tatsächlichen Entwicklung" (Kranz 1926, S. 447). Sier dagegen argumentiert, dass der Stufenweg keinesfalls lebensfern verstanden sein soll, sondern „als konsequente Umsetzung dessen erscheinen, was in der menschlichen Natur als Telos angelegt ist" (Sier 1997, S. 136).

30 Diotima ist bei der Schau begrifflich nicht festgelegt, sondern nutzt „eine ganze Fülle von Verben und Verbformen zum Ausdruck dieses Schauens" (Kranz 1926, S. 446). Der terminologischen Einfachheit wegen soll im Folgenden von „Schau" gesprochen werden.

Im schönen Körper tritt dem Betrachter die Schönheit sinnlich von außen entgegen. Gemeint ist die Schönheit eines anderen Menschen, denn nur dieser umfasst alle ihm zugänglichen Dimensionen des Schönen und ermöglicht so den Aufstieg über alle Stufen. Die körperliche Schönheit des anderen Menschen nötigt den Liebenden, diese als eine unabhängige und eigenständige Wirklichkeit anzuerkennen. Seine Liebe zu diesem Körper hängt von dessen Schönheit ab, nicht umgekehrt. Insofern ist die ästhetische Dimension des Schönen nicht überspringbar. Was ist das Verhältnis des Aufsteigenden zum Geliebten? Ausgehend vom Mangel am eigenen Schönen wird der Liebende weder den Selbstgenuss noch die Fortpflanzung suchen. Vielmehr wird er „dort schöne Reden hervorbringen" (Symp. 210a). Er liebt den schönen Körper um der Erfahrung des darin erscheinenden Schönen willen[31]. Die erzeugten Reden sind als solche sinnlich wahrnehmbar, aber das Schöne an ihnen ist es nicht. Das in den Reden erzeugte Schöne ist nicht an einen bestimmten Körper gebunden. Es befreit den Blick des Liebenden von der Fixierung auf einen einzelnen Schönen und lässt nun auch die Schönheit anderer Körper zu. Er kann somit „zu der Einsicht gelangen, dass die Schönheit an jedem beliebigen Körper der an jedem anderen Körper verschwistert ist" (Symp. 210a-b). Da diese allen schönen Körpern gemeinsame Schönheit selbst kein Körper sein kann, führt sie den Suchenden über die Ebene der Sinnlichkeit hinaus.

Den Blick von der Sinnlichkeit gelöst, wird der Liebende auf der nächsten Stufe „die Schönheit der Seelen für wertvoller halten als die in den Körpern" (Symp. 210b). Die Schönheit einer Seele zeigt sich in den konkreten Wünschen, Gefühlen, Einstellungen, Wertvorstellungen und deren inneren Ordnung, die sie zu einer „wohlgestalteten Seele" (Symp. 210b) macht. Das Urteil, ob und inwiefern eine Seele schön ist, bleibt auf dieser Stufe anfänglich noch der Subjektivität dieser Vermögen anheimgestellt. Dennoch drängt das Subjekt gerade wegen des Mangels am seelisch Schönen nach der Erfahrung des allgemeinen, nicht mehr nur subjektiven Schönen. Weder den Genuss der seelischen Schönheit noch eine Praxis nach ihrem Maß kann der Liebende suchen, sondern die Erfahrung ihres Grundes. Deshalb

---

31 Sier stellt sich diese Bewegung des Liebenden als „Reflexion auf sein Denken" vor, „indem er [...] apriorische Kriterien des Schönseins bei sich entdeckt, die ihn im Besonderen unbewusst etwas Allgemeines intendieren ließen" (Sier 1997, S. 161). Allerdings fragt sich, ob diese Selbstreflexion mit der Umkehr zur Einsicht in den eigenen Mangel am Schönen vereinbar ist. Nach Zehnpfennig geht es auf dieser Stufe gerade um die Einsicht des Mangels, „dass das Schöne sich am Körperlichen nur zeigt und dass es also gar nicht der Körper ist, der Zielpunkt der Schönheitssuche sein kann" (Zehnpfennig 2007, S. 202).

„erzeugt er und sucht solche Reden, die die Jünglinge besser machen, damit er selbst wiederum dazu genötigt wird, das Schöne in den Lebensweisen und Gesetzen zu betrachten" (Symp. 210c).

Der Grund der seelischen Schönheit ist ihr Gutsein, das sich nicht nur in einer einzelnen Seele findet, sondern allgemein in Lebensweisen und Gesetzen[32]. Der Liebende kann dadurch einsehen, „dass alles einander verwandt ist" (Symp. 210c). Diese Verwandtschaft ist keine bestimmte Lebensweise und kein besonderes Gesetz, sondern dasjenige, das beide erst zu schönen macht. Dieses nunmehr schon strukturell verstandene Schöne ist nicht mehr vorstellbar, sondern nur noch intelligibel, d.h. dem Erkenntnisvermögen zugänglich.

Diese Einsicht führt den Aufsteigenden zu den Wissenschaften,

„damit er auch die Schönheit der Wissenschaften sehe und, bereits auf vielfältig Schönes blickend, nicht mehr das bei einem einzelnen liebe wie ein Sklave – [...] vielmehr soll er sich auf das weite Meer des Schönen begeben und es betrachten" (Symp. 210d).

Die Schönheit einer Wissenschaft findet sich nicht mehr in einem Einzelnen, sondern in den allgemeinen Gesetzen und Strukturen, die das Einzelne bestimmen[33]. Damit ist das Schöne von Beginn an als etwas Allgemeines, und damit nicht nur Subjektives begriffen. Es versteht sich von selbst, dass das Verhältnis des Suchenden zu diesem Schönen weder der Entwurf einer wissenschaftlichen Theorie der Schönheit, noch ihre technische Beherrschung sein kann, denn in beiden Fällen würde er den Besitz der Schönheit unterstellen. Stattdessen ordnet sich der Mensch zunehmend der Sache unter, um den Sachgrund der Schönheit in den Wissenschaften zu erfahren (vgl. Zehnpfennig 2007, S. 203). Dazu muss er

---

32   Zehnpfennig unterscheidet hier zwei Stufen: die schöne Seele und die Gesetze (vgl. Zehnpfennig 2007, S. 203). Die Zusammenfassung beider Stufen zu einer in der kompakten „Stufenleiter"-Darstellung spricht jedoch für eine quantitative Steigerung innerhalb der seelischen Stufe: die Gesetze lassen sich als allgemeine Form der seelischen Schönheit verstehen, also als dasjenige, was an allen schönen Seelen als schön erscheint (vgl. auch Sier 1997, S. 164).

33   Die Wissenschaft hat es nach Zehnpfennig „per definitionem mit dem Allgemeinen zu tun, das Konkrete ist quasi nur noch Gleichnis. Das Schöne in den Wissenschaften ist universell [...]" (Zehnpfennig 2007, S. 203). Allerdings hat der Aufsteigende nicht sofort alle Wissenschaften im Blick. Das widerspräche sowohl der Systematik von quantitativer Ausdehnung und qualitativem Sprung als auch der „Stufenleiter"-Darstellung von Diotima.

„viele schöne und herrliche Reden und Gedanken erzeugen in unerschöpflichem philosophischen Streben" (Symp. 210d). Das Schöne der Wissenschaften lässt sich nicht allein in Reden, sondern erst in den Gedanken erfahren. Welche könnten gemeint sein? Geht es dem Aufsteigenden um die Schönheit in allen Wissenschaften, muss er das ihnen Gemeinsame fassen. Dieses scheint strukturell darin zu bestehen, dass die Wissenschaften im Unterschied zu subjektiven Meinungen ihre Aussagen auf Gründe zurückführen und so als wahr ausweisen. Das Schöne der Wissenschaften dürfte demnach in dem strukturellen Merkmal der Begründetheit liegen. Da jedoch die Begründetheit von der Wahrheit des Grundes abhängt und nicht umgekehrt, kann der letzte Grund der Wissenschaften selbst nicht wissenschaftlich begründet werden. Diese Rückführung aller Wissenschaften auf ihre Begründung lässt sich als das philosophische Streben verstehen, das den Aufsteigenden zugleich über die Wissenschaften hinausführt. In diesem Streben löst sich der Aufsteigende von allem Relativen, richtet sich auf das Absolute und wird „plötzlich ein Schönes von wunderbarer Art erblicken, eben jenes, Sokrates, dessentwegen alle früheren Bemühungen unternommen wurden" (Symp. 210e).

5.3　Schau des Schönen

Die Schau des Schönen ist vierte und letzte Stufe des Aufstiegs. Der Aufstieg ist die nicht zu überspringende Bedingung der Schau. Denn nur „wer [...] das Schöne der Reihe nach und auf richtige Weise betrachtet" (Symp. 210e), versteht das Absolute nicht mehr nach dem Maß des Relativen[34]. Dass sich das Schöne selbst den ästhetischen, ethischen oder wissenschaftlichen Kategorien entzieht, verdeutlicht Diotima an einer Art ‚negativer Theologie'. Das Schöne ist etwas, das „weder entsteht noch vergeht" (Symp. 210e), es ist „nicht [...] hier schön, dort hässlich, so dass es für die einen schön, für die anderen aber hässlich wäre" (Symp. 211a) und „nicht in dieser Beziehung schön, in jener hässlich" (Symp. 211a). Kurz, es zeigt sich als nichts „woran der Körper Anteil hat, noch auch als irgendeine Rede oder

---

34　Kranz sieht im Aufstieg eine „allmähliche Objektivierung der Seele in ihrer Loslösung von der sinnlichen Erscheinung" (Kranz 1926, S. 446). Sier wendet den Aufstieg subjektivistisch und versteht ihn als eine „Reflexion auf die Bewertungskriterien durch Thematisierung des Wertcharakters der Dinge" (Sier 1997, S. 148). Zehnpfennig hingegen betont die existentiell-transformatorische Dimension des Aufstiegs als „Weg, den der Mensch gehen muss, um seinerseits diese Erfahrung [der Transzendenz, RH] machen zu können" (Zehnpfennig 2007, S. 203).

irgendeine Wissenschaft" (Symp. 211a). Vielmehr ist es „an sich und für sich und in sich ewig in einer Gestalt" (Symp. 211a). Das Schöne selbst ist das, was den Stufen nur in abgeleiteter und aspekthafter Form zukommt. Es ist absolut und als solches Maßstab alles Relativen. Die Transzendenz des Schönen entzieht es der Wahrnehmung, der Vorstellung und auch der wissenschaftlichen Erkenntnis. Es kann nur in einer Art „supra-rationalen" Aktes „plötzlich erblickt" (Symp. 210e) werden[35]. Auch wenn die Schau über die wissenschaftliche Erkenntnis hinausgeht, bleibt sie als Ergebnis des Aufstiegs Teil des Menschlichen. Das Schöne hingegen bleibt das Andere des Menschen, denn dem Schönen kommt die Fülle zu, die dem Menschen fehlt. Der Aufgestiegene schaut das, was er nicht ist.

Dennoch erklärt Diotima: „An diesem Punkt des Lebens [...], ist, wenn irgendwo, das Leben für den Menschen erst lebenswert, da er das Schöne selbst betrachtet" (Symp. 211c). Wie ist es zu verstehen, dass hier das Ziel des Glücks erreicht sein soll? Die Antwort könnte in der existentiellen Auswirkung des Aufstiegs auf den Liebenden liegen. Denn in der stufenweisen Ausrichtung aller Vermögen überwindet der Aufsteigende sukzessive den leeren Selbstbezug. Er sieht ein, was er eigentlich am schönen Körper, an der schönen Seele und Wissenschaft begehrt, was ihm in letzter Konsequenz fehlt. Er erkennt die Angewiesenheit alles Relativen auf etwas Absolutes und bürdet deshalb dem Relativen nicht mehr auf, das Begehren der Unsterblichkeit zu erfüllen. Das anfänglich noch abstrakte Bekenntnis zum eigenen Mangel am Schönen gewinnt im Aufstieg zunehmend konkrete Wirklichkeit in der gesamten Person. Der Aufstieg begründet somit das anfängliche Bekenntnis zum eigenen Nichthaben und Nichtwissen des Schönen. Der Aufgestiegene sieht ein, dass ohne das Absolute alles Relative unbegründet ist. Er erkennt hierin den Grund seiner eigenen Sterblichkeit und die Bedingung seiner Unsterblichkeit: unsterblich kann nur das Absolute sein und Anteil an ihm kann der Mensch nur haben, wenn er die Trennung von diesem überwindet.

---

35   In der Forschung werden meist zwei Grundmöglichkeiten diskutiert, die Schau zu verstehen: als intuitiv-religiöser Zugang zur Transzendenz (z.B. Landmann 1956, S. 188) oder als rationale Einsicht in die eigenen Erkenntnisbedingungen (z.B. Sier 1997, S. 171). Beide Möglichkeiten übersehen, dass es Diotima im Aufstieg gerade um die Verbindung von Immanenz und Transzendenz geht und eine Reduktion der Schau auf eine der beiden Seiten sich daher verbietet. Zehnpfennig spricht daher von dem „Supra-Rationalen" (Zehnpfennig 2007, S. 208), um zu betonen, dass die Schau über das Rationale hinausgeht, ohne von ihm getrennt zu sein.

5.4   Erzeugung der Tugend und der Unsterblichkeit

Der Schönheitsaufstieg führt nicht zur Wirklichkeit des eigenen Gutseins, d.h. zur eigenen Tugend[36]. Aus diesem Grund lässt Diotima dem Schönheitsaufstieg noch einen weiteren Schritt folgen, der nicht Teil des Aufstiegs ist, diesen aber erst vervollständigt: die Erzeugung der Tugend.

> „Wer aber die wahre Tugend erzeugt und aufzieht, dem ist es beschieden, ein Gottgeliebter zu werden und, wenn überhaupt einem Menschen, dann gewiss auch ihm, unsterblich zu sein" (Symp. 212a).

Erst durch die Erzeugung der Tugend, d.h. des je eigenen Gutseins, in der je eigenen, personalen Wirklichkeit lässt sich die Trennung zum Absoluten überwinden[37]. Wie diese Tugenderzeugung aussieht, lässt Diotima offen[38]. Allerdings macht sie deutlich, dass der Aufstieg diesen nächsten Schritt notwendig, nun aber auch möglich macht, um die Unsterblichkeit zu erreichen. Der Aufstieg begründet die Einsicht in den eigenen Mangel und entwickelt die Vermögen zu dessen Überwindung, so dass es dem Aufgestiegenen „allein gelingen wird, indem er mit dem sieht, womit man das Schöne sehen muss, nicht bloß Schattenbilder der Tugend zu erzeugen" (Symp. 212a). Wie das Schöne, lässt sich die Tugend nicht auf ein sinnlich wahrnehmbares Verhalten, eine subjektive Einstellung oder ein ethisches Wissen reduzieren. Vielmehr muss nun jedes Vermögen auf das Gute bezogen werden. Hierin lässt sich die Leistung des sokratischen Tugenddialogs sehen, der jede Vorstellung vom Guten auf ihr beanspruchtes Gutsein hin prüft[39].

---

36   „Der Erast will nicht schön sein, sondern gut" (Sier 1997, S. 172).

37   Zehnpfennig verdeutlicht diesen Zusammenhang am Beispiel des Sokrates: „Sokrates verkörpert die Tugend, die als Ergebnis des Zeugungsprozesses im Aufstieg beschrieben wurde. […] In Sokrates hat das Gute Gestalt gewonnen, hier also ist die Wirklichkeit des Guten zu finden" (Zehnpfennig 2007, S. 205).

38   Mit der Schau scheint für Diotima das religiöse Denken an seine Grenze gelangt, das Schöne offenbart sich. Darüber hinaus kann und muss nicht gegangen werden. Das Leben der Schau ist ja bereits „lebenswert". Inwiefern die Tugenderzeugung bzw. die Verwirklichung der Vernunftanlage philosophisch erfolgen kann, wird erst an Sokrates deutlich (vgl. Zehnpfennig 2007, S. 208).

39   Aus diesem Grund zeigt sich Sokrates „überzeugt" von der Lehre Diotimas (Symp. 212b) und kann im Anschluss von Alkibiades als der Erotiker schlechthin dargestellt werden. „Denn wenn jemand Sokrates' Reden anhören will, dann werden sie ihm zuerst ganz lächerlich erscheinen […] Wenn sie aber jemand geöffnet sieht und in ihr Inneres gelangt, so wird er zunächst finden, dass diese Reden alleine Vernunft in sich haben, sodann aber, dass sie die göttlichsten sind und die meisten Götterbilder der

Wenn dem so ist, dann lässt sich der Aufstieg zur Schau des Schönen als notwendige Vorstufe des philosophischen Aufstiegs zur Erkenntnis des Guten verstehen[40]. Die Unsterblichkeit ist nicht Ursache, sondern Folge der Tugend, denn die Erzeugung der Tugend überwindet die Trennung zum Guten und ermöglicht so die Teilhabe an dessen Unsterblichkeit[41]. Auch in diesem Fall sind nicht die individuellen Eigenschaften einer Person unsterblich. Sondern in dem Maße, wie sie alle ihre sterblichen Dimensionen durch die Ausrichtung auf das Gute transformiert, hat sie am Guten und seiner Unsterblichkeit teil. Diese Unsterblichkeit ist somit keine, die erst nach dem physischen Tod eintritt, sondern schon und wahrscheinlich auch nur im Leben erreicht werden kann[42].

6   Schluss. Anthropologische Implikationen

Abschließend soll der Blick noch einmal zurück auf die Frage nach dem Menschen geworfen werden. Was folgt aus Diotimas Unsterblichkeitslehre für das Verständnis des Menschen?

Nach dieser Lehre zeichnet sich der Mensch durch sein Wissen von seiner eigenen Vergänglichkeit und Sterblichkeit aus. Damit verortet er sich zwischen den unsterblichen Göttern und den unwissenden Tieren. Die Sterblichkeit zeigt

---

Tugend in sich bergen und auf das meiste von dem, eher aber noch auf alles zielen, was zu prüfen demjenigen ziemt, der ein schöner und guter Mensch werden will" (Symp. 221e-222a). Dazu Zehnpfennig: „Alkibiades beschreibt hier ganz unzweifelhaft den sokratischen Dialog, der auf einmal gar nicht mehr aporetisch wirkt, sondern als Praxis der Vernunft" (Zehnpfennig 2017, S. 206).

40   Der Schönheitsaufstieg der Diotima und der Erkenntnisaufstieg im Höhlengleichnis werden oft als zwei Darstellungen desselben angesehen (z.B. Sier 1997, S. 151). Am Ende des Erkenntnisaufstiegs steht jedoch keine Schau, sondern eine neue personale Wirklichkeit: „die Überschreitung des Verstandesdenkens geschieht nicht in Gestalt einer Offenbarung, sondern als Verwirklichung der Vernunft" (Zehnpfennig 2017, S. 208).

41   „[…] es scheint, dass auch Diotima das Privileg des Philosophen eben darin sieht, dass allein er etwas von seiner Individualität nach drüben rettet, weil er schon im Diesseits dem Transzendenten zugewandt ist" (Sier 1997, S. 194). Dem ist zuzustimmen, sofern im Aufstieg die Individualität versachlicht, d.h. transzendiert wird.

42   Anders z.B. Landmann, für den „die hier zu erreichende Unsterblichkeit die des Jenseits ist" (Landmann 1956, S. 188). Das gilt jedoch nur für den Menschen, der das Unsterbliche nicht in sich verwirklicht, so dass es für ihn stets ein ‚Jenseits' bleibt. Für Diotima und Sokrates liegt der Bereich der Unsterblichkeit jedoch nicht jenseits des Menschen schlechthin, sondern nur jenseits des Menschen ohne Aufstieg.

sich dem Menschen auf jeder Ebene seiner Existenz: die Vergänglichkeit seines Körpers, seiner Vorstellungen und seiner Erkenntnisse. Der Mensch erfährt sich in allen Hinsichten als Mängelwesen. Doch sein Mangel ist nicht absolut, denn dessen Erfahrung und Bewusstsein wecken im Menschen den Eros, das Streben, den Mangel zu überwinden. Laut Diotima strebt jeder Mensch danach, das Gute und Schöne für sich für immer zu haben. Alles menschliche Tun und Trachten lässt sich somit unter der Perspektive des Strebens nach Unsterblichkeit fassen. Insofern das Bild des Eros' Mangel und Fülle umfasst, lässt sich zusammenfassend sagen: der Mensch ist von Natur ein erotisches Wesen. Ob der Mensch seine erotische Natur zur Entfaltung bringen kann und ob sich sein Streben nach Unsterblichkeit erfüllen lässt, hängt für Diotima maßgeblich davon ab, was er als den entscheidenden Mangel ansieht. Denn nur das als fehlend Angesehene kann Ziel des erotischen Strebens sein und möglicherweise erreicht werden.

In der Darstellung der herkömmlichen Wege zur Unsterblichkeit zeigt Diotima, dass sie die individuelle Vergänglichkeit als entscheidenden Mangel voraussetzen. Das je eigene Gutsein wird als gegeben unterstellt. Folglich vollzieht sich das Unsterblichkeitsstreben als ein Fortzeugen des je Eigenen, sei es auf der körperlichen, seelischen oder geistigen Ebene. Dieses Streben erreicht jedoch nicht die beabsichtigte Fülle, wie Diotima in ihrer Kritik des selbstbezüglichen Eros' verdeutlicht. Es übersieht den entscheidenden Mangel an eigenem Gutsein und gelangt daher nicht über sich hinaus. Das unsterbliche Gute und Schöne bleibt getrennt vom Menschen, das Eros-Streben bleibt leer und die Unsterblichkeit ein unerreichbares Ziel. Folglich lässt sich sagen, dass ein Mensch, der meint, die Tugend schon zu haben und nur durch die Fortzeugung bewahren zu müssen, seine Eros-Natur nicht im vollen Sinn verwirklicht. Sie bleibt unverwirklichte Möglichkeit.

Ausgehend von der Kritik am selbstbezüglichen Eros zeichnet Diotima mit dem Aufstieg zur Schau des Schönen die Alternative eines sich erfüllenden Strebens. Voraussetzung ist die Einsicht in den je eigenen Mangel am Schönen und Guten, nicht verstanden als ein quantitativer Mangel an Dauer, sondern als ein qualitativer Mangel an Sein. Erst diese Einsicht ermöglicht die Überwindung des leeren Selbstbezugs hin zur Ausrichtung auf das Fehlende. Das Unsterblichkeitsstreben erfüllt sich nicht in der Fortzeugung des eigenen Mangels, sondern in der Erzeugung des Ermangelten im Menschen selbst. Indem der Mensch tugendhaft, d.h. gut wird, gewinnt er Anteil am unsterblichen Guten und wird in dieser Hinsicht selbst unsterblich. Der Schönheitsaufstieg Diotimas kann als solcher zwar noch nicht die Tugend erzeugen. Aber er führt zum Bewusstsein der Abhängigkeit jeder Ebene der menschlichen Existenz von einem Einheitsgrund, der nicht der Mensch schon selbst ist. Der Aufstieg vertieft die Einsicht in den eigenen

Mangel und überwindet so schrittweise den leeren Selbstbezug. In der Schau des Schönen bezieht sich schließlich der ganze Mensch auf das ihm Fehlende. Der Schönheitsaufstieg schafft so die Voraussetzung, schließlich den Mangel am Guten zu überwinden. So lässt sich sagen: im Schönheitsaufstieg verwirklicht der Mensch seine Eros-Natur.

Der Unsterblichkeitslehre der Diotima liegt die Vorstellung des Menschen als ein Mängelwesen zugrunde, dem prinzipiell zwei Möglichkeiten offen stehen: Selbstbezug oder Selbsttranszendenz. Entweder ein Mensch geht von der eigenen Fülle an Tugend aus oder vom eigenen Mangel an ihr. Verharrt er im leeren Selbstbezug oder findet er zum erfüllten Sachbezug? An dieser Alternative entscheidet sich, ob ein Mensch seine Eros-Natur verwirklichen kann oder ob sie unverwirklichte Möglichkeit bleibt. Durch keinen äußeren oder inneren Umstand ist ein Mensch auf eine Alternative festgelegt, denn sie bezeichnen selbst die möglichen Verhältnisse zu den Umständen. Diotima lässt keinen Zweifel daran, welche der beiden Möglichkeiten zum Ziel führt. Erst in der Transzendierung seines natürlichen Selbstbezugs verwirklicht der Mensch seine Vermögen und damit sein Menschsein.

Jede anthropologische Reflexion steht somit ebenfalls vor der Frage, welchen Menschen sie reflektiert: den unverwirklichten Menschen des Selbstbezugs, den verwirklichten des Transzendenzbezugs oder den für beide Möglichkeiten offenen Menschen? In jedem Fall scheint der Aufstieg ein Bestandteil der Bandbreite des möglichen Menschseins zu sein. In diesem Sinn ist Diotimas Lehre vom Menschen und seines Weges zur Unsterblichkeit auch heute noch eine wertvolle Quelle für das Nachdenken über den Menschen.

Literatur

Erler, Michael. 2007. *Platon*. Basel: Schwabe.

Frede, Dorothea. 2012. Die Rede des Sokrates: Eros als Verlangen nach Unsterblichkeit (204c7–209e4). In *Symposion,* Hrsg. Christoph Horn, 141–157. Berlin: Akademie Verlag.

Kranz, Walter. 1926. Diotima von Mantineia. *Hermes 61 (4)*: 437–447.

Landmann, Michael. 1956. Platons Traktat von den drei Unsterblichkeiten. *Zeitschrift für Philosophische Forschung, Jan. 1:* 161–190.

Platon. 2000. *Symposion*. Übers., Hrsg: B. Zehnpfennig. Hamburg: Meiner.

Sedley, David. 2009. Three kinds of Platonic immortality. In *Body and Soul in Ancient Philosophy*, Hrsg. D. Frede und B. Reis, 145–162. Berlin: de Gruyter.

Sier, Kurt. 1997. *Die Rede der Diotima: Untersuchungen zum platonischen Symposion.* Wiesbaden: Vieweg+Teubner.

Zehnpfennig, Barbara. 2007. Die Rolle der Diotima in Platons Symposion. In *Plato's Symposion. Proceedings of the Fifth Symposium Platonicum Pragense. Prague: Oikoumene,* Hrsg. A. Havlicek und M. Cajthami: 190–209.

Teil VI
Klassische Philosophie

Die Unsterblichkeit der Sterblichen

Vorsokratisches und sokratisches Gedankengut in Platons „Phaidon"

Viktoria Bachmann

Platons Dialog „Phaidon" gilt als einer der bedeutendsten Texte der europäischen Geistesgeschichte. Sokrates nimmt darin in einer beispiellosen Seelenruhe und Einigkeit mit sich das Todesurteil der Athener auf sich[1]. Das Thema seines letzten Gesprächs ergibt sich organisch aus der Situation: Sokrates muss am Abend sterben, die anwesenden Freunde sind voller Trauer, Sokrates aber ist in nahezu heiterer Stimmung. Da die Freunde Sokrates' Haltung zu Leben und Tod nicht verstehen, erklärt er sich und bemüht sich darum, deren Ängste vor dem Tod zu zerstreuen. Es zieme sich in seiner Situation durchaus, dass man „nachsinne und sich Bilder mache (μυθολογεῖν) über die Wanderung dorthin, wie man sie sich wohl zu denken habe" (*Phaidon* 61e). Ganz im Sinne des ‚Sich-Bilder-Machens' oder ‚Mythen-Erzählens' baut Sokrates seine Überlegungen zur Sterblichkeit und Unsterblichkeit auf „alten Reden" und „Geheimnissen"[2] auf. Platon scheint mit diesen Bemerkungen nachdrücklich darauf zu verweisen, dass die diskutierten Unsterblichkeitsvorstellungen weder originär sokratisch noch platonisch sind, sondern dass hier angeknüpft wird an älteres Gedankengut. Bedeutet das aber, dass diese ‚Beweise' gar nichts Sokratisch-Platonisches enthalten und ein reines Referat darstellen? Warum lässt Platon Sokrates diese dann vortragen? Wenn man die spezifisch sokratisch-platonische Haltung bezüglich der Sterblichkeit oder Unsterblichkeit des Menschen untersuchen will, so bietet sich zusätzlich zur genauen Lektüre des „Phaidon" eine vergleichende Lektüre jener ‚alten Reden' an,

---

1   Zur Wirkungs- und Rezeptionsgeschichte des „Phaidon" vgl. Zehnpfennig 1991 oder Erler 2007, S. 174–182.

2   Vgl. *Phaidon* 61d-e; 62a-b; 66b; 70c; 81a. Grundsätzlich ist das eine bei Platon übliche Anknüpfung an vorhandenes Gedankengut (vgl. Erler 2017).

© Springer Fachmedien Wiesbaden GmbH, ein Teil von Springer Nature 2019
V. Bachmann und R. Heimann (Hrsg.), *Grenzen des Menschseins*,
https://doi.org/10.1007/978-3-658-27166-4_8

um bei einer Analyse von Gemeinsamkeiten und Unterschieden dem spezifischen Gehalt der sokratisch-platonischen Ausführungen auf die Spur zu kommen[3].

Eine solche Spurensuche kann man grundsätzlich auf zweierlei Weise anlegen: entweder man geht eher historisch-philologisch vor, indem man nach direkten oder indirekten Zitaten, wiederkehrenden Begrifflichkeiten oder anderen wörtlichen Bezugnahmen sucht. Oder man geht eher systematisch-philosophisch vor, indem man die Denk- und Argumentationsfiguren vergleicht. Ich werde im Folgenden beide Methoden kombinieren[4], wenn auch mit einem Schwerpunkt auf der philosophischen Vorgehensweise. In ersten Schritt werde ich dafür die ‚Beweise' im „Phaidon" identifizieren und charakterisieren, um anschließend im zweiten Schritt auf deren mögliche Quellen im älteren, vorsokratischen Denken zurückzugehen. Im dritten Schritt wende ich mich erneut dem „Phaidon" zu mit der Frage, was das spezifisch sokratisch-platonische Verhältnis zur Sterblichkeit des Menschen sein könnte. Jeder der drei Schritte hat aufgrund der Spezifik der jeweiligen Quellen einen etwas anderen inhaltlichen und methodischen Schwerpunkt. Die Rekonstruktion der Beweise im „Phaidon" (1) ist argumentationslogisch angelegt, die Analyse der Fragmente der Vorsokratiker (2) ontologisch und die vergleichende Deutung der sokratischen Position (3) ethisch.

1   Überblick über die Beweise im „Phaidon" und Verweise auf mögliche Quellen

1.1   Anlass für die Überlegungen zur Unsterblichkeit

Die Frage nach der Unsterblichkeit der Seele ist im „Phaidon" eingebettet in Sokrates' erneute Verteidigung seiner philosophischen Existenz, die noch im Umgang mit dem erwarteten Tod Anstoß findet. Dieses Mal sind es allerdings die Freunde und nicht die Athener Richter, die Sokrates eine Rechtfertigung abverlangen, da sie seine heitere Gelassenheit angesichts des nahenden Vollzugs

---

3   Es gibt verschiedene Studien, die den pythagoreischen Hintergrund des „Phaidon" untersuchen, bspw. Ebert 1994, oder Ähnlichkeiten und Unterschiede zu anderen Vorsokratikern in der Form der Gesprächsführung aufzeigen, bspw. Schäfer 2005. Dies soll hier deshalb nicht nochmals verfolgt werden.

4   Eine grundsätzliche Schwierigkeit bei der Erforschung des frühgriechisch-vorsokratischen Denkens ist die fragmentarische Quellenlage (vgl. bspw. Runia 2008), die dazu führt, dass die angemessene Rekonstruktion des jeweiligen Denkens selbst fragmentarisch und strittig bleibt. In der Vorsokratikerforschung hat sich in der Folge ein reflektierter Methodenpluralismus als fruchtbar etabliert (vgl. Bremer 2013).

des Todesurteils nicht verstehen (vgl. *Phaidon* 63a-d). Im Kern ist Sokrates' Verteidigung leicht zusammengefasst: er fürchte den Tod nicht, weil er richtig, d.h. philosophisch, gelebt habe, indem er sich um Weisheit und Tugend bemühte (vgl. *Phaidon* 69a-e). Im Detail (vgl. *Phaidon* 63e-69e) aber bietet die Verteidigung Anlass für viele Fragen und Missverständnisse[5]. Denn Sokrates greift zwar auf Vorstellungen zurück, die seinen Zuhörern geläufig sind, stellt diese aber in einen neuen Zusammenhang, um zu zeigen,

> „dass ich [Sokrates, VB] mit Grund der Meinung bin, ein Mann, welcher wahrhaft philosophisch sein Leben vollbracht, müsse getrost sein, wenn er im Begriff ist zu sterben, und der frohen Hoffnung, dass er dort Gutes in vollem Maß erlangen werde, wenn er gestorben ist" (*Phaidon* 63e-64a).

Seine Argumentation beginnt er mit der These:

> „Nämlich diejenigen, die sich auf die rechte Art mit der Philosophie befassen, mögen wohl, ohne dass es freilich die andern merken, nach gar nichts anderem streben als nur, zu sterben und tot zu sein" (*Phaidon* 64a).

---

5   An den Kommentaren von Frede (1999) und Zehnpfennig (1991) kann man exemplarisch nachvollziehen, wie bedeutsam das Verständnis dieser Verteidigung für die Auslegung und Einordnung der nachfolgenden Überlegungen zur Unsterblichkeit ist. Frede versteht Sokrates so, als würde er mit den ‚wahren Philosophen' gemeinsam auf eine Erfüllung seiner Erkenntnisbemühungen erst im Jenseits hoffen und den Leib als Gefängnis der Seele verachten (vgl. Frede 1999, S. 15–33). Das Leben wird aus dieser Perspektive auf den Tod hin gestaltet, so dass auch das Gelingen der philosophischen Existenz von der jenseitigen Fortexistenz der Seele abhängt. Wenn man also den Überlegungen zur Unsterblichkeit nicht folgt, dann wäre man von der existenziellen Notwendigkeit zu philosophieren befreit. Zehnpfennig hingegen versteht die Verteidigung des Sokrates gänzlich anders. Seinen Entwurf der Rede der ‚wahren Philosophen' liest sie als einen Versuch, das philosophische Bestreben über sich selbst aufzuklären. Daran zeige Sokrates auf, dass nicht der Körper die Einsicht behindere, sondern die Ausrichtung der Seele auf die körperlichen Belange. Denn sowohl Hedonismus als auch Asketismus binde die Seele an das Leibliche. Eine Überwindung dieser Orientierung sei schon im Leben durch Philosophie möglich und notwendig (vgl. Zehnpfennig 1991, S. XVII-XXIV). Der Fokus eines solchen Philosophierens liegt folglich auf dem diesseitigen Lebensvollzug und auf einer ständigen Bemühung um die Vernunft. Die Unsterblichkeitsbeweise zeigen sich in dieser Perspektive als ein Einlassen auf ein Denken, das die sokratische Umwendung zur Vernunft nicht vollzogen hat, um diesem aufzuzeigen, dass die Seele und mit ihr das Geistige überhaupt eine eigene Wirklichkeit haben.

Denn der Tod sei nichts anderes als „die Trennung der Seele vom Leib" (*Phaidon* 64c). Der Philosoph kümmere sich in seinem Erkenntnisstreben schon im Lebensvollzug nicht um die sinnlichen Belange des Leibes, wie Lüste oder Schmuck, sondern um die Seele, weil das Ziel seines Lebens nicht sinnlich sei. Er hielte weder die Lust noch die Ehre für das Lebensziel, sondern strebe nach der Erkenntnis des Gerechten, des Schönen und Guten und insgesamt nach Erkenntnis dessen, „was jegliches wirklich ist" (*Phaidon* 65e). Da diese Erkenntnisgegenstände aber nicht sichtbar oder überhaupt wahrnehmbar seien, sondern nur mit dem reinen Denken zu erfassen wären, bemühe sich der Philosoph darum, die Seele von den körperlichen Belangen und Ablenkungen zu lösen und zu reinigen (vgl. *Phaidon* 65a-66a). Den wahren Philosophen kennzeichnet Sokrates außerdem als denjenigen, der sein gesamtes Leben diesem Erkenntnisstreben widme, so dass sinnliche Reize und Lüste auch bei Fragen der Lebensführung im weiteren Sinne nicht mehr leitend seien. Da aber die meisten Menschen die Lust, die Ehre oder das Geld für die entscheidenden Ziele im Leben, d.h. für das Gute hielten, erscheine der Philosoph diesen als tot.

Mit dem Verlust des Leibes fürchten die Nichtphilosophen, vermutlich zu Recht, die Quelle ihres Glücks zu verlieren. Denn zum Gewinn von Lust oder Ehre sind sie auf die leibgebundenen Wahrnehmungsvermögen angewiesen. Da sich der Philosoph aber schon vorher nicht um die sinnlichen Güter bemüht hat, kann er dem Verlust des Leibes gelassen entgegen blicken.

> „Also, sagte er [Sokrates, VB], ist dir auch das wohl ein hinlänglicher Beweis von einem Manne, wenn du ihn unwillig siehst, indem er sterben soll, dass er nicht die Weisheit liebte, sondern den Leib irgendwie? Denn wer den liebt, derselbe ist auch geldsüchtig und ehrsüchtig, entweder eines von beiden oder beides" (*Phaidon* 68b-c).

Das unterschiedliche Verhältnis zum Tod begründet sich also in dem unterschiedlichen Verhältnis zu den leiblichen Gütern im Lebensvollzug. Der Philosoph sei nicht von seinen Bedürfnissen oder Ängsten getrieben, sondern reinige sich im Lebensvollzug von der sinnlichen Orientierung durch die Vernünftigkeit[6]. Um

---

6   „O bester Simmias, dass uns also nicht nur dies gar nicht der rechte Tausch ist, um Tugend zu erhalten, Lust gegen Lust und Unlust gegen Unlust und Furcht gegen Furcht auszutauschen und größeres gegen kleines, wie Münze; sondern jenes die einzige rechte Münze, gegen die man alles dieses vertauschen muss, die Vernünftigkeit, und nur alles, was mit dieser und für diese verkauft ist und eingekauft, in Wahrheit allein Tapferkeit ist und Besonnenheit und Gerechtigkeit und überhaupt wahre Tugend nur mit Vernünftigkeit ist, mag nun Lust und Furcht und alles übrige der Art dabei sein

diese Reinigung habe sich Sokrates sein ganzes Leben hindurch bemüht (vgl. *Phaidon* 69c-d). Die Trennung von Seele und Leib, wie sie durch den Schierling herbeigeführt werden soll, fürchtet Sokrates also völlig unabhängig von einer weiteren Existenz der Seele nicht, weil er richtig gelebt hat[7]. Was auch immer auf den Tod folgen mag, wird schließlich auf der vorher erbrachten Lebensleistung aufbauen.

Erst das Missverständnis, Sokrates sei nur wegen der erhofften guten Weiterexistenz gelassen, und damit einhergehend die Zweifel und Einwände von Simmias und Kebes[8] erfordern die folgenden Überlegungen über die Unsterblichkeit (vgl. *Phaidon* 69e-84b), die Natur der Seele (vgl. *Phaidon* 85e-107d) und ihr mögliches jenseitiges Schicksal in der Unterwelt (vgl. *Phaidon* 107d-115a). Der Einwand des Kebes lautet:

> „O Sokrates, das andere dünkt mich alles gar schön gesagt, nur das von wegen der Seele findet großen Unglauben bei den Menschen, ob sie nicht, wenn sie vom Leibe getrennt ist, nirgends mehr ist, sondern an jenem Tage umkommt und untergeht, an welchem der Mensch stirbt, und sobald sie von dem Leibe sich trennt und ausfährt wie ein Hauch oder Rauch, auch zerstoben ist und verflogen und nirgends mehr ist" (*Phaidon* 69e-70a).

---

oder nicht dabei sein; werden aber diese abgesondert von der Vernünftigkeit gegeneinander umgetauscht, ist eine solche Tugend dann immer nur ein Schattenbild und in der Tat knechtisch, nichts Gesundes und Wahres an sich habend; das Wahre ist aber gerade Reinigung von dergleichen allem, und Besonnenheit und Gerechtigkeit und Tapferkeit und die Vernünftigkeit selbst sind Reinigungen" (*Phaidon* 69a-c).

7   Diese neutrale und offene Haltung gegenüber dem Tod expliziert Sokrates auch schon in Platons „Apologie" nach der Urteilsverkündigung: Dort spricht er davon, dass man den Tod nur aus Unverstand fürchte. Schließlich wisse man nicht, was nach dem Tod geschehe. Wenn der Tod ein vollständiges Nichtsein sei, wie ein traumloser Schlaf, dann liege darin nichts Schlimmes. Wenn man allerdings weiterexistiere, dann könne Sokrates weiter Gespräche führen mit all den berühmten Verstorbenen, was etwas Schönes wäre (vgl. *Apologie* 40c-41d). Er steht also uneingeschränkt zu seiner Lebenswahl.

8   Simmias und Kebes werden als Hörer des Pythagoreers Philolaos eingeführt: „Wie Kebes? Habt ihr über diese Dinge nichts gehört, du und Simmias, als ihr mit dem Philolaos zusammen wart?" (*Phaidon* 61d). „Weshalb also sagen sie, es sei nicht recht, sich selbst zu töten, o Sokrates? Denn ich [Kebes, VB] habe dies auch schon, wonach du eben fragtest, vom Philolaos gehört, als er sich bei uns aufhielt, und auch schon von anderen, dass man dies nicht tun dürfte. Genaueres aber habe ich von keinem jemals darüber gehört" (*Phaidon* 61e).

In seiner Reaktion darauf erinnert Sokrates an eine ‚alte Rede', die von einer
Wiedergeburt der Lebenden aus den Toten spricht (vgl. *Phaidon* 70c) und bringt
drei Beweise vor, die die alte Rede stützen sollen. Den ersten Beweis (vgl. *Phaidon*
70d-72e) kann man als naturphilosophisch bezeichnen, den zweiten (vgl. *Phaidon* 72e-77a) als psychologisch-epistemologisch und den dritten (vgl. *Phaidon*
77a-80e) als logisch-ontologisch[9]. Viertens wendet Sokrates den Blick zurück
zu der ethisch-lebenspraktischen Dimension der Unsterblichkeit (vgl. *Phaidon*
80e-84b), die schon anfänglich bei seiner Verteidigung zentral war. Ich möchte
im Folgenden die drei Beweise argumentationslogisch in ihren Grundzügen charakterisieren, ohne auf die Beweiskraft oder die Argumentation im Einzelnen
einzugehen[10]. Stattdessen werde ich als Vorbereitung des späteren Vergleichs mit
den ‚alten Reden' die jeweils wesentlichen Annahmen und Schlussfolgerungen
herausstellen.

1.2   Der naturphilosophische Beweis

Der naturphilosophische Zugang ist zunächst dadurch zu charakterisieren, dass
die Perspektive ausgedehnt wird auf alles, „was eine Entstehung hat" (*Phaidon*
70d). Damit sind neben Menschen auch Tiere und Pflanzen innbegriffen. Der Ansatz greift die materialistische Grundlage des Einwandes durch Kebes auf: die
Seele versteht Kebes offensichtlich als etwas, das wie Rauch verfliegen kann, und
damit als etwas, das durch sinnliche Faktoren, wie Wind, mindestens beeinflusst,
wenn nicht gar konstituiert wird.

Für den naturphilosophischen Beweis, wie Sokrates ihn hier vorbringt, sind
drei Annahmen zentral, die jeweils durch alltägliche Phänomene plausibilisiert
werden: 1. Alles entsteht aus seinem Gegenteil, bspw. Großes aus Kleinem; Schönes aus Hässlichem; Totes aus Lebendigem (vgl. *Phaidon* 70d-71a). 2. Zwischen
den Gegensatzpolen gibt es ein zweifaches Werden, d.h. einen Übergang in beide
Richtungen, bspw. Wachsen und Abnehmen zwischen Großem und Kleinem;
Einschlafen und Aufwachen zwischen Wachem und Schlafendem; Sterben und
Wiederaufleben zwischen Lebendigem und Totem (vgl. *Phaidon* 71a-72a). 3.

---

9   Üblicherweise werden die drei Beweise als ‚Kreislauf'-, ‚Erinnerungs'- und
      ‚Ähnlichkeitsargument' bezeichnet.

10   Die Tragfähigkeit und Beweiskraft der Argumente in Bezug auf die infrage stehende
      Unsterblichkeit der Seele wurde und wird in der Platonforschung vielfältig und mit
      enorm divergierenden Einschätzungen diskutiert. Für einen Überblick über die
      Kontroversen vgl. Erler 2007, S. 179–180 oder Müller 2017, S. 152–154.

Werden ist notwendigerweise zyklisch und deshalb endlos (vgl. *Phaidon* 72b-e). Durch die Verknüpfung dieser drei wird gezeigt, dass alles Entstehende zwar notwendig vergehen muss, aber auch ebenso notwendig wiederkehrt. Damit wird die in Kebes' Einwand enthaltene Vorstellung entkräftet, die Seele könnte vollkommen ausgelöscht werden. Allerdings wird keine individuelle Unsterblichkeit einer bestimmten Seele bewiesen, sondern vielmehr die allgemeine Unvergänglichkeit des Lebendigen durch ständige Transformation.

1.3   Der psychologisch-epistemologische Beweis

Der psychologisch-epistemologische Beweis setzt im Unterschied zum naturphilosophischen direkt an den Vermögen des Menschen an: an seinen Wahrnehmungs- und Lernfähigkeiten. Wie oben dargestellt, hängt von der Wahrnehmungsfähigkeit für die sinnlich orientierten Menschen das Lebensglück ab, so dass dessen Verlust das eigentlich zu fürchtende Übel bei dem Verlust des Leibes im Tod sein müsste. Sokrates greift mit dem zweiten Anlauf also eine weitere implizite Annahme des alltäglichen Denkens über das Verhältnis von Leib und Seele auf. Es ist die Vorstellung, die leibabhängige Sinnlichkeit hätte für die Lebensführung und -qualität eine begründende Funktion.

Im Wesentlichen enthält dieser Beweis eine Analyse der apriorischen Bedingungen der Möglichkeit von Wahrnehmungen. Auch hier sind mehrere Überlegungen zentral: 1. Die Wahrnehmung von etwas als ein bestimmtes Etwas setzt voraus, dass der Wahrnehmende über bestimmte Kategorien, wie bspw. Gleichheit, verfügt (vgl. *Phaidon* 73c-74a, 74d-75a). 2. Die Wahrnehmung zweier Dinge als gleiche ist nicht identisch mit der Kategorie Gleichheit. Denn Dinge, die in einer bestimmten Hinsicht gleich sind, können zugleich in anderer Hinsicht verschieden sein, die Gleichheit sei aber immer gleich (vgl. *Phaidon* 74a-c). 3. Der Mensch nimmt von Geburt an wahr, bedarf also von Geburt an entsprechender Kategorien, die er sich an den Wahrnehmungen bewusst machen kann. Sokrates spricht in diesem Zusammenhang von Wiedererinnerung und nennt diesen Prozess Lernen (vgl. *Phaidon* 74e-75b). Wenn man diese Überlegungen auf den gesamten Bereich menschlicher Wahrnehmungen ausdehnt, dann wird das Bedingungsverhältnis von Sinnlichem und Geistigem am Menschen deutlich. Um das Funktionieren der sinnlichen Vermögen des Menschen erklären zu können, muss etwas Geistiges als deren Bedingung der Möglichkeit vorausgesetzt werden. Dieses notwendige Geistige geht allerdings über die eigene Leistung der sinnlichen Vermögen hinaus. Diese Überlegung kehrt das in Kebes' Einwand angedeutete Abhängigkeitsverhältnis von Leib und Seele um.

Für die Frage nach der Unsterblichkeit der Seele zieht Sokrates aus diesem logischen Verhältnis den Schluss, dass

> „wenn das etwas ist, was wir immer im Munde führen, das Schöne und Gute und jegliches Wesen dieser Art, und wir hierauf alles, was uns durch die Sinne kommt, beziehen als auf ein vorher Gehabtes, was wir als das Unsrige wieder auffinden, und diese Dinge damit vergleichen, so muss notwendig, ebenso wie dieses ist, so auch unsere Seele sein, auch ehe wir noch geboren worden sind" (*Phaidon* 76d-e).

1.4   Der logisch-ontologische Beweis und seine ethisch-lebenspraktischen Konsequenzen

Der logisch-ontologische Beweis schließlich betrachtet die Seele wieder im Vergleich zu anderem Seienden. Nun wird allerdings nicht die Dynamik von Entstehen und Vergehen betrachtet, sondern die innere Struktur der Seienden, die die Möglichkeit von Entstehen und Vergehen erklärt. Die Frage ist, ob etwas in sich selbst eingestaltig oder vielgestaltig und also zusammengesetzt sei. Auch hier sind wieder wenige Annahmen zentral: 1. Nur das Zusammengesetzte kann sich verändern und vergehen, d.h. sich in seine Bestandteile auflösen (vgl. *Phaidon* 78c). 2. Das Gute, das Schöne, das Gleiche und alles dieser Art ist unveränderlich. Die vielen schönen Dinge u.ä. hingegen verändern sich ständig (vgl. *Phaidon* 78d-79a). 3. Die Seele kann sich vermittels des Leibes dem Veränderlichen zuwenden oder aber durch sich selbst dem Unveränderlichen. Sie ist also dem Unveränderlichen ähnlicher (vgl. *Phaidon* 79b-e). Der Beweis könnte hier im Grunde enden, da die Ähnlichkeit mit dem Unveränderlichen und Unzusammengesetzten die von Kebes angedeutete Gefahr eines Zerstiebens der Seele hinreichend entkräftet. Allerdings führt Sokrates den Gedanken noch weiter, indem er die ethisch-lebenspraktischen Konsequenzen dieser Zwischenstellung der Seele thematisiert. Diese Weiterführung lässt sich als Indiz dafür lesen, dass nicht die Unsterblichkeit für Sokrates das zentrale Problem darstellt, sondern vielmehr die Begründung und Gestaltung des Lebensvollzugs.

Wenn die Seele aufgrund ihrer Ähnlichkeit mit dem Unzusammengesetzten unsterblich sein sollte, stellt sich die Frage nach ihrem Verbleib nach der Trennung vom Leib. Sokrates greift eine weitere alte These auf. „Bei den Eingeweihten" (*Phaidon* 81a) hieße es, dass die Seele sich der Art des Seienden, dem sie sich im Leben zuwende, verähnliche. Diese Ähnlichkeit zeige sich auch nach dem Tod des Menschen in der nächsten Lebensform der Seele. Wer sich im Leben dem Sinnlichen zuwende, der werde als Tier wiedergeboren. Der Philosoph hingegen

befreie sich durch seine Zuwendung zum Geistigen aus dem Reigen der Ein-
körperungen, da er sich dem Göttlichen verähnliche (vgl. *Phaidon* 80e-82b). Eine
mögliche Feststellung der Unsterblichkeit der Seele ist also keine Beruhigung
schlechthin. Indem die Unsterblichkeit die eigene Lebensweise ewig verlängert,
hat sie unmittelbare ethisch-lebenspraktische Konsequenzen. Sokrates sieht darin
eine Bekräftigung für seine wiederholte Aufforderung, sich um Tugend und Einsicht zu bemühen.

1.5   Verweise auf vorsokratisches Gedankengut

Schon in dieser verkürzten Darstellung der Beweise im „Phaidon" klingen bestimmte Elemente verschiedener vorsokratischer Strömungen an. Die These von
der Entstehung der Lebenden aus den Toten erinnert bspw. an Aussprüche Heraklits[11] zur Einheit der Gegensätze oder auch an die Lehre über die ständige Neumischung alles Seienden von Empedokles[12]. Der zweite Beweis macht gewisse
Anleihen an den epistemologischen Überlegungen zur notwendigen Begrenzung
des Unbegrenzten von Philolaos[13]. Die These, Lernen sei Wiedererinnerung,
wird im „Menon" ebenfalls mit einem Verweis auf andere eingeführt. Dort nennt
Sokrates ganz allgemein Priester und Priesterinnen und konkret Pindar als Quelle
(vgl. *Menon* 81a-d). Bei den Überlegungen im dritten Beweisgang zu den Bestandteilen von Seienden kann man an verschiedene vorsokratische Lehren anknüpfen:
bspw. an die Lehre von den vier Grundelementen bei Empedokles[14] oder die
Atomlehre bei Demokrit[15]. Die ethischen Überlegungen zum Zusammenhang

---

11   Vgl. GM Heraklit 34, 35; DK 22 B 62, 88. Ich arbeite parallel mit den Fragment-
      sammlungen von Diels/Kranz (DK) und Gemelli Marciano (GM).

12   Vgl. GM Empedokles 15A-16B; DK 31 B 11, 12, 15.

13   Philolaos gilt als der erste seiner Zeit, der das naturphilosophische Denken von onto-
      logischen auf epistemologische Fragen lenkte (vgl. Gemelli Marciano 2007a, S. 192–
      199; Zhmud 2013, S. 421–424). Die Ähnlichkeit zu den Überlegungen im „Phaidon"
      ist eher struktureller Natur und wird von mir deshalb im Zusammenhang mit der
      Frage nach der Sterblichkeit nicht weiter verfolgt. Philolaos' Ansatz sieht vor, dass
      das Sein und die Erkennbarkeit der Dinge auf ein nicht näher bestimmtes Zusammen-
      wirken des Unbegrenzten und des Begrenzenden zurückgeführt werden kann. Für
      die Art der menschlichen Erkenntnis sind das Begrenzende, was er auch als Zahl
      bezeichnet, und das ewige Wesen der Dinge besonders bedeutsam: das ewige Wesen
      der Dinge sei das Zuerkennende und die Zahl die Ermöglichungsbedingung der Er-
      kenntnis (vgl. GM Philolaos 42–47; DK 44 B 1–6).

14   Vgl. GM Empedokles 26; DK 31 B 17.

15   Vgl. GM Demokrit 7–8E; DK 68 A 8, 37, 38, 57.

von Lebensführung und Inkarnation der Seele in anderen Lebewesen greifen ebenfalls älteres Gedankengut auf, bspw. die Seelenwanderungslehren der Pytha-goreer[16] oder des Empedokles[17].

Im Folgenden (2) werde ich diese Spuren exemplarisch bei Heraklit und Empedokles verfolgen, da bei diesen viele Werkfragmente erhalten sind. Das Augenmerk dieser Denker liegt nicht primär auf der menschlichen Konstitution. Vielmehr präsentieren sie eine umfassende, wenn auch uns nur fragmentarisch überlieferte Erklärung des Seins. Ich werde deshalb zunächst die Grundzüge der jeweiligen Ontologie skizzieren, um anschließend vor diesem Hintergrund das Verständnis der menschlichen Sterblichkeit und Unsterblichkeit herauszu-arbeiten. Der Vergleich mit dem „Phaidon" wird nach dieser Rekonstruktion als eigenständiger Abschnitt (3) erfolgen.

2   Metaphysik als Unsterblichkeit der Sterblichen bei Heraklit und Empedokles

2.1   Sterblichkeit und Unsterblichkeit bei Heraklit

Heraklit, der Dunkle, wie er schon von seinen Zeitgenossen genannt wurde, ist uns insbesondere durch änigmatische Aussprüche bekannt, die vermutlich sei-nem einzigen, der Göttin Artemis geweihten Buch entnommen sind[18]. Diese Schrift begann mit einer Mahnung:

> „Für diesen Logos da, der ewig ist, gewinnen die Menschen kein Verständnis, weder bevor sie ihn gehört noch sobald sie ihn gehört haben; denn obwohl alles geschieht, wie es dieser Logos erklärt, gleichen sie Unerfahrenen (ἀπείροισιν DK: Unerprobten), auch wenn sie solche Worte und Taten erfahren, wie ich sie darlege, indem ich jedes Einzelne entsprechend seinem Ursprung ausdeute (κατὰ φύσιν διαιρέων DK: nach seiner Natur ein jegliches zerlegend) und sage, wie es sich ver-hält. Den anderen Menschen aber entgeht, was sie im Wachen tun, ebenso wie sie vergessen, was sie im Schlaf tun" (GM Heraklit 16; DK 22 B 1).

Wenn man ‚Logos' hier als die von Heraklit vorgetragene Rede versteht, dann scheint er das Scheitern des eigenen Lehrens anzukündigen. Woran liegt es, dass seine Rede nicht verstanden werden wird? An der Rede selbst liegt es wohl nicht,

---

16   Vgl. GM Pythagoras 15; DK 14,8a.
17   Vgl. GM Empedokles 160–161, 183–185; DK 31 B 115, 117, 127, 146–147.
18   Vgl. Gemelli Marciano 2007b; Bremer/ Dilcher 2013.

denn Heraklit erläutere darin, „jedes Einzelne entsprechend seinem Ursprung/ seiner Natur *(κατὰ φύσιν)*". Das Problem entstehe bei den Zuhörern. Da sie selbst unerfahren bzw. unerprobt seien, gewönnen sie keinen Zugang zu Heraklits Erklärung. Der letzte Satz des Fragments verweist darauf, worin das Problem bestehen könnte.

Im Unterschied zu Heraklit entgeht „den anderen Menschen [...], was sie im Wachen tun, ebenso wie sie vergessen, was sie im Schlaf tun". Der Gegenstand der Rede und der Erklärung scheint also nicht nur allgemein das Sein oder die Natur zu sein, sondern insbesondere auch der handelnde Mensch selbst. Der Handelnde lebe in einem problematischen Selbstverhältnis, so dass ihm das eigene Handeln entgehe. Die Zuhörer sind also in einer gewissen Weise unerprobt und müssten genau diesen Mangel an Selbsterfahrung überwinden, um von Heraklits Belehrung zu profitieren, der von sich behauptet: „Ich habe mich selbst erforscht *(ἐδιζησάμην ἐμεωυτόν)*" (GM Heraklit 24A; DK 22 B 101). Wenn also die Selbsterforschung der Weg zur Einsicht in den Logos und die Natur der Dinge ist, dann deutet sich eine grundsätzliche Entsprechung des kosmischen und des menschlichen Seins an. Heraklits Verständnis des Seins und des Kosmos im Allgemeinen ist deshalb auch für die Frage nach der menschlichen Sterblichkeit relevant[19].

Heraklit ist bekannt als derjenige Denker, der das Sein dynamisch und antagonistisch denkt:

> „Dieses ordentliche Gebilde *(κόσμον)* hier, dasselbe für alle, schuf weder einer der Götter noch einer der Menschen, sondern es war immer und ist und wird sein; ewig lebendiges Feuer, entflammend nach Maßen und erlöschend nach Maßen" (GM Heraklit 40; DK 22 B 30).

Der Kosmos wird hier in seinem dynamischen Sosein zurückgeführt auf das ‚ewig lebendige Feuer'. Als ‚ewig lebendiges' kann ‚Feuer' an dieser Stelle nicht das Alltagsphänomen eines bspw. brennenden Holzscheits meinen, denn das wäre nicht ewig. ‚Feuer' ist vielmehr das dynamische Sein selbst, seine Lebendigkeit besteht im ‚Entflammen' und ‚Erlöschen'. Die verschiedenen Dinge lassen sich mit Heraklit dann als Stadien des ‚ewig lebendigen Feuers' verstehen: „Wandlungen des Feuers: zuerst Meer, vom Meer aber die eine Hälfte Erde, die andere Hälfte Gluthauch" (GM Heraklit 41A; DK 22 B 31). Die zitierten Fragmente lassen die Deutung zu, dass das Sein von Heraklit als ein ewig durchlaufender Zyklus von

---

19 Der Ansatz Heraklits an der menschlichen Selbsterfahrung und damit auch dem Bewusstsein der eigenen Sterblichkeit gilt in der Forschung als die spezifische philosophische Wendung in Heraklits Denken (vgl. Bremer/ Dilcher 2013, S. 608f.)

Variationen des einen Feuers verstanden wird[20]. Die ständige Transformation erklärt die sichtbare, physische Vielfalt der Dinge, die zugleich als Variationen des Feuers eine unsichtbare, metaphysische Einheit ist. Indem sich alles ständig ineinander wandelt, bleibt die Vielfalt des Seienden in sich verbunden und stimmt als Bewegung mit sich selbst überein.

Welche Bedeutung können Leben und Sterben bzw. Geburt und Tod in dieser Perspektive gewinnen? Als eine weitere Besonderheit des herakliteischen Denkens gilt die Fokussierung der Seele als ein einheitliches Phänomen[21]. Er betrachtet die Seele als eine selbstständige Zwischenstufe in der Reihe der Wandlungen:

> „Für Seelen ist es Tod, Wasser zu werden, für Wasser ist es Tod, Erde zu werden; aber aus Erde entsteht Wasser und aus Wasser Seele" (GM Heraklit 54; DK 22 B 36).

Das Fragment führt den Tod im Zusammenhang eines Phasenübergangs ein: die Seele stirbt, wenn sie zu Wasser wird. Damit wäre Sterben als ein Übergangs- oder Wandlungsprozess verstanden und die Frage, ob jemand bzw. etwas tot ist, eine Frage der Perspektive. Denn der Tod der Seele ist zugleich die Geburt des Wassers und umgekehrt. Die Übergänge finden in beide Richtungen statt, ohne dass etwas außerhalb der Reihe der Wandlungen verbliebe. Ein absolutes Ende kann es folglich in dieser Gesamtperspektive nicht geben, sondern nur notwendige Zustandswechsel, die aus der Sicht eines Individuums irrtümlich wie ein absolutes Ende gedeutet werden könnten. Aber eigentlich gilt:

> „Sterbliche-Unsterbliche, Unsterbliche-Sterbliche, die den Tod der einen leben und das Leben der anderen sterben" (GM Heraklit 35; DK 22 B 62). „Es ist eigentlich dasselbe, was darin ist: Lebendes und Totes und Waches und Schlafendes und Junges und Altes. Denn dieses ist umschlagend jenes und jenes zurück umschlagend dieses" (GM Heraklit 34; DK 22 B 88).

Leben und Sterben wird vor diesem Hintergrund zu einer Frage der metaphysischen Perspektive, die der Mensch als zur Selbsterforschung fähiger Zwischenschritt in dem sich ununterbrochen vollziehenden Wandlungsprozess einnimmt. Sobald die Selbsterforschung nach Heraklits Vorbild so weit fortgeschritten ist, dass man

---

20 Vgl. Bremer/ Dilcher 2013, S. 616–619.

21 Er scheint sogar der erste Denker überhaupt zu sein, der die Seele auf diese Weise thematisiert (vgl. Bremer/ Dilcher 2013, S. 619–623).

sich selbst als eine Transformationsstufe im Zyklus der Feuerwandlungen begreifen kann, kann man eigentlich keine Angst mehr vor dem Tod haben, denn als Feuer ist man unsterblich.

2.2   Sterblichkeit und Unsterblichkeit bei Empedokles

Empedokles zeigt sich uns in der Überlieferung als eine schillernde Gestalt: als Naturphilosoph, Mystiker, Zauberer, Arzt und Lehrer. Überliefert sind zahlreiche Fragmente aus zwei Gedichten: „Περί φύσεως" (Über die Natur) und „Καθαρμοί" (Reinigungen)[22]. Das Gedicht über die Natur enthält eingebettet in eine allgemeine Erklärung des Seins die meisten Ausführungen zum Entstehen und Vergehen von Lebewesen. Es beginnt mit einer Kritik an der menschlichen Erkenntnis als einseitig und begrenzt (vgl. GM Empedokles 7; DK 31 B 2). Der Sprecher verspricht aber, dem vorbereiteten Zuhörer die Einsicht in das Ganze zu vermitteln, die sich aus reiner, göttlicher Quelle speise und deshalb dazu befähige, alle Übel zu heilen, die Elemente zu beherrschen und sogar Menschen aus dem Hades zurückzubringen (vgl. GM Empedokles 8–9; DK 31 B 3, 111). Leben, Krankheit und Tod werden also in der Macht des Einsichtigen liegen.

Empedokles entfaltet in dem Natur-Gedicht eine differenzierte Vorstellung von Sein und Werden (vgl. GM Empedokles 26; DK 31 B17)[23]. Er nimmt vier Grundstoffe bzw. Elemente – Feuer, Wasser, Erde, Luft – und zwei Grundkräfte – Liebe und Streit – an, deren Zusammenwirken die gesamte Wirklichkeit erklären soll. Die vier Grundstoffe sind ebenso ewig wie die Grundkräfte. Infolge der Einwirkung der beiden Grundkräfte entstehen durch Mischung der Grundstoffe nach und nach Lebewesen. Denn Liebe zieht Vieles zu Einem zusammen und Streit zerstreut das Eine ins Viele:

„Sofort wuchs zu sterblichen Wesen, was vorher unsterblich zu sein pflegte, und zu Gemischtem, was vorher ungemischt war, die Pfade wechselnd" (GM Empedokles 38; DK 31 B 35).

Der Wechsel von Vielem zu Einem und erneut zu Vielem sei ein ewiger kosmischer Kreislauf mit verschiedenen Phasen (vgl. GM Empedokles 32, 34; DK 31 B 22, 26).

---

22   Vgl. Primavesi 2013; Gemelli Marciano 2013.
23   Vgl. Primavesi 2013, S. 694–698.

Wie versteht Empedokles vor diesem Hintergrund Geburt und Tod bzw. Leben und Sterben?

> „Geburt gibt es bei keinem von allen sterblichen Wesen ($\theta\nu\eta\tau\tilde{\omega}\nu$), und auch kein Ende im vernichtenden Tod, sondern nur Mischung und Neugestaltung des Gemischten gibt es, bei den Menschen wird es »Geburt« genannt" (GM Empedokles 13; DK 31 B 8).

Obwohl Empedokles hier Geburt und Tod leugnet, da alles Seiende nur Mischung der vier Grundstoffe und Neugestaltung des Gemischten sei, spricht er zugleich von ‚sterblichen Wesen'. Sterblichkeit lässt sich als Zusammengesetztsein verstehen. Da etwas, das zusammengesetzt wurde, in dieser Gestalt und Mischung vorher nicht vorhanden war und auch wieder in seine Bestandteile zerfallen kann, entsteht der subjektive Eindruck von Geburt und Tod. Dieses verbreitete Missverständnis kritisiert Empedokles:

> „Die Törichten; denn ihre Gedanken reichen nicht weit, sie, welche glauben, es könne etwas entstehen, das es zuvor nicht gab, oder etwas könne gänzlich sterben und zugrunde gehen" (GM Empedokles 15A; DK 31 B 11).

Die ‚Törichten' deuten die neugemischte Gestalt nicht als Zusammensetzung von etwas, das vorher schon existiert hat, sondern als etwas vollkommen Neues, das vorher keinerlei Existenz hatte – also als eine Art Schöpfung aus dem Nichts. Ebenso wird die Neumischung der Elemente bzw. der Zerfall einer Mischung als vollkommene Auslöschung missverstanden. Beides ist aber logisch unmöglich:

> „Denn aus dem gar nicht Seiendem kann unmöglich [etwas] entstehen, und ebenso ist unvollziehbar und unerhört, dass Seiendes völlig zugrunde geht; denn es wird dort sein, wo immer einer es hinstellt" (GM Empedokles 16; DK 31 B 12).

Wenn nun alles, was die Törichten als Seiendes kennen, bloß auflösbare Mischungen sind, dann bleiben nur die Grundstoffe und -kräfte als die Seienden übrig, die niemals völlig zugrunde gehen können. Auch der Mensch ist ein zufälliges Zwischenprodukt der Reihe der Mischungen[24] und als solches eindeutig sterblich, d.h. auflösbar in die Grundstoffe[25].

---

24 Empedokles stellt bspw. Zustände vor, in denen lose Glieder oder Wesen mit mehreren Gesichtern u.ä. entstehen und vergehen (GM Empedokles 52; DK 31 B 61).

25 In dem kosmischen Zyklus der Vereinigung und Trennung der vier Elemente durch Liebe und Streit können solche gemischten, sterblichen Wesen wie wir nur in den

Im Zusammenhang mit der hier verfolgten Frage nach der Sterblichkeit bzw. Unsterblichkeit des Menschen ist neben dem Gedicht über die Natur ein bestimmter Aspekt von Empedokles' Gedicht „Reinigungen" interessant. Dieses Gedicht trägt jemand vor, der „als ein unsterblicher Gott, nicht mehr als ein Sterblicher" (GM Empedokles 157.9; DK 31 B 112.4) vor die Zuhörer tritt. Damit wird suggeriert, dass ein Übergang von einem sterblichen zu einem unsterblichen Wesen möglich ist. Im Verlauf des Gedichts wird eine entsprechende Wanderung eines Daimon mit verschiedenen Phasen dargestellt: 1. Göttliche Unsterblichkeit, 2. Befleckung durch Blutschuld und Meineid mit daraus resultierender Verbannung, 3. Durchlauf aller sterblichen Gestalten (Pflanzen, Tiere, Menschen) und bei Reinigung während der menschlichen Lebensform 4. erneute göttliche Unsterblichkeit[26]. Nach Primavesi lassen sich diese Phasen mit den Phasen des kosmischen Zyklus aus dem Natur-Gedicht parallelisieren[27]. Die Phasen eins und vier würden den beiden Polen – Sphairos und vier Elementarsphären – entsprechen, zwischen denen sich die Lebewesen als Übergangsphänomene und Mischungen der Elemente bilden. Die Besonderheit der „Reinigungen" scheint in dem ethischen Aspekt zu bestehen, den sie in die scheinbar mechanisch ablaufende Entwicklung einbringen.

Die Schuld der Menschen begründet sich in erster Linie in Mord:

„Mit reinem Stierblut aber wurde der Altar nicht benetzt, sondern dies war bei den Menschen die größte Befleckung, das Leben zu entreißen und die schönen Glieder zu verzehren" (GM Empedokles 172; DK 31 B 128).

Eine Besonderheit, die hier auffällt und auf die im Natur-Gedicht entwickelte Naturphilosophie zurückzuführen ist, ist eine enge Verknüpfung von Mord und

---

Übergangsphasen existieren, in denen Liebe und Streit gleichermaßen wirken. Primavesi spricht von einer „doppelten Zoogonie". Wenn die Liebe das dominante Prinzip werde, dann ziehe sie alle Elemente zu Einem zusammen, zum Sphairos, das keinerlei inneren Unterschiede mehr zulasse. Wenn der Streit hingegen vorherrsche, dann würden die Elemente sich zu vier in sich homogenen Sphären trennen. Lebewesen könne es also nur in den beiden Übergangsphasen geben, in denen ein Kräftegleichgewicht zwischen Liebe und Streit vorliege (vgl. Primavesi 2013, S. 709–713). Denn nur wenn beide Kräfte wirksam sind, kann das durch Liebe Zusammengefügte durch Streit wieder aufgelöst werden. In jedem anderen Zustand werden die Elemente entweder immer weiter zusammengefügt oder getrennt. Menschen sind damit doppelt flüchtig sowohl als Individuen als auch als Gattung.

26 Vgl. GM Empedokles 160–161, 179–186; DK 31 B 115, 117, 127, 129, 140–143.
27 Vgl. Primavesi 2013, S. 713–721.

Ernährung. Hierbei ist kein Kannibalismus im heutigen Sinne gemeint. Vielmehr führt die Idee der Seelenwanderung dazu, dass der Verzehr von Tieren und bestimmten Pflanzen stets die Gefahr mit sich bringt, dass man einen verstorbenen Menschen in seiner aktuellen Inkarnation ermordet:

> „Der Vater hebt aber seinen eigenen Sohn, der eine andere Gestalt angenommen hat, empor und schlachtet ihn und betet noch dazu, der große Tor; die anderen, indem sie den Flehenden opfern; jener indes schlachtet mit lautem Zuruf, ohne auf ihn zu hören, den Sohn und bereitet so im Hause ein böses Mahl. Auf dieselbe Weise ergreift der Sohn seinen Vater und berauben die Kinder ihre Mutter der Lebenskraft und verzehren das Fleisch der eigenen Eltern" (GM Empedokles 175; DK 31 B 137)[28].

Die Reinigungsvorschriften sind vermutlich deshalb in erster Linie Ernährungsvorschriften: Fleisch-, Bohnen- und Lorbeerverbot[29]. Unter den Tieren sei es am besten, in einen Löwen, und unter den Pflanzen, in einen Lorbeer zu inkarnieren, insgesamt aber in einen Menschen[30].

> „Zuletzt aber werden sie zu Sehern und Dichtern und Ärzten und Fürsten der auf der Erde wohnenden Menschen; daraus erwachsen sie zu Göttern, den höchsten an Ehren" (GM Empedokles 184; DK 31 B 146).

Die Schlusspassagen des Natur-Gedichtes legen nahe, dass es neben der Diät noch eine geistige Form der Reinigung gibt, die bei der Rückkehr zu Göttlichkeit und Glückseligkeit, vermutlich beim Durchlaufen der letzten Inkarnationsstufen innerhalb des Menschlichen, vollzogen werden muss.

---

28 Diese Warnung ist angesichts des naturphilosophischen Hintergrunds ewiger Elemente und sterblicher Mischungen dieser einerseits nachvollziehbar, aber zugleich auch problematisch. Denn einerseits sind nur die Elemente und Grundkräfte unsterblich, so dass der Verweis auf die Inkarnation und Wanderung der Seele auf diese zurückgeführt und dadurch ermöglicht werden müsste. Andererseits sind alle individuellen Auszeichnungen bestimmter Personen angesichts der Naturphilosophie des Empedokles nur als spezifische Mischungskonstellationen der Elemente und nicht als die Elemente selbst verstehbar, so dass unklar wird, auf welche Weise eine individuelle Inkarnation gedacht werden soll. Des Weiteren ist vor diesem Hintergrund unklar, wieso neben Menschen und Tieren nur bestimmte Pflanzen unter das Mordverbot fallen, da ja alle Mischungen miteinander verwandt sind.

29 Vgl. GM Empedokles 175, 179, 180; DK 31 B 136, 140, 141.

30 Vgl. GM Empedokles 183; DK 31 B 127.

Nach dem Prinzip ‚Gleiches durch Gleiches' können die Elemente und Grundkräfte sich im Menschen selbst wahrnehmen[31]:

„Denn durch Erde schauen wir Erde, durch Wasser Wasser, durch Luft göttliche
Luft, durch Feuer aber glänzendes/ vernichtendes Feuer, Liebe durch Liebe, Streit
durch verderblichen Streit" (GM Empedokles 145; DK 31 B 109).

Gemäß diesem Grundsatz lässt sich die Beschaffenheit des Kosmos allerdings
nicht nur erkennen; darüber hinaus lässt sich der Mensch mithilfe dieser Einsicht
von innen transformieren. Vermutlich gründet in dieser Möglichkeit das anfängliche Versprechen, die kosmischen Kräfte beeinflussen und Menschen heilen zu
können. Denn wenn der achtsame Mensch die durch Empedokles gelehrten Inhal-
te in seinem Inneren wachsen lässt, dann, so Empedokles, wird er notwendig ein
anderer, neu gemischter Mensch: „Nach dem Maße, wie sie sich ändern, bringt
ihnen auch ihr Denken immer Andersartiges bei" (GM Empedokles 148; DK 31
B 108). Empedokles' Rede scheint direkt auf den Geist einwirken zu wollen, indem er den Zuhörer auffordert, die mitgeteilten Worte „mit reiner Achtsamkeit"
zu beaufsichtigen,

„so werden sie alle dein ganzes Leben mit dir sein und du wirst draus viel anderes
erwerben; denn sie gedeihen von selbst, ein jedes nach seinem inneren Wesen" (GM
Empedokles 156; DK 31 B 110).

Den Unachtsamen aber verlassen die Belehrungen, „begierig, zum Ort ihrer Herkunft zurückzukehren; denn wisse, dass alles Einsicht und am Bewusstsein Anteil hat" (GM Empedokles 156; DK 31 B 110).

2.3 Anthropologische Implikationen

So unterschiedlich die Lehren von Heraklit und Empedokles auch sein mögen,
lässt sich eine verblüffende Ähnlichkeit im Umgang mit der menschlichen Sterblichkeit feststellen. Beide Denker legen erstens eine materialistische Naturphilosophie oder Metaphysik vor, die den Menschen in die Gesamtdynamik
der Stoffwandlungen einordnet und seine Vergänglichkeit auf den Status als
Zwischenschritt in dieser Dynamik zurückführt. Die menschliche Sterblich-

---

31   Die Grundstoffe seien am harmonischsten gemischt im Blut des Menschen, das des-
     halb zugleich auch sein Verstand sei (GM Empedokles 147; DK 31 B 105).

keit ist damit nichts ungewöhnliches, sondern schlicht das Schicksal, das er mit allen Konkretionen der Grundstoffe teilt. Das Besondere dieser Erklärung besteht darin, dass diese Art der Vergänglichkeit zugleich auch die Möglichkeit enthält, die eigene Unsterblichkeit zu erfassen und in einem gewissen Sinne auch zu erreichen. Die Voraussetzung dafür ist eine erfolgreiche Änderung des eigenen Selbstverständnisses und Selbstverhältnisses.

Beide Denker sehen diese Änderung zweitens in der Verinnerlichung der naturphilosophischen Erkenntnis. Denn wenn der Mensch eigentlich die sich transformierenden Grundstoffe (vier bei Empedokles, nur einer bei Heraklit) ist, dann ist die Vorstellung, die aktuelle Konkretion mit der spezifischen Persönlichkeit wäre die eigentliche Wirklichkeit, deren Verlust man im Tod fürchten könnte, nur ein Selbstmissverständnis. Die Beschäftigung mit der wirklichen Natur der Dinge würde von diesem Missverständnis und von der darin begründeten Angst vor dem Sterben befreien. In dieser Art der Metaphysik scheint also aus der naturphilosophischen Perspektive von Heraklit und Empedokles für uns Sterbliche der Zugang zur ontologisch gegebenen Unsterblichkeit zu bestehen.

Diese Wendung ist anthropologisch interessant, da der Mensch dadurch eine Doppelbestimmung erfährt. In der kontinuierlichen Folge der Wandlungen des Feuers bzw. der Mischungen der vier Elemente ist der Mensch nur ein Durchgangsphänomen neben anderen. Als solches ist er vollständig bestimmt von den Dynamiken der Elemente und deshalb sterblich. Da er aus demselben Stoff besteht wie auch der Rest der Welt, ist er außerdem zur Wahrnehmung fähig. Bei Empedokles wird dies nach dem Prinzip ‚Gleiches durch Gleiches' erklärt[32] und bei Heraklit auf die ‚Einheit im Auseinandertretenden' in der allem gemeinsamen Vernunft zurückgeführt[33]. Empedokles beschäftigt sich recht ausführlich mit der menschlichen Physiologie[34] und entwirft eine Wahrnehmungslehre[35], die vielfältig rezipiert wurde. Heraklit scheint diese Gebiete zu vernachlässigen, ordnet dafür aber die menschliche Seele stärker in die Seinsdynamik ein[36].

Das Besondere des Menschen gründet aus der Sicht beider Denker zwar in der genannten Gemeinsamkeit der Seienden, geht aber über diese hinaus. Denn die Menschen sind grundsätzlich befähigt, die eigentliche Natur des Seins zu erkennen und gemäß dieser Einsicht zu leben. Diese besondere Fähigkeit eröffnet den Raum für eine geistig-seelische und zugleich eine ethische Dimension des

---

32 Vgl. GM Empedokles 145; DK 31 B 109.
33 Vgl. GM Heraklit 18; DK 22 B 113–114.
34 Vgl. GM Empedokles 124C-144; DK 31 B 90, 100.
35 Vgl. GM Empedokles 45, 145–148; DK 31 B 84, 105, 107, 108, 109.
36 Vgl. GM Heraklit 52–58; DK 22 B 12, 36,45, 115, 117.

menschlichen Seins. Sie verweist außerdem darauf, dass die Menschen nicht nur den anderen Seienden, sondern auch Gott ähnlich sind. Das jeweilige Gottesverständnis bei Heraklit[37] bzw. Empedokles[38] ist nicht ganz eindeutig, da die traditionellen Götternamen verwendet werden, obwohl es in den materialistischen Ansätzen weder Notwendigkeit noch Möglichkeit für anthropomorphe Götter nach traditionellem griechischem Typus zu geben scheint[39]. Bei Heraklit scheint Gott – Zeus – als der Eine, Allweise[40], der als Logos alles steuert[41], die Funktion des obersten Prinzips und Maßstabs für die Menschen zu haben[42], da die menschlichen Gesetze in dem göttlichen Gesetz gründen[43]. Zwar ist dem Menschen im Unterschied zu Gott die Selbst- und Seinserkenntnis nur über die Erforschung der Gegensätze möglich[44], aber wenn es ihm gelingt zu verstehen, „wie das Auseinandertretende *(διαφερόμενον)* mit sich selbst übereinstimmt *(ἑωυτῶι ὁμολογέει)*" (GM Heraklit 28; DK 22 B 51), dann nähert er sich der einen Weisheit und zugleich Gott an. Auch bei Empedokles ist dem Menschen eine Annäherung an die Götter, wie schon oben dargestellt, durch Seinserkenntnis und eine entsprechende Lebensgestaltung möglich. Da der Sprecher des Gedichts über die Reinigungen als ‚unsterblicher Gott' vor die Zuhörer tritt, scheint hier sogar über die Verähnlichung mit Gott hinaus die aus der Sicht der mythisch-religiösen Tradition sicherlich hybride Vorstellung einer Gottwerdung des Menschen entworfen. Abgesehen von möglichen religiösen Implikationen kann hier also eine naturphilosophische Grundlegung der späteren Doppelbestimmung des Menschen als ‚Bürger zweier Welten' beobachtet werden, die in verschiedenen Variationen des Dualismus zwischen Geist und Materie, Gesetz und Freiheit, Leib und Seele in der Philosophiegeschichte aufgegriffen, weiterentwickelt und kritisiert wird. Diese Doppelbestimmung enthält eine ethische Komponente, indem sie die Möglichkeit begründet, sich für eine bestimmte Lebensweise zu entscheiden.

---

37 Vgl. GM Heraklit 7, 50–51, 65B, 66; DK 22 B 32, 67, 78–79, 93, 102.

38 Vgl. GM Empedokles 54, 56, 59, 152–155; DK 31 B 27, 29, 31, 131–134.

39 Zur Theologie bei den Vorsokratikern vgl. Robinson 2008.

40 „Eins, das Allein-Weise, will nicht und will doch mit dem Namen des Zeus benannt werden" (GM Heraklit 51; DK 22 B 32).

41 „Denn ein Einziges sei das Weise, die Einsicht zu erkennen (ἐπίστασθαι γνώμην), die alles durch alles steuert" (GM Heraklit 23; DK 22 B 41).

42 „Der Mann gilt als kindisch verglichen mit dem Gott, wie ein Knabe verglichen mit dem Manne" (GM Heraklit 65B; DK 22 B 79).

43 Vgl. GM Heraklit 18; DK 22 B 113–114.

44 „Dem Gott ist alles schön und gerecht, die Menschen aber haben angenommen, das eine sei ungerecht, das andere sei gerecht" (GM Heraklit 66; DK 22 B 102).

3 Philosophie als Unsterblichkeit der Sterblichen bei Sokrates

3.1 Vergleich mit den Überlegungen im „Phaidon"

Vor dem Hintergrund der rekonstruierten Ansätze von Heraklit und Empedokles lassen sich die Gemeinsamkeiten mit und Unterschiede zu den Überlegungen im „Phaidon" analysieren, um so der Frage nachgehen zu können, was das spezifisch Sokratische im Umgang mit der menschlichen Sterblichkeit ist. Gemeinsames lässt sich in der Beschreibung der Dynamik des Werdens, in der Doppelbestimmung des Menschen und in der Betonung der menschlichen Möglichkeit, die eigene Lebensweise zu wählen, feststellen. In der sokratischen Verarbeitung der naturphilosophischen Ansätze verschiebt sich allerdings der Fokus von der Ontologie zur Ethik.

Wenn Sokrates in den oben skizzierten Beweisgängen die Veränderungen der Seienden thematisiert, dann lässt sich das als Anknüpfung sowohl an die Gegensatzlehre Heraklits als auch an Empedokles' Lehre von den Mischungen verstehen. Die Gegensatzlehre fokussiert ganz grundsätzlich die zyklische Dynamik des Werdens. Die Lehre von den Mischungen klärt zusätzlich, welche Seienden notwendig in diese Dynamik einbezogen sind: die Zusammengesetzten. Das Unzusammengesetzte kann folglich weder entstehen noch vergehen. Hier lässt eine erste Differenz beobachten: Sokrates arbeitet im dritten Beweis heraus, dass alles Wahrnehmbare und Stoffliche in ständiger Bewegung und Veränderung begriffen und damit notwendig zusammengesetzt ist (vgl. *Phaidon* 78c-79a). Sowohl Heraklit als auch Empedokles hingegen stellen die Grundstoffe selbst als stofflich, aber zugleich unveränderlich, als das Beständige in den veränderlichen Dingen vor. Sokrates' zweiter Beweisgang im „Phaidon" zeigt, dass er die Notwendigkeit von etwas Unveränderlichem als Bedingung der Möglichkeit von Veränderlichem und dessen Wahrnehmung ebenfalls anerkennt. Im Unterschied zu den beiden Vorsokratikern verdeutlicht er allerdings, dass dieses Beständige nichts Stoffliches sein kann (vgl. *Phaidon* 74a-c). Die von Sokrates an späterer Stelle des „Phaidon" gegen Anaxagoras vorgebrachte Kritik (vgl. *Phaidon* 97b-99d), er würde die Vernunft als Ursache zwar zurecht einführen, bei der Erklärung der Weltordnung aber doch wieder nur Stoffliches heranziehen und damit „die Ursache [...] und jenes, ohne welches die Ursache nicht Ursache sein könnte" (*Phaidon* 98e) irrtümlich gleichsetzen, wäre auch hier treffend. Diese Differenz in der Einschätzung des Stofflichen hat Auswirkungen auf das Verständnis der zunächst geteilten Doppelbestimmung des Menschen.

Im „Phaidon" operiert Sokrates ganz selbstverständlich und ohne Einwände seiner Gesprächspartner mit der Vorstellung, der lebendige Mensch wäre eine

Einheit aus Leib und Seele. Nur vor diesem Hintergrund kann der Tod des Menschen sinnvoll als die Trennung von Leib und Seele eingeführt werden (vgl. *Phaidon* 64c). Wie bei der Rekonstruktion der Ansätze von Heraklit und Empedokles deutlich wurde, teilen die beiden Denker zwar die Vorstellung einer gewissen Doppelbestimmung des Menschen, verstehen den Tod aber gänzlich anders. Wie unterscheidet sich also das zugrundeliegende Verständnis der Doppelbestimmung?

Bei Heraklit und Empedokles hängt die Thematisierung der geistig-seelischen Dimension des Menschen eng mit deren Anspruch zusammen, eine Einsicht in das wahre Sein der Dinge erworben zu haben. Bei Heraklit ist es die Einsicht in die dynamisch-antagonistische Natur des Kosmos als Feuerwandlungen, die auf dem Weg der Selbsterforschung gewonnen werden kann. Die zur Selbsterforschung befähigte Seele versteht er ebenfalls als eine Variation des Feuers. Als solches müsste sie stofflich gedacht werden. Empedokles lehrt in dem Gedicht über die Natur seine Einsicht in die eigentliche Bestimmung des Seins durch die vier Grundstoffe und zwei Grundkräfte, die die einseitigen Seinsvorstellungen der Menschen überwinden soll. Die menschlichen Wahrnehmungs- und Erkenntnisvermögen werden hier gemäß dem Prinzip ‚Gleiches durch Gleiches' ebenfalls mit stofflichen Dynamiken erklärt. Der seelische Daimon des Gedichts über die Reinigungen lässt sich als eine Personifizierung der Grundstoffe deuten. Beide Denker führen damit die seelisch-geistige Dimension des Menschen auf Stoffliches zurück, das dem Seelisch-Geistigen vorgeordnet ist. Folglich wird die seelisch-geistige Dimension des Menschen als abhängig und durch die stofflichen Dynamiken bestimmt verstanden. Zugleich betonen aber Heraklit und Empedokles die Möglichkeit des Menschen, sich durch Belehrung und Einsicht von dem verfehlten Seinsverständnis zu befreien und dadurch eine bessere Lebensform zu erreichen. Da Einsicht eindeutig etwas Seelisch-Geistiges ist, impliziert die Aufforderung, durch Einsicht sein Leben zu verändern, zugleich die Möglichkeit, die seelisch-geistige Dimension würde das Bestimmende und Eigenständige im Menschen. Eine solche Einordnung des Seelisch-Geistigen widerspricht allerdings der materialistischen Erklärung des Seins, die beide Denker entwickeln. Vor diesen Hintergrund kann man die Art, wie Sokrates das Verhältnis von Leib und Seele im „Phaidon" darstellt, als eine Reaktion auf den immanenten Widerspruch des materialistischen Ansatzes lesen. Eine materialistische Metaphysik ist zudem nicht vereinbar mit der lebensweltlich unbestreitbaren Möglichkeit zwischen verschiedenen Lebensformen zu wählen. Es ist also nur folgerichtig, eine solche Metaphysik zu verwerfen.

Sokrates knüpft, wie sich zeigt, an eine gängige Doppelbestimmung des Menschen an, führt sie aber keineswegs ein. Dabei lässt er keinen Zweifel daran, dass die seelisch-geistige Dimension im Leben eines Menschen jeder-

zeit das Leitende und Bestimmende ist. Dies gilt selbst dann noch, wenn der
Einzelne sich dazu entscheidet, sich von den Begierden bestimmen zu lassen,
und damit der sinnlich-leiblichen Dimension die leitende Funktion überträgt.
Die sokratische Deutung der ‚Reinigungen', die Empedokles weitgehend als
veränderte Essgewohnheiten versteht[45], ist die lebenslange Bemühung um eine
Umwendung der Seele von der alltäglichen und verbreiteten Ausrichtung auf
das Sinnliche hin zum Geistigen (vgl. *Phaidon* 67b-d; 69a-d). Denn in der Auseinandersetzung mit den vorhandenen naturphilosophischen Erklärungen kann
eingesehen werden, dass das Eigene des Menschen in der besonderen Möglichkeit, seine Lebensform zu wählen, besteht. Da diese Möglichkeit sich aber nicht
in seiner sinnlich-leiblichen Dimension, sondern in der seelisch-geistigen begründet, kann die spezifisch menschliche Lebensform nicht die sinnliche sein.
Wenn also das Leben nicht mehr von den Bedürfnissen nach Ehre, Geld, Macht
oder Lust geleitet werden kann, was gibt uns stattdessen eine Orientierung im
Leben?

3.2   Arten der Sterblichkeit bei Sokrates

Die Antwort Heraklits und Empedokles' wäre, dass es die Erkenntnis der wahren
Natur der Dinge ist, die uns im Leben leiten und damit auch die Ethik begründen
sollte. Dieser Ansatz trägt aus den oben genannten Gründen nicht. Die Alternative, die Sokrates im „Phaidon" eröffnet, kann in gewisser Weise trotzdem als
eine Anknüpfung an die Naturphilosophen verstanden werden, obwohl die für die
Vorsokratiker dominanten ontologischen Überlegungen für Sokrates deutlich in
den Hintergrund ethischer Fragen treten.

Nach den ersten drei Beweisgängen erheben Simmias (vgl. *Phaidon* 85e-86e)
und Kebes (vgl. *Phaidon* 86e-88b) neue Einwände gegen die sokratischen Überlegungen, die das Verhältnis von Leib und Seele aufgreifen und die Seele als
vom Leib abhängig vorstellen. Sokrates reagiert recht ausführlich in mehreren
Argumentationsschritten auf diese Einwände (vgl. *Phaidon* 88c-107d). Im letzten Schritt geht er auf das zugrunde gelegte Verständnis der Ursache ein, indem er von seiner eigenen Ursachensuche in der Jugend berichtet (vgl. *Phaidon*

---

45   Die Tugenden, die auf dem Wege der Reinigung nach Empedokles erreicht wer-
       den könnten, scheinen den ‚bürgerlichen Tugenden' zu entsprechen, die Sokrates
       im „Phaidon" als Scheintugenden bezeichnet, weil sie „Lust gegen Lust und Unlust
       gegen Unlust und Frucht gegen Furcht austauschen jeweils größere gegen kleinere"
       (*Phaidon* 69a). Die wahren Tugenden entstünden aber nur durch Vernünftigkeit.

95b-102a). Im Zusammenhang der vorliegenden Untersuchung ist Sokrates' Erwartung an die Lehre des Anaxagoras interessant, die er vor der genauen Lektüre aufgrund der These, „die Vernunft [sei] das Anordnende [...] und aller Dinge Ursache" (*Phaidon* 97b/c)[46], entwickelt. Sokrates erwartet, dass Anaxagoras die stofflichen Lehren der anderen Naturphilosophen überschreite, da die Vernunft als Ursache eine gänzlich andere Vorgehensweise erfordere:

> „Wenn nun einer die Ursache von jeglichem finden wollte, wie es entsteht oder vergeht oder besteht, so dürfte er nur dieses daran finden, wie es gerade diesem am besten sei zu bestehen oder irgend sonst etwas zu tun oder zu leiden. Und dem zufolge dann gezieme es dem Menschen nicht, nach irgendetwas anderem zu fragen, sowohl in Bezug auf sich als auf alles andere, als nach dem Trefflichsten und Besten *(τὸ ἄριστον καὶ τὸ βέλτιστον)*" (*Phaidon* 97c-d).

Obwohl der junge Sokrates bei Anaxagoras enttäuscht wird, hält er auch im Alter an seiner Deutung der Ursache als Vernunft, die alles auf das Beste ausrichte, fest. Die sokratische Antwort auf die Frage danach, woran wir uns im Leben orientieren sollten, lautet also: an dem Guten. Dieses zu erkennen, sei die eigentliche Aufgabe der sokratischen Philosophie, wodurch sie Ordnung innerhalb der Seele und im Verhältnis von Leib und Seele stifte. Eine so verstandene Reinigung kann durchaus ein ganzes Leben erfüllen. Kann sie auch Gelassenheit in Bezug auf die eigene Sterblichkeit begründen?

Dass der Tod im Sinne der Trennung von Leib und Seele für Menschen unentrinnbar ist, daran lässt Sokrates im „Phaidon" keinen Zweifel. Trotzdem ist er davon überzeugt, dass seine Gelassenheit begründet ist. Diese Begründung sieht er allerdings im Unterschied zu Heraklit oder Empedokles nicht in einer Metaphysik der Stoffdynamik, sondern in seinem Lebensvollzug als Philosoph. Nicht das Jenseits, sondern das Diesseits ist der Ort, an dem wir unser Geschick gestalten können. Was ist aber die Besonderheit eines philosophischen Lebens?

Neben der unentrinnbaren Sterblichkeit des Menschen als Einheit aus Leib und Seele führt Sokrates im „Phaidon" die Vorstellung von einer Sterblichkeit der Rede, des Logos, ein. Der Logos sterbe in der Redefeindschaft, der Misologie. Es

---

46 Folgendes Fragmentzitat bildet vermutlich den Hintergrund dieser These: „Und was sich mischte, was sich aussonderte und was sich trennte, das alles hat der nous erkannt. Und wie es werden sollte und wie es war, was jetzt nicht ist und was jetzt ist, und wie es sein wird, das alles hat der nous geordnet" (GM Anaxagoras 40B; DK 59 B 12).

gebe kein größeres Übel[47] (vgl. *Phaidon* 89b-d). Was ist das Problematische an der Misologie, so dass sie das größte Übel für den Menschen ist, schlimmer als der Tod? Zum Redefeind werde jemand, so Sokrates, auf ganz ähnliche Weise wie zu einem Menschenfeind:

> „wenn einer einer Rede getraut hat, dass sie wahr sei, ohne die Kunst, welche sich auf Reden versteht, und sie ihm dann bald darauf wieder falsch vorkommt, manchmal mit Recht, manchmal mit Unrecht, und so wieder eine und eine andere; [...] dass sie am Ende glauben, ganz weise geworden und allein zu der Einsicht gelangt zu sein, dass nicht nur an keinem Dinge irgendetwas Gesundes *(ὑγιὲς)* und Richtiges ist, sondern auch an den Reden nicht, vielmehr alles sich ordentlich wie im Euripos von oben nach unten dreht und keine Zeitlang bei etwas bleibt" (*Phaidon* 90b-c).

Ein Redefeind scheint also jemand zu sein, dessen unbegründetes Vertrauen in Reden mehrfach enttäuscht wurde und nun in ein ebenso unbegründetes Misstrauen umschlägt. Dieser Mensch verallgemeinert unberechtigt von mehreren Fällen auf alle. Außerdem geht dieser stets davon aus, die Wahrheit zu kennen: zuerst in der jeweils für wahr gehaltenen Rede und zuletzt in der Unmöglichkeit einer Wahrheitserkenntnis. Beides verweist auf seine ,Kunstlosigkeit', d.h. darauf, dass sein Erkenntnisvermögen ungebildet ist. Dieser Mensch erkennt aber sein eigenes Unvermögen, Reden auf deren Wahrheitsgehalt zu prüfen, nicht, sondern projiziert dieses als Unmöglichkeit des Erkennens auf die Reden und die darin verhandelten Sachverhalte. Diese Zuschreibung hindert den Betroffenen daran, sein Erkenntnisvermögen durch Bildung zu kultivieren und zu verwirklichen. Eine subjektive Unfähigkeit wird damit zu einer objektiven Unmöglichkeit mit weitreichenden Konsequenzen für den Betroffenen:

> „wäre das nun nicht ein Jammer, wenn es doch wirklich wahre und sichere Reden gäbe und die man auch einsehen könnte, wenn einer, weil er auf solche Reden stößt, die ihm bald wahr zu sein scheinen, bald wieder nicht, sich selbst nicht die Schuld geben wollte und seiner Kunstlosigkeit, sondern am Ende aus Missmut die Schuld gern von sich selbst auf die Reden hinwälzte und dann sein übriges Leben in Hass und Schmähungen gegen alle Reden hinbrächte und so der Wahrheit und Erkenntnis der Dinge verlustig ginge?" (*Phaidon* 90c-d).

---

47 In der „Apologie" bezeichnet Sokrates den Unverstand als das größte Übel für den Menschen, größer als der Tod. Dort bestimmt er den Unverstand als „die Einbildung, etwas zu wissen, was man nicht weiß" (*Apologie* 29b).

Die Misologie scheint also nicht bloß eine Redefeindschaft, sondern darüber hinaus eine Denkfeindschaft, eine grundsätzliche Ablehnung der menschlichen Rationalität zu sein. Mit der Rede stirbt in gewisser Weise auch der Geist, da er keine Bildung und Kultivierung erfährt. Die Misologie kann deshalb als der selbstverschuldete, geistige Tod des Menschen oder zumindest als eine tödliche Krankheit verstanden werden[48]. Als solche kann sie durchaus als das größte Übel für den Menschen aufgefasst werden, da sich ein Redefeind im Lebensvollzug notwendig der eigenen Sinnlichkeit und den damit verbundenen Begierden als Lebensmaßstäbe ausliefert[49]. Er führt folglich ein getriebenes Leben, in dem die spezifisch menschliche, seelisch-geistige Seinsdimension unausgebildet bleibt[50]. Auch diese geistige Variante der Sterblichkeit gehört offenbar zum Menschsein. Allerdings ist dieser Tod nicht unentrinnbar. Die Alternative einer Redefreundschaft, einer Philologie[51], steht dem Menschen offen, allerdings bedarf diese einer stetigen, ja lebenslangen Bemühung:

> „So lass uns denn, sprach er [Sokrates, VB], zuerst davor uns hüten und dem in unsere Seele keinen Eingang gestatten, als ob an allen Reden am Ende wohl gar nichts Tüchtiges *(ὑγιὲς* genauer: Gesundes, s. oben; im übertragenen Sinne aber auch: Vernünftiges, VB)* wäre; sondern vielmehr, dass wir nur noch nicht recht tüchtig *(ὑγιῶς)* sind, aber tapfer sein und trachten müssen, tüchtig *(ὑγιῶς)* zu wer-

---

48 Sokrates' Parallelisierung von Misologie und Misanthropie (vgl. *Phaidon* 89d-90b) ist sicherlich nicht zufällig, sondern unterstreicht die enorme Bedeutsamkeit des Logos im menschlichen Leben und Sein. Crooks (1998) sieht in der Passage über die Misologie den entscheidenden Schlüssel, um sowohl die letzten Worte des Sokrates als auch die Intention des gesamten „Phaidon" zu verstehen. Die Krankheit sei die Unvernunft, die Philosophie die Medizin, derer man ein Leben lang bedarf. Ähnlich auch Zehnpfennig (1991).

49 Dieser Glaube wird an früherer Stelle des „Phaidon" ebenfalls als ‚größtes Übel' bezeichnet (vgl. *Phaidon* 83b-d). Dies sind, wie sich zeigt, keine verschiedenen, voneinander unabhängigen Übel, sondern nur die beiden Seiten (das Denken und das Handeln betreffend) eines Übels.

50 In der „Politeia" spricht Sokrates von einem ‚bunten und vielköpfigen Tier', das die menschliche Seele beherrsche, da der ‚innere Mensch' aufgrund verfehlter Bildung und ungerechtem Handeln verhungert sei. Da der ‚innere Mensch' als Bild für die Vernunft stehen soll, kann man auch mit der „Politeia" von einem geistigen Tod des Menschen durch den Verzicht auf Bildung sprechen (vgl. *Politeia* IX 588b-591a).

51 Bei Sokrates wäre es vermutlich richtiger statt von ‚Philologie' von ‚Philosophie' als Redefreundschaft zu sprechen. Der Unterschied könnte darin liegen, dass die Weisheit (sophia) als der vollständig gebildete Zustand des Logos geliebt und erstrebt wird. Die Frage muss an dieser Stelle offen gelassen werden. Deutlich sollte allerdings sein, dass nicht die moderne Philologie gemeint ist.

den, du und die übrigen des ganzen künftigen Lebens wegen, ich aber eben des Todes wegen" (*Phaidon* 90d-e).

Was Sokrates hier zum wiederholten Male anmahnt, ist die individuelle Bemühung um Einsicht durch Prüfung des Wahrheitsgehalt der vorhandenen Vorstellungen: „Ihr aber, wenn ihr mir folgen wollt, kümmert euch wenig um den Sokrates, sondern weit mehr um die Wahrheit" (*Phaidon* 91b/c). Dieser philosophische Umgang wird von Sokrates in weiten Teilen des „Phaidon" an den tradierten, ‚alten Reden' vorgeführt. Das scheint der Nutzen der materialistischen Naturphilosophien zu sein, dass man sie durchdenken und damit das Denkvermögen bilden kann. Noch deutlicher fordert Sokrates zur Prüfung auf im Anschluss an die letzten Überlegungen zur Unsterblichkeit der Seele auf Grundlage der Ideenthese. Er ermuntert die Anwesenden, den bleibenden Zweifel ernst zu nehmen:

> „Nicht nur das, o Simmias, sagte Sokrates, sondern wie du hierin ganz recht gesprochen hast, müsst ihr auch unsere ersten Voraussetzungen, wenn sie euch auch zuverlässig sind, doch noch genauer in Erwägung ziehen" (*Phaidon* 107b).

Diese Ermahnung zur Untersuchung auch der eigenen, vermeintlich sicheren Grundannahmen verbindet Sokrates mit der höchsten Hoffnung auf Einsicht:

> „dann, denke ich, werdet ihr auch der Rede folgen, soweit nur irgendein Mensch sie verfolgen kann. Und wenn eben dieses gewiss geworden ist, dann werdet ihr nichts weiter suchen" (Phaidon 107b).

Dieses Insistieren auf der Notwendigkeit, die vorgebrachten Vorstellungen zu untersuchen, könnte man anknüpfend an die Überlegungen zur Misologie auch so deuten, dass in dem Verhältnis zu den eigenen Grundannahmen, die nicht nur unserem Denken, sondern auch unserer Lebensführung zugrunde liegen, der Keim für geistigen Leben oder Sterben liegt. Wenn man auf der Wahrheit ungeprüfter und somit unbegründeter Vorstellungen beharrt, dann bleibt das Denkvermögen ungebildet. Der Umschlag in die Redefeindschaft und damit den geistigen Tod des Menschen wird bei einem solchen Selbstverhältnis lediglich zu einer Frage zufälliger Umstände. Wenn man aber stets zur Prüfung und Untersuchung bereit ist und diese wiederholt praktiziert, dann hält man den Geist lebendig und wehrt die Gefahr eines geistigen Sterbens ab. Man könnte mit Sokrates nahezu behaupten, ein Geist, der sich stets in der Prüfung hält, ist unsterblich.

Literatur

Bremer, Dieter. 2013. Forschungsgeschichte und Darstellungsprinzipien. In *Frühgriechische Philosophie. Grundriss der Geschichte der Philosophie. Die Philosophie der Antike, Band 1/1*, Hrsg. H. Flashar,D. Bremer und G. Rechenauer, 3–38. Basel: Schwabe.

Bremer, D. und R. Dilcher. 2013. Heraklit. In *Frühgriechische Philosophie. Grundriss der Geschichte der Philosophie. Die Philosophie der Antike, Band 1/2*, Hrsg. H. Flashar, D. Bremer und G. Rechenauer, 601–656. Basel: Schwabe.

Crooks, J. 1998. Socrates' Last Words: Another Look at an Ancient Riddle. *The Classical Quarterly, Vol. 48, No. 1*: 117–125.

Diels, Hermann, und Walther Kranz. 2004–2016. *Fragmente der Vorsokratiker, Band I-III, gr.-dt.*, Zürich: Weidmann.

Ebert, Theodor. 1994. *Sokrates als Pythagoreer und die Anamnesis in Platons Phaidon*. Stuttgart: Steiner.

Erler, Michael. 2007. *Platon. Grundriss der Geschichte der Philosophie. Die Philosophie der Antike, Band 2/2*. Basel: Schwabe.

Erler, Michael. 2017. Kontexte der Philosophie Platons. In *Platon-Handbuch. Leben – Werk – Wirkung*, Hrsg. C. Horn, J. Müller, und J. Söder, 63–104. Stuttgart/ Weimar: Metzler.

Frede, Dorothea. 1999. *Platons „Phaidon". Der Traum von der Unsterblichkeit der Seele*. Darmstadt: WBG.

Gemelli Marciano, Laura Millj. 2007–2013. *Die Vorsokratiker, Band I-III, gr.-lat.-dt.* Düsseldorf: Artemis & Winkler.

Gemelli Marciano, Laura Millj. 2007a. Pythagoras und die frühen Pythagoreer. Leben und Werk. In Dies., *Die Vorsokratiker, Band I*, 170–202. Düsseldorf: Artemis & Winkler.

Gemelli Marciano, Laura Millj. 2007b. Heraklit. Leben und Werk. In Dies., *Die Vorsokratiker, Band I*, 330–344. Düsseldorf: Artemis & Winkler.

Gemelli Marciano, Laura Millj. 2013. Empedokles. Leben und Werk. In Dies., *Die Vorsokratiker, Band II*, 318–363. Düsseldorf,: Artemis & Winkler.

Müller, Jörn. 2017. Psychologie. In *Platon-Handbuch. Leben – Werk – Wirkung*, Hrsg. C. Horn, J. Müller und J. Söder, 147–160. Stuttgart/ Weimar: Metzler.

Platon. 2005. *Werke in acht Bänden*, gr.-dt., hrsg. v. G. Eigler, bearb. v. H. Hofmann, übers. v. F. Schleiermacher. Darmstadt: WBG.

Primavesi, Oliver. 2013. Empedokles. In *Frühgriechische Philosophie. Grundriss der Geschichte der Philosophie. Die Philosophie der Antike, Band 1/2*, Hrsg. H. Flashar, D. Bremer und G. Rechenauer, 667–739. Basel: Schwabe.

Robinson, Thomas M. 2008. Presocratic Theology. In *The Oxford Handbook of Presocratic Philosophy*, Hrsg. P. Curd und D. W. Graham, 485–498. Oxford: Oxford Univ. Press.

Runia, David T. 2008. The Sources for Presocratic Philosophy. In *The Oxford Handbook of Presocratic Philosophy*, Hrsg. P. Curd und D. W. Graham, 27–54. Oxford: Oxford Univ. Press.

Schäfer, Christian. 2005. Zur Vorsokratikerdarstellung im *Phaidon*. In *Frühgriechisches Denken*, Hrsg. Georg Rechenauer, 407–422. Göttingen: Vandenhoeck & Ruprecht.

Zehnpfennig, Barbara. 1991. Einführung. In *Platon. Phaidon*, übers. und hrsg. von Dies., VII-XXXIX. Hamburg: Meiner.

Zhmud, Leonid. 2013. Pythagoras und die Pythagoreer. In *Frühgriechische Philosophie. Grundriss der Geschichte der Philosophie. Die Philosophie der Antike, Band 1/1,* Hrsg. H. Flashar, D. Bremer und G. Rechenauer, 375–438. Basel: Schwabe.

The manufacturer's authorised representative in the EU is Springer
Nature Customer Service Centre GmbH, Europaplatz 3, 69115 Heidelberg,
Germany. If you have any concerns regarding our products, please
contact ProductSafety@springernature.com

Printed and bound by CPI Group (UK) Ltd, Croydon, CR0 4YY
27/04/2026
02097633-0001